KB189600

그림자 아이

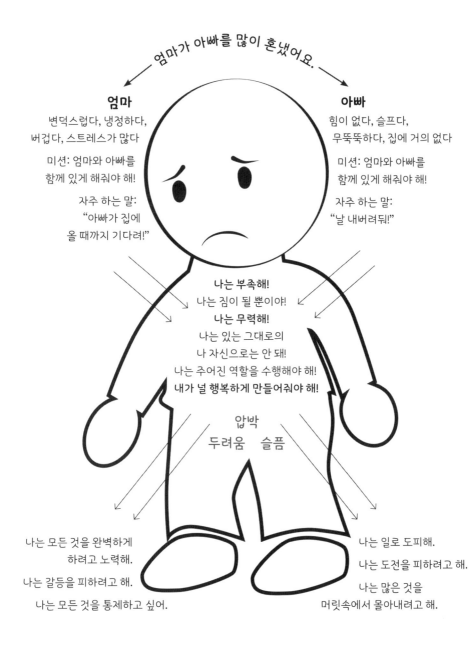

엄마가 아빠를 많이 혼냈어요.

엄마
변덕스럽다, 냉정하다,
버겁다, 스트레스가 많다

미션: 엄마와 아빠를
함께 있게 해줘야 해!

자주 하는 말:
"아빠가 집에
올 때까지 기다려!"

아빠
힘이 없다, 슬프다,
무뚝뚝하다, 집에 거의 없다

미션: 엄마와 아빠를
함께 있게 해줘야 해!

자주 하는 말:
"날 내버려둬!"

나는 부족해!
나는 짐이 될 뿐이야!
나는 무력해!
나는 있는 그대로의
나 자신으로는 안 돼!
나는 주어진 역할을 수행해야 해!
내가 널 행복하게 만들어줘야 해!

압박
두려움   슬픔

나는 모든 것을 완벽하게
하려고 노력해.

나는 갈등을 피하려고 해.

나는 모든 것을 통제하고 싶어.

나는 일로 도피해.

나는 도전을 피하려고 해.

나는 많은 것을
머릿속에서 몰아내려고 해.

당신의 그림자 아이를 그려보세요.

.

어느 날
내 안의 아이가
정말 괜찮냐고
물었다

슈테파니 슈탈 지음
홍지희, 오지원 옮김

어느 날
내 안의 아이가
정말 괜찮냐고
물었다

Das Kind in dir muss
Heimat finden

내면 아이를 외면하며 어른인 척 살아가는
우리를 위한 자기 치유 심리학

위즈덤하우스

내 친구들을 위해

삶에 지는 대부분의 그림자는
스스로가 햇빛 아래 서 있기에 생긴다.

─랠프 월도 에머슨

차례

4장   보호 전략에서 보물 전략으로

들어가며:
그림자 아이에게 안식처 찾아주기

사람은 누구나 보호받고 있으며 안전하고 환영받는다고 느끼는 장소가 필요합니다. 누구나 긴장을 풀고 자기 자신의 원래 모습으로 있어도 좋은 곳에 있기를 바라요. 나고 자란 부모의 집이 그런 장소라면 가장 이상적일 거예요. 부모에게 내 존재가 있는 그대로 받아들여지고 또 사랑받는다는 느낌을 받는다면 그곳이 우리의 따스한 집이지요. 모두가 바라는 집은 마음을 따뜻하게 만드는 안식처 같은 곳일 겁니다. 집에서 느꼈던 어린 시절의 이런 감정, 받아들여지고 환영받는다는 감정은 가장 기초에 깔리는 긍정적인 삶의 정서로 내면화되어 어른이 되어도 사라지지 않고 남아 있습니다. 세상으로부터, 삶으로부터 보호받고 안전한 곳에 있다고 느낍니다. 자신에 대한 믿음을 가지고 타인에게도 신뢰를 선사할 수 있지요. 근원적 신뢰Urvertrauen라는 것이 있는데, 우리를 든든하게 지지

하며 지켜주는 것을 뜻하니 내면의 또 다른 안식처라고 해도 좋을 거예요.

하지만 어린 시절을 이야기하면서 좋지 않은 기억이 떠오른다고 말하는 사람이 적지 않아요. 어떤 사람은 트라우마를 경험하기도 합니다. 또 어떤 사람은 불행한 유년 시절을 보냈지만 그 기억을 억누른 채 살아갑니다. 그런 경우에는 그 시절을 거의 기억 못 하기도 해요. 반면 어떤 사람은 자신의 유년 시절이 '평범했다'라거나 심지어 '행복했다'라고 말하기도 하는데, 가까이 들여다보면 자기기만인 경우도 있습니다. 어린 시절의 불안이나 거절의 경험을 억누르고 살아왔거나 자기 자신을 중요하지 않은 존재로 여기고 있다면, 이 사람의 일상생활에서는 근원적 신뢰가 뚜렷하게 나타나지 않아요. 자존감에 문제가 있기 때문에 상대방, 파트너, 상사 또는 새롭게 알게 된 사람이 자신을 정말로 좋아하는지, 자신이 진짜로 환영받고 있는지 계속 의심합니다. 이들은 스스로를 그다지 좋아하지 않으며 불안을 자주 느끼고 관계에서 어려움을 겪습니다. 근원적 신뢰가 발달되지 않아 내면의 안정을 느끼지 못하는 거예요. 그 대신 이들은 타인에게서 안전과 보호, 지지를 얻고 안식처를 찾으려 합니다. 파트너에게서, 동료에게서, 축구장에서, 백화점에서 자신이 있을 곳을 찾고 싶어 해요. 그리고 타인이 그저 가끔씩만 그런 안식처의 느낌을 줄 수 있다고 생각되면 항상 새로이 실망감을 느낍니다. 내면의 안식처가 없는 사람은 외부에서도 안식처를 찾을 수 없다는 사실을 깨닫지 못한 거지요.

유전적 형질 외에도 어린 시절에 형성되어 우리의 본질과 자존감을 결정하는 뭔가가 존재한다면 바로 심리학에서 '내면 아이 inner child'라 불리는 성격 요소일 거예요. 내면 아이는 말 그대로 어린 시절에 각인된 것의 총합인데, 부모나 다른 중요한 주변 사람들을 통한 좋은 경험뿐 아니라 나쁜 경험까지 아우릅니다. 우리의 의식 차원에서는 이런 경험을 대부분 기억하지 못해요. 그러나 무의식에는 기록되어 있지요. 따라서 내면 아이는 무의식의 중요한 부분이라고 할 수 있습니다. 어린 시절부터 경험한 두려움, 걱정, 고민이기도 하고, 동시에 긍정적 각인도 내면 아이라는 개념 안에 포함할 수 있습니다.

이 중에서 특히 부정적 각인은 어른이 된 뒤에도 우리를 종종 어려움에 빠뜨리는 원흉입니다. 내면 아이는 우리가 어린 시절에 받은 모욕과 상처를 또다시 경험하지 않도록 엄청난 노력을 기울여요. 그러면서 동시에 어린 시절에 꼭 필요했으나 충분히 누리지 못했던 안전과 인정에 대한 욕구를 충족시키려고 노력하지요. 이런 두려움과 갈망은 의식의 지하층에서 작용합니다. 의식적 차원에서 우리는 독립적인 성인으로서 자기 삶의 형태를 빚어갑니다. 그러나 내면 아이는 무의식 차원에서 인식과 감정, 사고, 행동에 매우 중대한 영향을 미칩니다. 심지어 이성보다도 훨씬 강력하게 작용하지요. 무의식이 인간의 경험과 행동에 80~90퍼센트까지 영향을 미치는 매우 강력한 심리 요소라는 것이 이미 과학적으로 충분히 입증되었답니다.

이 사실을 잘 보여주는 예를 하나 들어볼까요. 미하엘은 자신이 중요하게 생각하는 것을 여자 친구 자비네가 잊어버릴 때마다 분노합니다. 최근에 자비네는 장을 보러 갔을 때 미하엘이 제일 좋아하는 소시지 사는 것을 깜빡했는데, 그는 완전히 뚜껑 열린 것처럼 화를 냈어요. 자비네는 몹시 당황했지요. 그녀에게는 기껏해야 소시지 하나 잊어버린 일이었으니까요. 하지만 미하엘은 마치 온 세상이 무너진 일처럼 굴더군요. 그는 왜 그랬을까요?

미하엘이 의식하지 못하고 있는 부분은 바로 이거예요. 그가 제일 좋아하는 소시지 사는 것을 자비네가 깜빡했을 때 자신이 배려받고 존중받지 못했다고 받아들이는 것이 내면 아이라는 사실 말이에요. 엄청난 분노의 밑바닥에 자비네와 잊어버린 소시지가 아니라 과거의 깊은 상처가 깔려 있음을 알지 못합니다. 어린 시절 그의 소원을 매번 진지하게 들어주지 않았던 엄마의 행동이 그에게는 지금도 상처로 남아 있어요. 자비네가 소시지를 빠뜨린 실수는 그 해묵은 상처에 소금을 뿌린 것뿐이지요. 그러나 미하엘은 자신의 반응과 옛날에 엄마에게서 받았던 상처 사이의 연관성을 인식하지 못하기 때문에 스스로의 감정이나 행동에 거의 영향력을 행사할 수 없습니다.

이 두 사람의 관계에서 소시지 때문에 일어난 다툼은 수많은 비슷한 갈등 중 하나일 뿐이에요. 미하엘과 자비네는 아주 사소한 일로 자주 싸우는데, 둘 다 무엇이 진짜 문제인지 깨닫지 못하기 때문입니다. 미하엘과 마찬가지로 자비네도 내면 아이에게 조종당하는 부분이 있습니다. 그녀의 내면 아이는 비난에 매우 예민하게 반응하는데, 어린 시절 부모의 기대를 충족시키지 못한 일이 많았기 때문이에요. 미하엘의 분노는 자비네에게 과거 어릴 때의 감정을 불러일으킵니다. 자신의 존재가 작고 가치 없다고 느끼며, 그래서 모욕감을 느끼고 상처받습니다. 별것 아닌 일로 자주 다투면서 너무 깊은 상처를 주기에 어쩌면 헤어지는 편이 더 낫겠다고 생각할 때도 종종 있어요.

그러나 내면 아이의 갈망과 상처를 통찰할 수 있다면, 단순히 소시지를 잊어버린 일이나 지나친 비난 때문에 표면적 차원에 머무르며 싸우는 대신 그런 일에 대해 서로 더 정확한 마음을 나눌 수 있을 거예요. 그리하여 서로 더 잘 이해할 수 있겠지요. 그리고 상대방을 공격하는 대신 더 가까워질 테고요.

내면 아이에 대한 무지는 단지 커플 간에만 갈등을 일으키는 원인이 아닙니다. 많은 갈등 상황을 관찰해보면, 싸움의 당사자들이 자존감이 높은 어른 대 어른으로 갈등을 해결하는 게 아니라 그들의 내면 아이끼리 다투고 있음을 알 수 있어요. 물론 이는 내면 아이와 현재 나 자신 사이의 연관성을 알고 있을 때에만 보이는 사실이지요. 예컨대 상사가 비판하자 사표를 제출해버리는 직원이 있습니다. 또 한 국가의 지도자가 다른 나라 정상이 공식 석상에서 심기를 건드렸다며 군사 공격으로 대응하는 일도 있어요. 내면 아이에 대한 무지는 많은 사람이 자기 자신과 자신의 삶을 불만족스러워하는 원인이며, 또 사람들 간의 갈등을 일으키고 그것이 통제 불가능할 만큼 고조되는 원인이기도 합니다.

어린 시절이 대개 행복했고 근원적 신뢰가 잘 형성된 사람이라 해도 모두가 아무런 걱정도 문제도 없는 삶을 살아가는 건 아니에요. 이들의 내면 아이도 분명 어느 정도 상처를 받았어요. 완벽한 부모나 완벽한 어린 시절은 없으니까요. 이들 또한 부모에게서 좋은 영향뿐 아니라 나중에 문제를 일으킬 수 있는 어려운 부분도 물려받았습니다. 이런 문제는 미하엘의 분노처럼 그 원인이 명백하지 않을지도 몰라요. 또는 가족이 아닌 사람을 신뢰하기 어려워질 수도 있습니다. 아니면 큰 결정 내리기를 꺼릴 수도 있고요. 어쩌면 성공이 보장되지 않은 일에 뛰어들어 위험을 감수하기보다는 안전한 지붕 아래 머무르고만 싶어 할 수도 있지요. 어떤 경우든 어린 시절의 부정적 각인은 우리의 성장을 제한하고 개인적인 발전과 타인과의 관계에 지장을 줍니다.

이는 거의 모든 사람에게 적용되는 사실입니다. 내면 아이와 친구가 되어 그 존재를 받아들이면 우리가 어떤 깊은 갈망과 상처를 품고 살아가는지 발견할 수 있어요. 그리고 영혼의 상처받은 부분을 받아들여 어느 정도까지는 치유할 수 있습니다. 그럼으로써 자존감이 상승하며, 우리 안의 그 아이가 드디어 안식처를 찾을 거예요. 이는 우리가 타인과 더 평화롭고 친근하고 행복한 관계를 맺기 위한 전제 조건입니다. 게다가 해롭거나 심지어 우리를 병들게 하는 관계에서 벗어날 수 있게 해주는 전제 조건이기도 하답니다.

이 책을 읽으면 내면 아이를 알아가고 내면 아이와 친구가 되는 데 도움을 받을 수 있을 겁니다. 반복적으로 막다른 골목과 불행으로 당신을 끌고 가는 해묵은 패턴을 버리는 데에도 쓸모가 있을 거예요. 그리고 당신의 삶과 관계를 훨씬 더 행복하게 만들 수 있는, 새롭고 유익한 태도와 행동 방식을 어떻게 하면 찾을 수 있는지 알려드릴 겁니다.

독자에게 말을 거는 화법에 대한 첨언:

이 책에서 제가 독자에게 말을 걸고 구어체로 설명하는 형식을 취하는 것은 저자와 독자 사이의 거리를 줄이려는 의도입니다. 우리의 내면 아이는 딱딱하고 어려운 문어체보다 부드러운 구어체에 더욱 쉽게 반응하기 때문이지요.

1장

내면 아이를
찾아서

우리 내면에는 어른 자아와
어린이 자아가 존재합니다

　우리의 문제들은 의식의 표면에서는 꽤나 복잡하고 해결하기 어려워 보입니다. 타인의 행동과 감정을 이해하기 어려울 때도 있어요. 자기 자신에 대해서나 다른 사람들에 대해서나 명료하게 통찰하지 못하는 거예요. 그러나 실제로 인간 심리는 그다지 복잡하지 않아요. 간단히 말하자면 인간 심리는 여러 가지 성격 요소로 나눌 수 있어요. 우리 안에는 어린아이 같은 부분과 성숙한 어른 같은 부분이 있으며, 마찬가지로 의식적인 정신과 무의식적인 정신으로 나눌 수 있습니다. 이런 성격 구조를 알면 의식적으로 문제에 접근하여 이전에는 해결 불가능해 보였던 많은 문제를 해결할 수 있어요. 이 책에서는 그 방법을 설명하고자 합니다.

　이미 언급한 대로 '내면 아이'는 어린 시절에 형성된 우리 성격의 무의식적인 부분을 가리키는 은유입니다. 내면 아이는 삶에서 느끼는 감정들과 관련이 있어요. 불안, 고통, 슬픔, 분노뿐 아니라 기쁨, 행복, 사랑까지도 말이지요. 내면 아이에게는 긍정적이고 행복한 부분 외에 부정적이고 슬픈 부분도 있어요. 이 책에서는 이 두 부분을 모두 자세히 알아보고 함께 공부해나가려 합니다.

그리고 '내면 어른inner adult'이라고도 불리는 어른 자아가 있습니다. 이 심리적 개념은 합리적이고 이성적인 생각, 즉 사고를 포함합니다. 어른 자아 모드에서 우리는 어떤 행동을 책임지고, 계획을 세우고, 예측하여 행동하고, 상황 파악 후 이해하고, 위험을 감수하고, 어린이 자아를 통제할 수 있어요. 어른 자아는 의식적으로, 의도적으로 행동합니다.

지그문트 프로이트는 최초로 성격을 여러 요소로 나누어 기술한 사람 가운데 하나였어요. 현대 심리학에서 내면 아이 또는 어린이 자아로 알려진 것을 프로이트는 이드id라 불렀어요. 그리고 어른 자아를 자아ego라고 했지요. 추가로 초자아superego라는 개념을 제시했는데, 이는 우리 내면의 도덕적 존재로, 현대 심리학에서는 부모 자아 또는 '내면의 비판자'라고도 불립니다. 내면의 비판자 모드에서 우리는 아마도 스스로에게 이렇게 말할 거예요. "멍청하게 좀 굴지 마! 넌 아무것도 아니고 할 수 있는 게 없어! 넌 결국 아무것도 못 해!"

심리 도식 치료schema therapy 같은 최신식 심리 치료 방법에서는 어린이 자아, 어른 자아, 부모 자아라는 세 가지 주요 요소를 좀 더 세부적인 하위 요소로 분류합니다. 이 하위 요소에는 '상처받은 내면 아이', '행복한 내면 아이', '화난 내면 아이', '벌하는 부모 자아', '자비로운 부모 자아' 등이 있습니다. 유명한 독일 함부르크 출신 심리학자 슐츠 폰 툰Schulz von Thun 역시 인간에게 내재된 여러 하위 성격을 구분하고 '내면의 팀'이라는 용어를 만들었어요.

최대한 간단하고 효율적으로 설명해볼게요. 여러 가지 내면 요소를 동시에 다루려고 하면 금방 피곤하고 번거로워지니까요. 그래서 이 책에서는 행복한 내면 아이, 상처받은 내면 아이, 내면 어른에만 초점을 맞추겠습니다. 이 세 가지 요소를 제대로 파악하기만 해도 문제를 해결하는 데에는 충분해요. 또 '행복한 내면 아이'와 '상처받은 내면 아이'라는 용어를 '태양 아이Sonnenkind'와 '그림자 아이Schattenkind'로 대체할게요. 이편이 훨씬 더 아름답고 직관적이니까요. 하지만 이 용어는 제 아이디어가 아니고, 친구이자 동료인 율리아 토무샤트Julia Tomuschat가 2016년에 출간한 매우 흥미로운 책《태양 아이의 원리Das Sonnenkind-Prinzip》에서 이야기한 것입니다.

태양 아이와 그림자 아이는 '내면 아이'로 알려진 성격의 일부를 나타내는 표현으로, 우리의 무의식을 의미하기도 합니다. 엄밀히 말하면 사실상 무의식은 하나뿐이고 내면 아이도 하나뿐이에요. 또 내면 아이가 항상 무의식적인 감정인 건 아닙니다. 우리가 내면 아이를 다루기 시작하면 의식적인 영역으로 들어오지요. 태양 아이와 그림자 아이는 각기 다른 의식 상태를 반영하는데, 대개 실용적인 목적에서 이렇게 구분했을 뿐 학문적으로 규정된 건 아니에요.

저는 오랫동안 심리 상담 치료사로 일해온 임상 경험을 활용해 태양 아이와 그림자 아이의 은유를 사용한 문제 해결 구조를 만들었는데, 이것으로 거의 모든 문제를 해결할 수 있다고 생각합니다. 거의라는 제한을 걸어둔 이유는 우리가 스스로 통제할 수 없는 문제도 있기 때문입니다. 주로 질병, 사랑하는 사람의 죽음, 전쟁, 자연재해, 폭력 범죄, 성적 학대 등과 같은 치명적인 사건이 여기에 포함되지요. 그러나 이렇게 어찌할 수 없는 일을 대처하는 과정에서도 전적으로는 아니어도 그 일을 맞닥뜨린 개인의 성격에 따라 좌우되는 부분이 있다는 점을 언급하고 넘어갈게요. 눈앞에 통제할 수 없는 상황을 두고 그림자 아이와 치열하게 싸워야 하는 사람은 똑같은 상황에서 태양 아이에게 힘을 받는 사람보다 더 큰 어려움을 겪을 겁니다. 그러므로 스스로 통제할 수 없는 문제를 가진 사람도 이 책에서 배울 점이 있을 거예요. 물론 '홈 메이드home made'인 문제, 그러니까 넓은 의미에서 스스로 만들어낸 문제가 있는 사람이 이 책에서 얻을 것이 가장 많기는 합니다. 여기에는 인간관계 문제뿐 아니라 우울증, 스트레스, 미래에 대한 불안, 삶의 활력 부족, 공황 장애, 강박증 같은 것이 포함돼요. 이런 문제들은 궁극적으로 내면의 그림자 아이를 만들어낸 각인에 관한 것으로, 언제나 자존감 문제로 돌아오기 때문입니다.

내면에 존재하는 그림자 아이를
의식하고 있나요

우리가 어떻게 느끼는지, 내면에서 어떤 감정을 인식하고 어떤 감정을 무시하는지는 주로 타고난 기질과 어린 시절의 경험에 따라 크게 좌우됩니다. 여기에는 무의식적 신념이 중요한 영향을 미칩니다. 심리학에서 신념은 자기 자신이나 인간관계를 대하는 태도로 드러나는 깊이 뿌리내린 확신을 가리킵니다. 주로 어린 시절에 아이와 가장 가까운 대상과의 상호 작용을 통해 형성되지요. 내적 신념은 "나는 괜찮은 사람이야!"라든가 "나는 괜찮은 사람이 아니야!" 같은 문장으로 표현될 수 있어요. 원칙적으로 우리는 어린 시절과 그 후의 삶에서 긍정적 신념과 부정적 신념을 모두 내면화합니다. "나는 괜찮은 사람이야" 같은 긍정적 신념은 대부분 주 양육자에게 인정받고 사랑받는다는 느낌을 받을 때 형성됩니다. 이렇게 긍정적 신념은 우리를 강해지게 만들어요. 반면 "나는 괜찮은 사람이 아니야" 같은 부정적 신념은 내가 뭔가 잘못했고 거절당했다고 느낄 때 형성됩니다. 이런 신념은 우리를 약해지게 만들지요.

그림자 아이는 부정적 신념과 그로 인한 슬픔, 불안, 무력감, 분노 같은 고통스러운 감정으로 구성됩니다. 이런 부정적인 감정을 처리하기 위해, 이상적으로는 아예 느끼지 않기 위해 우리가 스스로 개발한 전략이 있는데, 그것을 자기 보호 전략이라 부릅니다. 전형적인 자기 보호 전략에는 예컨대 후퇴, 조화 추구, 완벽주의, 비난이나 공격, 권력과 통제 추구 등이 있어요. 신념과 감정 그리고 자기 보호 전략에 대해서는 나중에 더 자세히 다루겠습니다. 일단 여기서는 그림자 아이가 자신의 자존감에서 상처받아 연약해진 부분을 나타낸다는 정도만 알면 충분해요.

한편 태양 아이는 우리의 긍정적 각인과 기분 좋은 감정으로 구성됩니다. 즉흥성, 모험심, 호기심, 몰아沒我, 활기, 능동성, 즐거움 등 행복한 어린아이가 가지고 있을 법한 특징을 모두 가지고 있어요. 태양 아이는 자존감에서 훼손되지 않은, 온전한 부분을 나타내는 은유입니다. 어린 시절에 꽤나 스트레스받으며 자란 사람도 성격에 건강한 부분이 분명 존재합니다. 살면서 부딪히는 이런저런 상황에 과잉 반응하지 않는 순간도 있을 테고, 태양 아이가 전면에 나서서 즐겁고 호기심과 장난기가 넘치는 순간도 있을 거예요. 그럼에도 불구하고 힘겨운 어린 시절을 보낸 사람은 태양 아이가 매우 드물게 나타나는 게 사실이에요. 그래서 이 책에서는 태양 아이를 특별히 격려하고 동시에 그림자 아이를 위로함으로써, 그림자 아이를 제대로 드러나게 하여 안정을 되찾고 태양 아이에게 충분한 공간을 마련해주려 합니다.

지금쯤이면 우리 마음에서 그림자 아이가 차지하는 부분이 반복적으로 문제를 일으킨다는 사실이 명확해졌을 겁니다. 특히 그림자 아이 부분이 아직 무의식적 상태로 남아 있어서 한 번도 그것을 성찰해본 적 없다면 더욱 그래요. 이를 미하엘과 자비네의 사례로 다시 한번 설명해보지요. 미하엘은 자신의 행동을 '어른 자아' 관점에서 관찰해보고 나서 너무 자주 지나친 반응을 보인다는 사실을 분명 스스로 의식했을 거예요. 그래서 분노를 잠재우려고 수없이 시도해보기도 했고요. 그런데 그 시도가 성공을 거둘 때도 있었지만 대개는 실패했어. 굳은 결심에도 불구하고 결과가 미흡한 건, 내면 어른, 즉 의식적으로 사고하는 이성이 그림자 아이의 상처에 대해 아무것도 모르기 때문입니다. 그래서 내면 어른이 그림자 아이에게 아무런 영향력도 행사하지 못해요. 의식적으로 사고하는 합리적 이성이 그림자 아이에게 조종당하는 그의 감정과 행동을 통제할 수 없는 거예요.

미하엘이 자신의 분노를 성공적으로 통제하고 싶다면 먼저 어린 시절 엄마에게 받은 상처와 자비네의 행동 사이의 연관성을 명확히 인식해야 합니다. 자신의 그림자 아이에게 욕구가 충족되지 못한다고 생각할 때마다 고통을 느끼는 해묵은 상처가 있음을 성찰해야 해요. 그러면 그때부터 미하엘의 내면 어른은 그림자 아이를 이렇게 안심시킬 수 있을 거예요. "들어봐, 자비네가 네가 좋아하는 소시지 사는 걸 깜빡했다고 해서 그녀가 널 사랑하지 않거나 네가 원하는 걸 무시하는 건 아니야. 자비네는 네 엄마가 아니잖아.

너와 마찬가지로 그녀도 완벽하지 않아. 그러니까 그녀도 가끔 뭔가를 잊어버릴 수 있어. 그게 바로 네가 좋아하는 소시지일지라도 말이야!" 내면 어른과 그림자 아이를 의식적으로 분리함으로써, 미하엘은 자비네가 존중과 사랑이 부족해서 그렇게 행동한 게 아니라 다만 인간적으로 실수했다고 생각할 수 있어요. 이렇게 인지를 수정했다면 애초에 분노하지도 않았겠지요. 그러므로 미하엘이 분노를 다스리고 싶다면 그림자 아이와 그 상처에 의식을 집중해야 합니다. 그리고 분노에 휩싸인 그림자 아이가 충동질하는 대로 계속 자비네를 공격할 것이 아니라, 자비롭고 사려 깊은 방식으로 대응할 수 있는 '어른 자아' 모드로 의식적으로 전환하는 방법을 배워야 합니다.

만 2세까지의 경험이
왜 인생에서 이토록 중요할까요

절대적인 건 아니지만 성격에서 태양 아이와 그림자 아이가 차지하는 부분은 생후 6년 동안 형성되는 경우가 많습니다. 그래서 뇌 구조와 모든 신경망이 생성되고 연결되는 시기인 생후 몇 년이 인간의 발달에서 매우 중요해요. 이 발달 시기에 주 양육자와의 관계에서 경험하는 것들이 뇌에 깊은 흔적을 남깁니다. 엄마와 아빠가 아이를 대하는 방식이 아이가 인생에서 형성할 모든 관계를 위한 일종의 설계도가 됩니다. 부모와의 관계에서 아이는 자기 자신에 대해 그리고 인간관계에 대해 어떤 태도를 취해야 하는지를 학습해요. 인생의 초창기에 자존감이 발달하고, 그에 따라 인간관계에서 타인에 대한 신뢰 또는 좋지 않은 방향으로 간다면 불신이 생겨나지요.

이 시점에서 지나친 흑백 논리로 빠지지 않도록 주의해야 합니다. 세상에 좋기만 하거나 나쁘기만 한 부모-자식 관계는 없어요. 행복한 유년 시절을 보냈다고 해도 각자 마음속에 상처 입은 부분이 있습니다. 이건 우리의 어린 시절 상황 때문이에요. 우리는 작고 헐벗고 완전히 무방비 상태로 태어납니다. 젖먹이에게는 자신을 받아들여주는 애착 대상을 찾는 일이 생존과 직결된 문제이며 그런 대상을 찾지 못하면 아기는 죽습니다. 그러니까 인간은 태어난 후에도 제법 긴 시간을 전적으로 무력하고 의존적일 수밖에 없는 환경에 놓여 있는 셈이에요. 그러므로 모든 사람의 내면에는 자신을 열등하고 작은 존재로 느끼며 스스로 괜찮지 않은 존재라고 생각하는 그림자 아이가 살고 있어요. 또한 사랑이 넘치는 부모도 아이의 소망을 전부 다 충족시킬 수는 없어요. 필요하다면 아이의 요구에 선을 그어야 할 때도 있으니까요. 무엇보다도 아이가 걸음마를 떼기 시작하는 1세 이후는 부모가 많은 금지와 제한을 가할 수밖에 없는 시기입니다. 장난감을 망가뜨리지 마라, 꽃병을 만지지 마라, 음식 가지고 장난치지 마라, (용변이 마려우면) 어린이용 변기를 써라, 조심해라 등등 아이는 끊임없이 주의를 받습니다. 그럴 때마다 아이는 자신이 뭔가 잘못하고 있음을, 즉 뭔가가 '괜찮지 않음'을 감지합니다.

이렇게 열등감을 경험하면서도 대부분은 자신이 '괜찮고' 가치 있다고 느껴지는 내적 상태도 경험합니다. 우리 모두 어린 시절 나쁜 경험만 한 것이 아니라 좋은 경험도 한 적이 있어요. 애정, 보호, 놀이, 재미, 기쁨 같은 것 말이에요. 그래서 내면에 태양 아이라는 부분도 있는 거고요.

그런데 부모가 아이를 양육하고 돌보는 일로 버거워서 아이에게 기본적으로 고함을 지르거나 때리거나 방임할 때 상황이 어려워집니다. 아이는 부모의 행동이 옳은지 그른지 판단할 수 없어요. 아이가 보기에 부모는 위대하고 완벽한 존재입니다. 아빠가 아이에게 고함을 지르거나 때리면 아이는 '아빠는 자신의 공격성을 통제하질 못하네. 심리 치료가 필요할 것 같아!'라고 생각할 수 없어요. 오히려 자신이 '나빠서' 맞았다고 여기지요. 아이가 언어를 습득하기 전까지는 스스로 행동이 좋은지 나쁜지 판단할 수 없고, 단지 벌을 받음으로써 자신이 나쁘거나 적어도 잘못했다고 느낍니다.

생후 2년간 아이는 오로지 느낌을 통해서만 근본적으로 환영받고 있는지 그렇지 않은지 알게 됩니다. 신생아와 어린아이를 돌보는 모든 과정은 신체적 행동으로 이루어져 있어요. 먹이고 씻기고 기저귀를 갈아주지요. 여기에 아주 중요한 것이 하나 더 있어요. 바로 쓰다듬는 행위입니다. 양육자의 부드러운 손길, 사랑이 담긴 눈빛, 목소리를 통해 아이는 자신이 이 세상에서 환영받는 존재인지 아닌지를 경험합니다. 생후 2년 동안 아이는 전적으로 부모의 행동에 의존하기 때문에 이 시기에 이른바 근원적 신뢰 또는 근원적 불신이 형성됩니다. '근원적'이라는 수식어가 붙는 이유는 이 신뢰 혹은 불신이 매우 깊은 곳에 남겨지는 실존적 경험과 관련되기 때문이에요. 이런 경험은 신체 기억에 아주 깊은 흔적을 남겨요. 근원적 신뢰가 발달한 사람은 의식의 아주 깊은 차원에서 자신을 믿게 되는데, 이는 곧 타인을 믿는 필요조건이 됩니다. 반면 근원적 신뢰를 얻지 못한 사람은 깊은 수준에서 불안을 느끼고 주변 사람을 불신하며 살아갑니다. 근원적 신뢰를 획득한 사람은 태양 아이 모드인 경우가 더 많아요. 그렇지 않은 사람은 내면에 그림자 아이가 차지하는 공간이 훨씬 넓지요.

최근 신경 생물학 연구들에 따르면, 예컨대 어린 시절에 애정 어린 돌봄을 받지 못하고 스트레스를 많이 받은 아이는 그 후 삶에서 스트레스 호르몬이 더 많이 분비됩니다. 그러면 그 아이는 성인이 되어서도 스트레스에 매우 취약할 수밖에 없어요. 스트레스를 느낄 때, 어린 시절 주로 안전과 보호 속에서 자란 사람에 비해 더 격렬하고 예민하게 반응하며 심리적 면역력이 떨어지는 모습을 보입니다. 지금 우리가 사용하고 있는 틀을 적용해보면 그런 사람은 내면의 그림자 아이와 동일시되는 일이 더 빈번하다고 말할 수 있겠네요.

물론 이후 성장 시기의 삶도 매우 중요하고 결정적으로 작용합니다. 부모 외에 조부모나 학교에서 만나는 동급생, 교사 같은 다른 주변인도 아이에게 영향을 줄 수 있고요. 그러나 저는 이 책에서는 부모나 주 양육자의 영향에 한정하여 이야기하고 싶어요. 그러지 않으면 책에서 다룰 내용이 끝없이 늘어날 수밖에 없거든요. 하지만 이 책을 읽는 당신에게 또래 친구나 교사 혹은 할머니와의 관계가 특별히 중요했다면 여기서 시도하는 모든 훈련에 그 사람을 적용해도 괜찮습니다.

우리의 의식적인 이성이, 그러니까 어른 자아가 생후 2년을 기억하기란 어려워요. 그때 경험이 무의식에 깊은 흔적을 남겼다고 해도 말이지요. 대부분의 사람에게 인생 최초의 기억은 유치원 때나 그 후 일일 거예요. 이 시기부터는 엄마와 아빠가 우리를 어떻게 대했는지, 그들과 어떤 관계였는지를 의식적으로 기억할 수 있습니다.

자기 성찰이 개인뿐 아니라
사회를 위해서도 중요한 이유

성찰과 반성은 심리학자들이 가장 좋아하는 단어예요. 다 이유가 있는데, 성찰하는 인간은 내면의 동기와 감정, 생각에 한층 수월하게 접근할 수 있고 이를 심리(학)적 맥락에서 행동으로 옮길 수 있기 때문이에요. 그 과정에서 그림자의 측면까지 주시하므로 더욱 의식적으로 대처할 수 있지요.

예를 들어 어떤 사람이 비호감이라고 느낄 때, 그가 실제로 친절하지 않아서가 아니라 자신이 그의 성공을 시기하고 있기 때문인 것을 제때 알아차릴 수 있어요. 이 사실을 인정함으로써 비호감이라는 이유로 그를 괴롭히는 행위는 부당하다는 결론에 이르지요. 그리하여 상대방을 좀 더 평화적인 태도로 대하고 자신의 시기심을 내적으로 정리할 가능성이 높아집니다. 자신의 시기심과 열등감에 보다 잘 접근할 수 있기 때문에 자신이 삶에서 이미 얼마나 많은 것을 성취해왔는지에 눈을 돌리고 감사할 이유를 찾으며 긍정적으로 감정을 전환할 수 있는 거예요. 그런데 이런 감정 자체를 인정하지 않으면 다른 사람이 성공했을 때 자아에 상처를 입고, 공격하려는 의도로 (심지어 제3자 앞에서) 아주 작은 실수를 들먹이며 그를 깎아내리는 데 열을 올리게 될 수 있어요.

이 사소한 사례를 통해 한 사람이 개인적인 문제의 해결책을 찾는 것뿐 아니라 사회적으로 용인되는 태도를 지닌 인간이 되는 것이 얼마나 중요한지 알 수 있습니다. 자기 인식과 성찰에는 개인적 가치만 있는 것이 아니고 사회적 가치도 있어요. 특히 무력감이나 열등감 같은 감정이 성찰되지 않은 채 남아 있으면 지나친 권력욕이나 인정 욕구의 원인이 되어 사회적으로 받아들여지지 않는 방식으로 표출될 수 있습니다.

그리고 한 사람이 자신과 그림자 아이를 동일시하면 강력한 인지 왜곡으로 이어질 수 있어요. 그림자 아이의 눈으로 보면 상대방은 항상 나보다 강한 존재이고, 이런 힘의 차이는 강한 쪽에 악의가 있다고 비난하도록 유혹합니다. 앞서 미하엘과 자비네의 사례에서도 이런 현상을 볼 수 있었지요. 자신의 어린 시절 상처와 분노 사이의 연관성을 알아차리지 못한 미하엘은 스스로를 자비네의 '무시와 무례함'의 피해자로 여겼어요. 그러면 그의 눈에 자비네는 가해자가 되며 거기에서부터 말다툼이 시작돼요. 이건 커플 한 쌍의 다툼일 뿐이지만, 한층 심각한 사례로 범위를 넓혀보면 자기 성찰이 부족한 상태에서 권력을 탐하는 바람에 온 국민을 위험으로 몰아넣는 정치인들의 싸움이 떠오르네요.

그래서 저는 자기 성찰이 한 사람을 개인적 문제로부터 해방시
킬 뿐 아니라 더 나은 인간이 되도록 하는 최선의 방법임을 독자에
게 전달하는 일에 관심을 갖게 되었답니다.

한 사람의 인생에서 부모의 존재감은
막대할 수밖에 없습니다

지금까지 그림자 아이와 태양 아이가 어린 시절 가장 친밀한 관계에서 경험한 것에 영향을 받아 형성된다는 사실을 살펴보았습니다. 이를 통해 자존감이 높고 자신과 타인을 신뢰하는 태양 아이 모드에 주로 머무르는지, 불안정하고 타인을 불신하는 그림자 아이 모드에 주로 머무르는지를 결정하는 데 양육이 매우 중요한 역할을 한다는 결론을 자연스럽게 내릴 수 있어요.

물론 시중에는 부모에게 아이의 성장 단계에 맞춰 자녀를 잘 키우는 방법을 조언해주는 육아서가 다양하게 나와 있지요. 이런 책들은 전형적인 부모-자식 간 갈등을 어떻게 해결하면 좋은지, 예상을 벗어나는 자녀의 이상 행동을 좋은 방향으로 유도하면 어떻게 해야 하는지 같은 문제들을 다룹니다.

그런데 심리학에서 양육은 훨씬 더 근본적인 문제입니다. 아이에게는 다양한 심리적 기본 욕구가 있어요. 예를 들어 애착 욕구나 인정 욕구 같은 것이지요. 이런 심리적 기본 욕구를 적절히 채워주는 부모는 결국 아이가 근원적 신뢰를 가지고 자기 자신과 다른 사람들을 믿을 수 있는 존재로 성장하는 데 이바지하는 셈이에요.

유명한 심리 치료학자 클라우스 그라베Klaus Grawe는 이런 인간의 심리적 기본 욕구와 그 의미를 연구했습니다. 이 책에서는 그의 연구에 기대어 이야기를 해나갈 생각이에요. 제가 보기에 심리적 기본 욕구에 주목하는 것은 자기 자신과 내면의 그림자 아이를 더 잘 이해하는 데 매우 유용한 접근 방식입니다. 이 접근 방식을 활용해 일석이조의 효과를 얻을 수 있거든요. 우선 네 가지 심리적 기본 욕구를 이해함으로써 자신의 어린 시절 각인을 보다 수월하게 파악할 수 있도록 돕는 유의미한 체계를 세울 수 있어요. 또한 지금 겪는 문제들의 뿌리가 대개 어린 시절에 있기 때문에 현재의 문제를 이해하는 체계도 만들 수 있지요.

심리적 기본 욕구는 신체적 기본 욕구만큼이나 쉽게 변하지 않고 평생 유지됩니다. 기분이 좋거나 좋지 않을 때 하나 혹은 그 이상의 심리적·신체적 기본 욕구가 반드시 작용하고 있답니다. 가장 좋은 상태는 기본 욕구가 충족되어 쾌감을 느끼는 것입니다. 반대로 불쾌감을 느낌으로써 뭔가가 결핍되었음을 알아차릴 수도 있어요. 네 가지 심리적 기본 욕구는 다음과 같습니다.

* 애착에 대한 욕구
* 자율과 통제에 대한 욕구

* 쾌감을 느끼고 불쾌감을 피하려는 욕구
* 자존감 향상과 인정에 대한 욕구

우리가 겪는 모든 문제는 여기에 제시한 이 기본 욕구 가운데 한 가지 또는 그 이상에 상처를 입으면 발생합니다. 미하엘이 자기가 제일 좋아하는 소시지를 잊어버린 자비네에게 분노하는 것은 자존감 향상과 인정에 대한 욕구가 침해당했다고 느끼기 때문이에요. 더불어 이 경우에는 쾌감을 느끼려는 욕구와 통제에 대한 욕구도 충족되지 못했지요. 스트레스나 슬픔, 분노, 불안을 느낄 때 우리의 기본 욕구들이 연관되어 있어요. 보통 한 가지가 아니라 동시에 여러 가지, 심지어 모두 충족되지 못하는 상태인 경우가 많지요. 예컨대 실연당해서 고통스러운 상황이라면 애착에 대한 욕구뿐 아니라 통제에 대한 욕구도 좌절되고(사랑하는 사람에게 영향력을 미치지 못하므로) 쾌감을 느끼려는 욕구도 충족되지 못하며 거절로 인해 자존감도 심한 상처를 입습니다. 이렇듯 모든 측면에서 좌절하기 때문에 애정 문제가 생기면 상심이 우리를 완전히 사로잡고 심리적으로 무너질 수밖에 없어요.

이 네 가지 심리적 기본 욕구라는 배경 지식을 바탕으로 자신의 문제를 바라보면 우리가 느끼는 어려움의 원인을 훨씬 명확하게 파악할 수 있습니다. 겉으로 매우 복잡해 보이는 문제도 그 근원에 있는 핵심으로 좁힐 수 있지요. 이 과정에서 그 어려움에 대한 해결책도 찾을 수 있고요. 예를 들어 미하엘이 자비네가 소시지를 잊어버려서 자존감 향상과 인정에 대한 욕구가 좌절되었다는 사실을 의식한다면 그것만으로도 해결을 향해 한 걸음 나아갔다고 볼수 있어요. 자극(소시지를 잊어버린 것)과 반응(분노) 사이의 어두운 지점이 조금 밝아질 가능성이 생기니까요. 미하엘은 자기가 그렇게까지 화나는 이유가 인정 욕구가 좌절되었기 때문임을 볼 수 있을 거예요. 이걸 인식하기만 해도 자연스럽게 자신의 심리적 패턴에서 거리를 둘 수 있습니다. 그의 자존감이 정말로 자비네의 건망증 때문에 손상되었는가 하는 질문을 던지게 되거든요. 아마도 그에 대한 답은 "아니요"일 거예요. 이 인식에 의지해 아마 다음에 비슷한 일이 일어나면 좀 더 여유로운 태도로 반응할 수 있겠지요.

여기서 한 발짝 더 나아가 미하엘 자신이 그토록 예민하게 반응하는 진짜 원인이 무엇인지 질문을 던져볼 수도 있어요. 이 질문을 통해 어렸을 때 애착 대상이 자신을 제대로 바라봐주지 않고 자신의 욕구를 인정해주지 않았다는 느낌을 인식합니다. 어쩌면 엄마와 있었던 몇몇 상황이 떠오를지도 몰라요. 그리고 결국 자비네가 아니라 엄마와의 관계 문제라는 사실을 깨달을 수도 있고요. 그러면 그는 자신의 문제를 해결하기 위한 길로 크게 한 걸음 내딛는 셈이지요.

우리에게는
어떤 심리적 기본 욕구가 있을까요

미하엘 그리고 이 책을 읽는 당신이 어떻게 해묵은 패턴에서 벗어날 수 있을지 설명하기 전에, 먼저 네 가지 심리적 기본 욕구에 대해 더 자세히 알아보겠습니다. 내용을 읽어 내려가는 동안 감각을 집중해서 당신의 그림자 아이와 태양 아이가 이 심리적 기본 욕구 측면에서 어떻게 각인되어 있는지 생각해보세요.

애착에 대한 욕구

애착 욕구는 태어날 때부터 죽을 때까지 우리와 함께합니다. 이미 언급했듯 젖먹이는 애착 없이 생존할 수 없어요. 아주 어린 아이도 타인과 신체적 접촉이 없으면 죽습니다. 그러나 애착과 소속감,

공동체를 향한 욕구는 이런 신체적 접촉 너머에 있으며 인간의 심리적 기본 욕구에 속한다고 볼 수 있어요. 애착 욕구는 애정 관계나 가족 관계 외에도 무수히 많은 상황에서 중요한 역할을 합니다. 예컨대 친구들을 만나거나 수다를 떨거나 동료와 휴식 시간을 보내거나 거리 응원을 나가거나 편지를 쓸 때 애착 욕구가 충족되지요.

아이의 애착 욕구는 부모의 방임, 거부 그리고/또는 학대에 의해 좌절될 수 있습니다. 물론 방임 행위의 범위는 굉장히 넓어요. 비교적 가벼운 경우, 다정한 부모가 외부 요인들 때문에 스트레스 받고 압도당할 때 아이가 방임당했다고 느낄 수 있습니다. 아이가 넷이나 되는데 상당히 가난한 부모의 예를 들 수 있겠네요. 이보다 심각한 경우는 심리적으로 문제가 있는 부모 또는 양육자가 아이를 정서적으로 그리고/또는 신체적으로 학대하는 것입니다.

애착 욕구가 좌절되면 아이는 심리 발달 과정에서 다양한 영향을 받습니다. 여기서 변수는 어린 시절에 당한 방임의 정도예요. 아이가 타고난 정서적 기질도 또 다른 변수이고요. 이 요소들이 함께 작용하여 자존감에 그저 가벼운 흔적만 남길지, 그렇지 않으면 심각한 정신 장애를 일으킬지가 결정됩니다. 그러나 대부분의 경우에는 아이의 애착 형성 능력에 문제가 생겨서, 어른이 되고 나서 친밀한 애착 형성을 회피하거나, 형성된 애착 관계를 반복적으로 망가뜨리는 양상이 나타나거나, 집착적인 애착 행동을 보이며 파트너 또는 타인에게 지나치게 의존할 수 있습니다.

자율과 안전에 대한 욕구

아이는 (물론 어른도 그렇지만) 애착 욕구 외에 **자율**에 대한 욕구도 가지고 있습니다. 아이에게 이는 다정하게 안기고 배불리 먹는 것일 뿐 아니라 주변을 탐색하고 새로운 뭔가를 발견하고 싶어 한다는 것이기도 해요. 아이는 원래 **탐색 충동**을 타고납니다. 자신의 능력이 허락하는 한 독립적으로 행동하려는 욕구가 아주 강해요. 부모의 도움 없이 뭔가를 성취했을 때 스스로를 매우 자랑스러워합니다. 그래서 아주 어릴 때부터 부모가 도와주려고 다가오면 "내가 할래!"를 외치곤 하지요. 사실 모든 발달의 가장 큰 목적은 아이가 부모의 돌봄 없이도 자립적이고 독립적인 존재가 되도록 하는 것입니다.

자율은 곧 통제할 수 있다는 뜻이며, 통제는 곧 안전하다는 뜻입니다. 영어에 'control freak(통제광)'이라는 단어가 있는데, 내면 깊은 곳에서부터(그러니까 그림자 아이의 각인 때문에) 불안해하며 자신의 안전에만 집착하는 사람을 가리키는 말이에요. 자율 욕구에는 안전에 대한 욕구 외에도 **권력**에 대한 욕구도 포함됩니다. 인간은 태어날 때부터 주위에 일정한 영향력을 행사하기 위해 그리고 무력함이나 무능함을 피하기 위해 많은 노력을 기울입니다. 영향력을 행사하는 도구는 성장 과정에서 그때그때 달라져요. 초기에는 소리 지르며 우는 행위를 통해 주목하게 만들 수 있습니다. 그러나 나중에는 이것이 좀 더 복잡한 차원의 언어와 행위를 통해 가능해지지요.

자율적으로 행동하고 싶어 하는 아이의 욕구는 부모에 의해 방해받거나 좌절될 수 있어요. 과보호하고 지나치게 통제적인 부모는 아이에게 너무 많은 주의 사항을 전달하거나 경계를 아주 비좁게 설정하여 아이의 자율성 발달을 저해할 수 있지요. 아이는 발달 과정에서 부모의 이런 두려움과 지나친 통제를 자기 것처럼 내면화합니다. 그러면 스스로의 능력을 끊임없이 의심하며 이후 삶에서 자신을 어떤 한계 안에 가두기도 해요.

좋은 의도로 아이가 가는 길에 놓인 장애물들을 앞서 치워주는 부모도 자녀의 발달에 안 좋은 영향을 미칠 수 있어요. 이런 환경에서 자란 아이는 어른이 되어서도 독립적이지 못하며 자기 일을 대신 책임져주는 타인에게 의존하는 경향을 보입니다. 아니면 부모의 양육 방식에 극단적으로 선을 긋고, 독립적이고 자유로운 사람이 되는 것에 지나친 가치를 부여해요. 이런 사람은 관계에서 가능한 한 많은 권력을 휘두르고 싶어 하지요.

자율성과 의존성의 갈등

한편으로는 애착에 대한 욕구가 있고 또 다른 한편으로는 자율과 독립에 대한 욕구가 있는 가운데 내면의 균형을 찾는 것은 누구나 원하지만 쉽지만은 않은 과제입니다. 이는 인간의 기본 갈등이며 심리학에서는 자율성과 의존성의 갈등이라고 부릅니다. 의존성이라는 단어는 이 맥락에서는 애착의 동의어로 이해해도 괜찮아요. 다시 말해 아이가 부모의 애정과 돌봄에 의존하는 것을 의미합니다. 이때 돌봄이란 아이가 최소한 한 사람과 애착을 형성할 때에만 성립하는 개념입니다. 대부분 그 대상은 부모 중 한 사람이거나 또는 둘 다예요. 부모가 아이의 신체적·심리적 욕구들을 섬세하고 다정하게 채워주는 경우, 아이의 뇌에서는 '의존성'이라는 단어를 부정적인 것이 아니라 안전하게 보호받는 상태와 연결하는 회로가 발달해요. 또한 애착이라는 단어는 '안전하고 신뢰할 수 있는 무언가'로 저장돼요. 이런 경우를 심리학에서는 아이가 양육자에 대해 안정 애착을 형성했다고 말합니다. 그 반대는 **불안정 애착**으로, 아이가 양육자를 신뢰할 수 없는 존재라고 경험했을 때 형성됩니다. 불안정 애착인 사람의 그림자 아이는 대개 신뢰에 깊은 손상을 입은 상태인데, 안정 애착인 사람의 태양 아이가 자신과 타인을 어렵지 않게 신뢰하는 것과는 대조적이지요.

이상적인 상태는 부모가 아이의 애착과 의존에 대한 욕구, 자율과 독립에 대한 욕구를 모두 충족시켜주는 것일 테지요. 이렇게 성장한 아이는 근원적 신뢰, 즉 자기 자신과 인간관계에 대한 믿음을 매우 안정적으로 느끼는 감정을 일찍부터 발달시켜요. 하지만 근원적 신뢰도 이후 성장 과정에서 폭력이나 학대 같은 트라우마를 겪으면 심하게 흔들릴 수 있긴 해요. 그런 경우가 아니라면 대부분 무난하게 유지되어 인생 전체에 걸쳐 힘의 원천이 되어준답니다. 근원적 신뢰를 형성한 사람은 그렇지 못하여 자주 그림자 아이 모드에 머무르는 사람보다 훨씬 수월하게 인생을 살아갑니다. 그런데 성인이 된 후에도 얼마든지 태양 아이 모드로 향할 수 있어요.

그 방법은 뒷부분에서 자세히 다룰게요.

성장 과정에서 애착 욕구가 좌절되거나 독립성이 손상되면 아이는 자기 자신이나 타인을 신뢰하는 데 문제가 생깁니다. 이런 불안감을 보상받기 위해 아이는 무의식적으로 일종의 해결책, 다른 말로 하면 보호 전략을 찾으려 합니다. 이런 자기 보호는 아이가 (무의식적으로) 자율성과 의존성 가운데 어느 한쪽을 선택했을 때 생겨나요.

자율성에 치우쳐 내면의 균형이 흐트러지면 그 사람은 자유롭고 독립적인 상태가 되려는 욕구를 심하게 느껴요. 그 결과 그(또는 내면의 그림자 아이)는 지나치게 친밀한 인간관계를 피합니다. 그 그림자 아이는 타인은 믿을 수 없는 존재라고 확신해요. 이런 사람에게 안전이란 곧 자신의 독립성과 자율성을 지키는 거예요. 이들이 타인과 친밀한 애착을 형성할 수 없다는 것, 그러니까 애정 관계를 믿지 않는다는 것은 심리학적으로 자연스러운 귀결이지요. 이들은 애착 불안에 시달리는데, 그래서 애정 관계를 아예 맺지 않거나 파트너가 있어도 친밀함을 허용하지 않으며 잠깐 가까워졌다가도 다시 거리를 취하곤 합니다.

반면 의존성에 치우쳐 내면의 균형이 흐트러지면 그는 애착에 대한 욕구를 심하게 느낍니다. 그(또는 내면의 그림자 아이)는 파트너에게 매달리며 상대방 없인 못 살겠다고 생각해요. 그래서 홀로 굳게 설 수 없다는 혼란스러운 두려움을 품고 살아가지요.

쾌감을 느끼려는 욕구

어른과 마찬가지로 아이에게도 쾌감을 느끼려는 기본 욕구가 있습니다. 사람은 다양한 인지 경로를 통해, 예컨대 음식을 먹거나 운동을 하거나 재밌는 영화를 볼 때 쾌감을 느껴요. 쾌감과 불쾌감은 모두 우리 감정과 매우 밀접하게 관련되어 있으며, 동기 부여 시스템의 기본 구성 요소입니다. 간단히 말하면 우리는 쾌감을 느끼고 불쾌감을 피하기 위해 끊임없이 노력하고 있다고 해도 과언이 아니에요. 이것이 모두 어떤 형태로든 욕구를 충족시키려는 노력 선상에 있다는 의미이지요.

우리가 생존하려면 쾌감과 불쾌감을 느끼는 과정을 조절할 줄 알아야 해요. 다시 말해 좌절을 견디는 능력, 보상을 미루는 능력, 충동을 억제하는 능력을 길러야 한다는 뜻이지요. 그래서 아이들은 양육 과정에서 쾌감과 불쾌감을 다루는 적절한 방법을 배웁니다.

어떤 부모는 아이의 쾌감을 지나치게 엄격하게 통제하고, 어떤 부모는 지나치게 관대해요. 신생아 시기와 유아기에는 유아적 쾌락의 충족과 유아적 애착 욕구가 아주 긴밀하게 연결되어 있어요. 젖먹이의 감정은 아주 명확하게 쾌감과 불쾌감으로 나뉘어요. 배고픔, 목마름, 더위, 추위, 통증 등이 그렇지요. 아기를 돌보는 사람에게는 불쾌감을 유발하는 요인을 제거하고 쾌감을 일으키는 요인을 제공하여 욕구를 충족시켜줘야 한다는 과제가 주어집니다. 이 양육자가 자기 역할을 충분히 다하지 않으면 아기의 애착 욕구가 좌절돼요.

이후 성장 과정에서도 아이의 자율 욕구와 쾌감은 밀접하게 연관됩니다. 엄마가 식사 전에 단것을 못 먹게 하면 그 순간 쾌감을 느끼려는 욕구뿐 아니라 자율에 대한 욕구도 좌절되지요.

어렸을 때 쾌감을 느끼려는 욕구와 자율에 대한 욕구가 동시에 너무 엄격하게 통제당하면 (부모의 양육 스타일에 맞춰서) 모든 형태의 즐거움을 배척하고 강박적으로 행동하는 그림자 아이를 지닌 어른이 될 수 있어요. 어쩌면 (부모에게 선을 그으며) 너무 원칙이 없고 지나치게 쾌락을 추구하는 성향이 될 수도 있고요. 반대로 심하게 허용적인 환경에서 자란 아이는 어른이 되어서도 욕구를 제어하는 데 어려움을 겪을 수 있어요.

쾌감 충족과 충동 억제 사이에서 적절한 균형을 찾으려면 내면 아이의 각인과는 무관하게 매일 일정한 노력을 기울여야 해요. 인간의 의지력은 도처에 숨어 있는 무수한 유혹에 매일같이 시험에 듭니다. 마트에 가서 물건으로 가득한 통로를 걸을 때조차 굉장히 높은 충동 억제 능력이 필요하니까요. 쾌감을 적절히 통제해야 할 때에만 의지력이 시험에 드는 건 아니에요. 불쾌감을 극복해야 할 때에도 의지력이 필요해요. 이런 식으로 우리는 매일매일 사실은 하기 싫은 일들을 해야 하는 상황을 견디며 살아갑니다. 아침에 일어나는 순간부터 자기 전 이를 닦는 순간까지 계속 이런 일이 이어지지요. 그 중간중간에 계속 이런저런 충동을 억눌러야 하고요. 냉장고 문을 열고 싶은 충동, 인터넷 창을 열고 싶은 충동, 하던 일을 내려놓고 한잔하러 가고 싶은 충동까지 말이에요. 절제는 성공적인 인생을 위한 가장 중요한 조건 가운데 하나이고, 선택지가 무한

하고 풍요가 넘쳐나는 시대에 버팀목이 되어준답니다.

자존감 향상과 인정에 대한 욕구

우리는 모두 인정 욕구를 타고납니다. 인정 욕구 또한 애착 욕구와 밀접하게 얽혀 있는데, 누군가가 인정해주지 않는다면 애착 형성 자체가 불가능하기 때문이에요. 누군가와 애착이 형성되었다는 느낌은 사랑과 인정의 또 다른 형태입니다. 그러므로 이 욕구는 우리의 실존과도 관련이 있어요.

그런데 인정받기 위해 애쓰는 데에는 이것 말고도 다른 이유들이 있지요. 신생아는 부모의 태도를 통해 자신이 사랑받고 환영받는 존재인지 아닌지를 파악합니다. 미국의 유명한 성性 연구자인 데이비드 스나쉬David Schnarch는 이와 관련해 거울 자아라는 표현을 썼어요. 아이는 자신의 행동이 '괜찮은지' 아닌지를 양육자라는 거울에 비춰 보고 안다는 뜻이에요. 예컨대 엄마가 아이를 보고 웃으면, 마치 누군가가 아이의 존재에 행복해하는 엄마가 비친 거울을 아이에게 보여주는 듯한 효과가 난다는 거지요. 양육자의 행동을 통해 아이는 자존감을 발달시킵니다. 타인의 거울을 통해 자존감을 가늠하도록 학습되기 때문에 우리는 어른이 된 후에도 여전히 타인의 인정을 갈구할 수밖에 없어요. 이는 어린 시절 타인에게 충분히 인정받지 못한 사람뿐 아니라 충분히 인정받은 사람에게도 적용되는 개념이에요.

그럼에도 불구하고 자존감은 우리가 타인의 인정을 어느 정도로 필요로 하는지에 지대한 영향을 미칩니다. 그림자 아이와 자주 동일시되는 자존감 낮은 사람은 태양 아이가 잘 발달된 자존감 높은 사람에 비해 외부의 인정에 더 강하게 의존하는 경향이 있어요.

자존감은 우리 마음의 근원이며 심리적 자원의 원천인데, 손상되면 거기서 그치지 않고 셀 수 없이 다양한 문제들이 발생해요. 낮은 자존감은 그림자 아이의 특징으로, 안정적인 자존감은 태양 아이의 특징으로 분류하지요. 태양 아이를 강화하고 그림자 아이를 위로하는 방법을 배우는 것이 이 책의 핵심이라 할 수 있겠습니다.

지금까지 살펴본 모든 네 가지 욕구는 아이의 성장 과정에서 부정적인 각인으로도, 긍정적인 각인으로도 작용할 수 있어요. 즉 그림자 아이로도, 태양 아이로도 나타날 수 있다는 말이에요. 당신도 이 책을 읽으며 부모의 강점과 약점이 무엇이었는지 생각해봤을 거예요. 앞으로 지극히 개인적인 각인을 어떻게 하면 제대로 찾아낼 수 있는지 자세히 알려드릴게요. 하지만 그 전에 어린 시절의 각인이 어떻게 신념과 보호 전략으로 발전하는지 설명하겠습니다.

어린 시절 부모의 양육 방식은
현재의 나에게 어떤 각인을 남겼을까요

부모가 아이의 기본 욕구에 너무 주의를 기울이지 않거나 이해해주지 않으면 아이는 주의를 끌고 이해를 받기 위해 많은 노력을 합니다. 부모의 마음에 들려고 할 수 있는 일은 다 한다고 해도 과언이 아닐 정도예요. 따라서 제한적으로만 애정을 표현하고 그리고/또는 아이의 감정이나 욕구에 잘 공감해주지 않는 부모의 아이는 부모와의 원만한 관계가 자기 책임이라고 느낍니다.

예를 들어 부모가 매우 엄격하고 아이가 순종적이고 고분고분하기를 기대한다면, 아이는 부모가 만족할 수 있도록, 아니면 적어도 벌받지 않도록 부모의 요구 사항을 충족하려 노력합니다. 이때 순응적인 태도가 더 효과적이므로 아이는 부모의 생각을 거스르는 욕구와 감정을 모두 억눌러요. 그래서 분노 같은 감정을 다루는 적절한 방법을 아예 못 배우기도 해요. 삶에서 분노는 자기주장을 펼치고 자신의 경계를 지켜주는 역할을 해요. 부모의 과도한 힘에 아이의 자기주장이 지속적으로 좌절되면 아이는 어느 순간 분노를 억제하는 편이 낫다는 판단을 학습합니다. 그래서 감정을 다루는 적절한 방법뿐 아니라 자신을 드러내는 올바른 방식조차도 배우지 못하지요. 그리고 "저항하면 안 돼!", "화내면 안 돼!", "다른 사람에게 맞춰줘야 해!", "내 의지를 내세우면 안 돼" 같은 신념이 발달합니다. 나중에, 대개 반항적 체계가 형성되고 기대나 순종을 요구하는 부모의 압박에 반기를 드는 사춘기가 되어도, 이런 아이는 부모의 체계 안에 갇혀 있어요. 이들에게는 반항 또한 순응만큼이나 부자유스러운 행위거든요. 이런 사람이 청소년기에, 그 후 어른이 되어서 가지고 살아가는 그림자 아이는 부모에게 완전히 장악당한 경험을 통해 새겨진 각인을 지닙니다. 이 각인으로 씌워진 안경으로 세상을 보면 다른 사람들은 항상 자신보다 빠르고 우월하며 힘센 존재로 느껴질 거예요. 이런 상황에는 순응하거나 반항하거나 둘 중 하나입니다. 이 사람은 자신의 그림자 아이를 알아차리고 깊은 각인과 신념을 해소해야 주변 사람들과 동등하다고 느끼며 살아갈 수 있습니다.

양육에서 부모의 공감 능력이 중요한 이유

아이의 욕구에 충분히 공감해주지 못하는 부모는 아이의 감정과 욕구를 제대로 인지하는 데 큰 어려움을 느낍니다. 그 결과 아이는 사실 적절한 감정이 드는데도 '내가 느끼고 생각하는 것이 틀렸구나'라고 자주 생각하게 됩니다. 자신의 감정을 잘 알아야 타인에게 공감할 수 있음을 감안하면, 아이에게 공감하지 못하는 부모는 보통 스스로의 감정에도 잘 접근하지 못해요.

예를 들어 아이가 친구가 자신과 놀고 싶어 하지 않아서 슬퍼하고 있으면 엄마는 먼저 스스로의 내면에서 슬픔이라는 감정에 접근할 수 있어야 해요. 그러지 못하면 아이의 상황에 감정을 이입할 수 없지요. 만일 엄마가 자신의 슬픔을 단순히 미뤄 두거나 무시하는 식으로 다룬다면 이런 방식을 아이의 슬픔을 다루는 데에도 그대로 적용할 거예요. 어쩔 줄 몰랐던 엄마는 아이에게 그 친구는 어차피 멍청한 아이이니 슬퍼할 필요 없다고 호되게 말할지도 몰라요. 이런 과정을 통해 아이는 슬픔을 느끼는 게 좋지 않다고, 자신이 친구를 잘못 골랐다고 배웁니다. 그러나 엄마 혹은 다른 주 양육자가 스스로의 슬픔을 능숙하게 다룰 수 있다면 아이의 슬픔에도 잘 접근하여 감정을 이입할 수 있을 거예요. 그러면 아이에게 이렇게 말해줄 수 있겠지요. "아이고, 요나스가 오늘 너와 안 놀고 싶다고 해서 슬프구나. 나도 그 마음 알아." 그리고 요나스가 그런 말을 한 이유가 무엇일지 짐작하여 설명해줄 수도 있겠지요. 혹시 아이가 친구에게 뭔가 잘못한 건 없는지 함께 고민해볼 수도 있을 거예요. 이런 과정을 통해 아이는 자신이 느끼는 감정을 뭐라고 부를 수 있을지(이 사례에서는 슬픔) 배우고 자신이 누군가에게 이해받기를 원할 때 혼자가 아니라는 사실도 알게 됩니다. 어떤 문제가 생겼을 때 해결책을 찾을 수 있다는 것도요.

공감을 표현하는 부모의 행동으로 아이는 자신의 감정을 구별하고 그것에 이름 붙이는 법을 배웁니다. 그리고 기본적으로 그 감정들을 전부 다 느껴도 괜찮다는 부모의 신호를 받고 그것들을 다루고 적절히 조절하는 법도 배우지요.

따라서 부모의 공감 능력은 아이를 기를 때 가장 중요한 능력 중 하나라 할 수 있어요. 말하자면 부모가 보여주는 공감 능력을 매개로 좋은 또는 나쁜 각인을 마음에 새기니까요.

유전부터 성격까지
내면 아이에 영향을 주는 요소들

1960년대에는 심리학과 교육학 분야에서 아이는 '타불라 라사Tabula rasa', 즉 '백지 상태'로 태어난다는 학설이 지배적이었어요. 인간의 성격과 발달 과정은 오로지 환경과 교육의 영향으로만 형성된다고 믿었지요. 그러나 이 견해는 지난 수십 년 동안의 신경 생물학과 유전자 연구에 근거해 근본적으로 바뀌었습니다. 오늘날 우리는 유전자가 개인의 고유한 성격뿐 아니라 지능을 결정하는 데에도 커다란 역할을 한다는 사실을 알고 있어요. 이를 더욱 명확히 설명하기 위해 유전자에 의해 확정되는 성격 특성인 내향성과 외향성에 관해 자세히 알아볼게요.

이런 성격 특성은 한 사람의 고유한 개성과 관련되어 있어요. 내향인은 혼자 있을 때 재충전을 하며 다른 사람들과 함께 있을 때 외향인보다 훨씬 빨리 지쳐요. 타인과의 만남을 그리 필요로 하지 않고요. 누군가에게 질문을 받으면 적절한 답을 찾느라 잠시 생각에 잠긴 뒤에야 대답합니다. 반면 외향인은 말하면서 동시에 생각하고, 그래서 가끔은 (좋은 쪽으로든 나쁜 쪽으로든) 자신이 한 말에 스스로 놀라기도 해요. 다른 사람들과 유쾌하게 어울릴 때 재충전을 하며 혼자 있는 걸 좋아하지 않아요. 이들은 전반적으로 내향인에 비해 동기를 부여해주고 흥미를 돋워주는 외부 자극을 훨씬 더 많이 필요로 하지요. 그에 반해 내향인은 외부 자극에 예민하게 반응하는 경향이 있어 외향인보다 빠르게 자극에 압도되곤 해요.

이렇게 사회적 욕구가 다른 만큼 내향인과 외향인은 일하는 방식도 다르고, 이것이 직업 선택에 영향을 미치기도 해요. 일반적으로 내향인이 몇 시간 또는 하루 종일 일에 집중하고 몰두할 수 있도록 큰 변화가 없고 조용히 일할 수 있는 일자리를 선호해요. 외향인은 외부와의 접촉을 더 좋아해요. 이들은 이런 사회적 욕구가 충족되는 직업을 선택하거나 그렇지 않다면 일정 시간 집중한 후에 온라인으로든 현실에서든 짧게나마 다른 사람들과 소통해야 하는데, 그래야 일하느라 소진된 에너지를 다시 채울 수 있기 때문이에요.

외향인은 혼자 있을 때 내향인보다 더 빨리 외로움과 지루함을 느껴요. 이는 그 사람이 어떤 양육 환경에서 자랐는지, 그림자 아이 또는 태양 아이가 어떤 각인을 지니고 있는지와 관계가 없습니다.

예민성이라든지 불안에 대한 준비성 같은 요소 역시 유전적으로 이미 결정되어 있으며, 이는 자존감이 어떻게 발달하는지를 결정하는 데 관여합니다. 어떤 아이는 다른 아이들보다 좀 더 강인한 성정을 가지고 태어납니다. 연구에 따르면 소위 '상처받지 않는 아이'가 무려 10퍼센트나 된다고 해요. 이런 아이는 어린 시절에 어려움을 겪더라도 어느 정도는 큰 상처 없이 자존감을 온전히 지키며 그 시기를 통과하지요.

어린 시절의 각인 가운데 무엇을 계속 갖고 갈지는 아이의 고유한 성격과 부모의 성격 사이의 상호 작용에 달려 있다고 봐도 좋아요. 이를 두고 부모-자녀 적합성이란 표현을 쓰지요. 예컨대 태어날 때부터 예민성이 높은 아이가 공감 능력이 거의 없는 엄마를 만났을 경우 이런 엄마가 이 아이에게 입힐 상처는 방어막이 훨씬 두꺼운 아이보다 더욱 심각할 거예요. 또 소리 지르며 잘 울고 그리고/또는 지나치게 활동적인 아이의 부모는 '돌보기 수월한' 아이의 부모에 비해 정서적으로나 교육적으로 적절히 반응하기가 어렵겠지요.

지나치게 활동적인 성향을 타고난 아이는 넘치는 에너지를 적절히 통제하는 데 큰 어려움을 느껴요. 게다가 이런 성향은 주변 사람들에게 불쾌감을 유발할 수 있지요. 그래서 이 아이는 다른 아이들이나 교사에게 "너는 정상이 아니야!" 같은 메시지를 자주 전달받아요. 그 결과 사랑으로 돌봐주는 부모가 있는데도 자존감이 낮아지는 경우가 많습니다. 한 아이가 성장하는 데에는 부모뿐 아니라 동급생 무리나 교사, 조부모 같은 다른 관련 인물들도 영향을 줄 수 있거든요.

그러니까 어린 시절의 각인은 부모의 양육 방식에만 좌우되지 않으며 항상 여러 요소가 상호 작용한 결과물이에요. 물론 부모가 가장 중요한 기반을 다지는 역할을 하는 것도 사실이에요. 가정에서 부딪히는 관계들로 아이가 불안정할수록 그 외 다른 관련 인물들에게 상처받기가 더 쉽거든요. 이를테면 같은 반 친구들에게 놀림당할 때 부모가 세심하고 공감 능력이 뛰어난 경우와 아이의 감정을 거의 이해해주지 못하는 경우, 아이가 사건을 받아들이는 양상이 완전히 달라져요.

감정의 길잡이,
내면 아이

현재 삶에서 맞닥뜨린 문제들을 해결하고자 할 때, 진짜 문제가 사실 어디에 기인하는지 더 깊은 차원을 들여다보아야 해요. 여기에서는 내면의 그림자 아이가 좀 더 앞으로 나서도 돼요. 그래야 약한 부분, 그러니까 트리거trigger가 무엇인지 제대로 인식할 수 있거든요.

자신의 성격 가운데 이 부분을 그다지 알고 싶어 하지 않는 사람이 많아요. 내면의 상처와 두려움을 굳이 파헤쳐 느끼고 싶지 않은 거죠. 이건 아주 당연한 방어 기제이며 충분히 이해할 수 있는 욕구예요. 슬픔, 두려움, 열등감, 심지어 절망감을 일부러 느끼고 싶어 하는 사람은 없으니까요. 우리는 모두 이런 감정을 가능한 한 피하고 행복이나 기쁨, 애정 같은 좋은 감정만 계속 간직하고 싶어해요. 그래서 많은 사람이 내면의 상처를 잊으려 애쓰겠지요. 다르게 표현해보면, 내면의 그림자 아이가 존재감을 드러내려 하면 그냥 옆으로 제쳐두고 방임하는 거예요.

문제는 그림자 아이도 실제 아이와 비슷하게 행동한다는 점입니다. 다시 말해 우리가 주의를 기울이지 않을수록 더 관심을 받고 싶어 하는 거지요. 오히려 원하는 만큼 관심을 받으면 만족감을 느끼고 한발 물러서서 한동안 혼자 놀기도 해요.

그림자 아이도 마찬가지예요. 그림자 아이의 두려움, 수치심, 분노 등이 표현되지 못하면 의식 아래편에서 계속 영향력을 행사할 거예요. 어른 자아가 알아차리지 못한 상태에서 치유되지 못한 채 그대로 굳어지겠지요. 그러면 바로 앞서 등장했던 미하엘이 늘 겪는 일이 일어납니다. 때때로 성가시고 뿔난 그림자 아이가 손쓸 틈 없이 튀어나와 갑자기 분노를 쏟아내는 거예요.

심리학 전문 서적이나 상담 관련 책들에서는 '내면 아이'의 성격 측면을 오직 감정적인 것으로만 분류합니다. 그러나 저는 내면 아이(그림자 아이와 태양 아이 모두)는 내적 신념에서 비롯했으며 이것이 감정의 길잡이 역할을 한다고 봅니다. 앞서 설명했듯 신념이란 우리의 자존감 그리고 타인과의 관계와 관련해 깊숙이 자리 잡은 확신입니다. 예를 들어 아이가 부모에게 충분히 사랑받고 수용받는다고 느끼면 "나는 환영받는 존재야", "나는 사랑받고 있어", "나는 중요한 사람이야" 같은 신념이 형성되고 내면의 태양 아이가 강화됩니다. 그러나 부모가 냉정하고 거절하는 태도를 보이면 이 아이에게는 "나는 환영받지 못하는 존재야", "나는 짐 같은 존재야", "나는 항상 부족해" 같은 신념이 형성되고 그림자 아이에게 깊이 새겨집니다. 신념은 어린 시절에 형성되어 무의식 깊은 곳에 뿌리내립니다. 그리하여 성인이 되어서도 무의식중에 정신을 지배하는 체계가 되어버려요. 우리가 인지하고 느끼고 생각하고 행동하는 모든 것에 엄청난 영향을 주지요.

신념이 어떤 식으로 영향력을 행사하는지는 다시 한번 미하엘과 자비네의 사례를 통해 이야기해볼게요. 미하엘의 엄마는 미하엘의 욕구와 성격에 거의 관심이 없었어요. 미하엘에게는 동생이 두 명 있었고 엄마와 아빠는 함께 빵집을 운영했지요. 엄마는 항상 스트레스와 부담감에 시달렸고 아이들에게 각자 필요한 만큼 관심과 돌봄을 주지 못했어요. 아빠도 끊임없이 일하느라 엄마의 빈자리를 채워주지 못했지요. 정서적으로, 신체적으로 곁에 있어주지 않는 부모 때문에 미하엘은 애착 욕구는 물론 자존감 향상에 대한 욕구 충족도 좌절되었어요. 결국 "나는 항상 부족해", "나는 중요한 존재가 아니야" 같은 신념이 발달되었지요. 이 신념은 무의식에 깊은 각인을 남겨 지금까지 그의 인식에 영향을 주고 있어요. 소중한 사람이 자신을 신경 쓰지 않는다고 느낄 때마다 그의 그림자 아이는 곧바로 요란하게 소리쳐요. "또야, 내가 중요하지 않다는 거지!" 이 신념이야말로 자비네가 그와 그가 원하는 것들에 충분히 주의를 기울인다고 생각되지 않을 때 미하엘이 그토록 빠르게 극심한 분노에 휩싸이는 진짜 원인입니다.

자비네의 부모는 자비네를 지극 정성으로 돌봐줬지만 성취에 대한 기대가 너무 높았어요. 게다가 옳고 그름에 관해 매우 엄격한 한계를 설정했지요. 자비네는 자신이 부모가 원하는 바를 충족시켜줄 수 없다는 느낌을 자주 받았어요. 부모는 자비네를 칭찬하기보다 비판하는 일이 더 많았고요. 자비네의 인정 욕구와 자존감 향상 욕구는 부모에게 종종 상처 입었고, 자율 욕구와 자유롭게 자신을 펼치고 싶은 욕구도 마찬가지였어요. 그래서 자비네의 그림자아이는 "나는 부족해", "내가 상대방에게 맞춰줘야 해" 같은 신념을 갖게 되었지요.

이제 우리는 자비네와 미하엘의 그림자 아이가 함께 있을 때 어떻게 상호 작용하는지 쉽게 상상해볼 수 있어요. 금방 자극받고 자비네가 조금만 서운하게 행동해도 엄청나게 비난하는 미하엘의 특성이 그림자 아이에게 영향을 줘서 스스로 열등하고 무가치하며 휘둘린다고 느껴요. 자비네의 그림자 아이는 여기에 분노와 눈물, 비난으로 반응하고, 둘의 다툼은 빠르게 고조되지요.

신념은 우리의 심리적 운영 체제나 다름없습니다. 아주 단순하게 작동하면서도, 좋은 쪽으로나 나쁜 쪽으로나, 그러니까 태양 아이에게나 그림자 아이에게나 엄청난 영향력을 행사해요. 우리는 신념이라는 안경을 통해 현실을 바라봅니다. 그래서 그것을 제대로 이해하고 다루는 일은 매우 중요하답니다.

너무 허용적으로 자라도
부정적인 신념이 형성된다

부정적 신념이 결핍이나 방임, 과보호 등을 통해서만 생겨나는 건 아니에요. 아이를 너무 허용적으로 대하거나 지나치게 응석을 받아주는 부모는 아이에게 모든 것이 자기 뜻대로 되어야 하며 그러기 위해 크게 노력할 필요도 없다는 확신을 심어줄 수 있어요. 그러면 아이는 자신의 중요성과 가치를 과소 평가하는 신념이 아니라 과대 평가하는 신념을 발달시켜요. 자신이 원하는 것을 얻는 결과를 너무나 당연시하고 이것이 한 번이라도 좌절되면 극도로 불쾌해하며 분노합니다.

너무 버릇 없이 자란 아이는 좌절에 대한 내성이 매우 낮아요. 욕구가 아주 조금만 좌절되어도 못 견디지요. 특정한 결핍을 겪으며 자란 아이가 순응성이 매우 높은 것과 대조적으로, 응석받이로 자란 아이는 순응성이 너무 낮아요. 공동체에 편입되어 다른 사람들과 맞춰가며 살아가야 한다는 것을 거의 배우지 못했지요. 엄마와 아빠에게는 늘 왕자이고 공주였으니까요. 이 아이의 신념으로는 예를 들어 "나는 아주 중요한 사람이야!", "나는 늘 환영받는 사람이야!", "내가 원하는 건 뭐든 가질 수 있어!", "모조리 내 마음대로 할 수 있어!", "나는 다른 사람들보다 강해!", "내가 제일 대단해!" 같은 것이 있어요. 이런 신념을 가진 아이는 유치원에서, 학교에서, 또는 나중에 어른이 되어 속한 집단에서 적응하는 데 어려움을 겪고 주변 사람들의 기분을 상하게 할 확률이 높아요.

이들은 먼저 인생의 모든 것이 공짜로 주어지지 않으며 뭔가를 얻거나 이루기 위해 노력해야 한다는 사실을 배워야 합니다. 이런 아이 가운데 일부는 교육 과정에서 굉장한 슬럼프를 겪곤 하는데 심하면 학업 중단으로 이어지기도 해요. 심하지 않은 경우에는 대부분 사회에 적응하며 살아가는 듯 보이고 심지어 능력도 탁월해 보이지만, 한 번이라도 지는 경험을 하면 견디기 어려워하지요. 예를 들어 연애 관계에서 거절당하면 아주 심각한 절망에 빠질 수 있는데, 단순히 반드시 원하는 걸 얻지 못하는 데 익숙하지 않기 때문이에요.

현재의 나를 바라보기 위하여
과거의 부모를 돌아보기

어린 시절이나 부모를 되새겨보는 과정에서 어떤 사람은 자신이 겪고 있는 문제의 책임을 부모에게 돌리는 것에 강한 저항감을 느껴요. 상담에서 내담자들이 부모를 비판적인 관점으로 바라봐야 할 때 내적 갈등을 겪는 모습을 반복적으로 봅니다. 이들은 부모를 사랑하고 많은 것에 대해 고마워하고 있어요. 그래서 부모의 어떤 행동이 안 좋은 기억을 남겼는지 설명해야 할 때 죄책감을 느껴요. 아마도 부모를 고발하는 듯한 느낌이 들기 때문이겠지요.

이 시점에서 우리가 하려는 것이 부모의 노고를 깎아내리려는 의도도, 성인이 된 우리가 겪는 문제를 부모의 책임으로 돌리려는 의도도 아니라는 점, 그보다 원래 속했던 가정에서 어떤 각인이 생겼는지 좀 더 깊이 이해하려는 시도라는 점을 짚고 넘어갈게요. 또한 비판적으로 바라보아야 하는 부분만이 아니라 긍정적인 각인도 다루며 부모에게 고마워할 점은 무엇인지도 함께 살펴볼 거예요.

그리고 우리의 부모가 그들의 부모에 의해 어떤 각인이 형성되었는지 알아보는 것도 놓쳐서는 안 돼요. 이 관점에서는 그들도 그 부모의 양육 방식에 따른 피해자일 수 있으니까요.

예컨대 제 부모님은 애정이 넘치는 분들이었어요. 아이를 간절히 원했던 부모님에게서 태어났기에 어린 시절에는 정말 행복한 기억이 대부분이지요. 그런데 엄마는 저에게 나약한 감정을 전혀 허용하지 않았어요. 엄마는 아홉 남매의 맏딸이었고 열한 살에 제2차 세계 대전이 발발했어요. 그런 상황에서 나약한 감정을 드러내기란 힘들었겠지요. 할 수 있는 최대한 자신의 역할을 다해야 했을 거예요. 스스로 슬픔 같은 나약한 감정을 잘 다루지 못했던 엄마는 제가 슬퍼하면 어쩔 줄 몰라 했어요. 이를 통해 제 신념 가운데 "나는 항상 강한 사람이어야 해!"라거나 "우는 건 창피한 짓이야!" 같은 것이 생겨났지요. 저만 봐도 알 수 있듯 애정이 넘치는 부모도 모든 걸 완벽하게 잘하지는 못한답니다.

부모가 아이에게 어떤 본보기를 보였는가 하는 것도 중요해요. 여자아이의 엄마가 아주 사랑스럽지만 조금은 연약한 사람이라고 해봅시다. 엄마는 지배적인 아빠에게 거듭 순응하며 살아가는데, 아이가 엄마와 자신을 동일시한다면 엄마가 보여준 모습을 통해 "여자는 연약한 존재야", "나는 다른 사람에게 맞춰줘야 해", "내 의견을 내세워서 다른 사람에게 반박하면 안 돼" 등의 신념이 생성될 수 있어요. 아니면 엄마와 거리를 두면서 "나는 나를 지켜야 해"라거나 "누구에게도 절대 숙이고 들어가면 안 돼"라거나 "남자는 위험한 존재야" 같은 신념이 발달할 수도 있지요.

부모와 함께 살던 시절, 가정에서 중요하게 여겼던 규범이나 가치관도 중요합니다. 대체로 사랑이 가득하지만 성적으로 지나치게 경직된 가정에서 자란 아이는 나중에 자신의 몸이나 성에 관한 자연스러운 사고를 발달시키는 데 큰 문제를 겪을 수도 있어요. 즉 부모에게 고마운 것이 아주 많은 사람도 현시점에서 어려움을 유발하는 신념 한두 가지는 가지고 있을 수 있다는 이야기입니다.

부모의 현실적인 모습을 직시하는 일을 유난히 어려워하는 사람도 있어요. 부모 중 한쪽이 세뇌한 탓에 다른 쪽을 바라보는 시선이 강력하게 왜곡되었을 때 이런 경우가 나타납니다. 엄마가 아이에게 아빠가 얼마나 나쁜 사람인지 계속 호소한다면 이 아이는 엄마가 건네준 안경을 쓰고 아빠를 바라보는 셈이에요. 가정 법원 자문으로 오랫동안 활동하면서 이런 아이에게 남겨진 각인이 굉장히 오래 지속되어 평생 아빠와 사이가 좋지 않거나 아예 의절하고 살아가는 경우를 많이 봤답니다. 물론 반대로 아빠가 엄마를 비방하는 경우도 마찬가지예요.

이외에도 사람들이 부모의 현실적인 모습을 직시하기 어려워하는 이유는 더 있습니다. 이는 아이가 본능적으로 부모를 이상화하는 경향과 관계가 깊어요. 아이는 생존을 위해 부모를 무조건 신뢰하며 항상 선하고 옳은 존재로 인식해요. 부모가 결함이 있거나 악한 사람일지도 모른다는 가정은 아이를 엄청난 공포로 몰아넣거든요. 일부 아이들은 어른이 되어서도 부모를 이상화하는 경향을 계속 이어나가기도 합니다. 그래서 때때로 부모도 강함과 약함을 모두 지닌 현실적인 인간이라는 사실을 받아들이기 어려워해요.

만일 어른이 되어서도 부모를 이상화하는 안경을 쓰고 바라본다면 건강한 방식으로 부모에게서 자유로워질 수 없을 거예요. 그러면 이번 생에 나만의 길을 가기도 어려워지지요. 한 인간으로서 더욱 발전해나가기 위해 스스로를 알고 싶다면 나와 부모에 관해 최대한 현실적인 그림을 그리는 것이 중요해요. 현실적인 그림이 반드시 깊은 애정과 부딪히는 건 아니랍니다. 부모를 지금처럼 사랑하면서 동시에 그들이 지금 어떻고 과거에 어땠는지 평가할 수 있어야 해요. 부모가 항상 완벽하고 무결점일 필요는 없답니다. 살면서 만난 사랑하는 사람과 마찬가지예요. 완벽한 존재만 사랑할 수 있다면 그건 진정한 사랑이 아니지 않을까요.

안 좋은 일이 좋은 일보다
기억에 오래 남는 이유

부정적인 각인에 관한 한, 몇 안 되는 부정적인 사건들로도 기억에 아주 깊은 흔적을 남길 수 있다는 점을 먼저 언급하고 싶네요. 아쉽게도 긍정적인 경험은 그렇지 않아요. 왜냐하면 우리는 유전적으로 좋은 소식보다 나쁜 소식에 더욱 주목하고 그것을 더 오래 기억하도록 되어 있거든요. 문제없이 잘 진행되는 상황보다 위험한 상황에 집중하는 편이 생존에 더 유리해서 그렇답니다.

예를 들어 석기 시대 가족이 재밌는 놀이를 하며 즐거워하고 있는데 갑자기 맹수가 나타났다고 해봅시다. 이때 생존의 필수 요소는 놀이와 연관된 유쾌한 감정이 공포로 한순간에 지워지는 것일 거예요. 가족이 두려움을 느껴 맹수로부터 도망칠 수 있도록, 그래서 살아남을 가능성이 조금이라도 생기도록 뇌는 재빨리 행복 회로에서 공포 회로로 전환해야 하지요. 이런 원리로 초창기 인류에게는 독이 없는 식물보다 독이 있는 식물을 숙지하는 일이 생존에 중요했을 거예요. 실수하면 죽을지도 모르니까요. 그리하여 우리 뇌는 실수와 결핍에 더 집중하도록 발달했어요.

그런데 안타깝게도 이런 이유로 쉽게 잘못을 인식하는 늪으로 빠져드는데, 특히 그림자 아이 모드일 때 그래요. 우리가 즐거운 일보다 고통스러운 사건을 더 쉽게 기억하는 이유이지요. 우리는 몇 년이 지나도 창피한 상황을 기억하며 바로 어제 일처럼 새롭게 수치심을 느껴요. 좋은 일로 느꼈던 기쁨이 순식간에 날아가버리는 것과 대조적이지요.

이런 유전적 양상의 아주 나쁜 점이 있는데, 특히 부정적인 사건이 어떤 사람과 관련되어 있을 때 그 한 번의 경험이 수백 번의 긍정적인 경험과 맞먹을 정도의 힘을 발휘한다는 거예요. 그러니 다음에 어떤 친구나 사람에게 화나는 일이 생기면 충동이 이끄는 대로 분노를 쏟아내기 전에 그 사람과 지금까지 얼마나 즐거운 일이 많았는지 의식적으로 떠올려보세요.

우리는 신념이라는 안경을 쓰고
세상을 바라봅니다

개인적 신념을 찾아내는 방법을 설명하기 전에, 그 신념들이 우리 삶에 얼마나 광범위한 영향을 미치는지 먼저 살펴볼게요.

깊은 무의식에 새겨진 신념은 미하엘과 자비네의 사례에서 보았듯이 우리가 세상을 인지하는 필터가 됩니다. 상황의 인지는 감정, 생각, 행동에 영향을 줍니다. 반대로 생각과 감정이 인지에 영향을 주기도 하고요. 예컨대 내가 나보다 우월하다고 인지하는 사람은 나에게 열등감을 불러일으켜요. 그런데 컨디션이 좋아 에너지가 넘치고 왠지 뭐든 잘 풀린다고 느껴지는 날에는 같은 사람을 나와 비슷하게, 심지어 나보다 못하게 인지하기도 하지요.

이 전체 과정과 연관성을 더 잘 이해하고 의식할수록 어떤 대상을 바라보는 관점과 감정, 나아가 행동까지도 더욱 수월하게 변화시킬 수 있어요. 이를 위해서는 무엇보다도 필수적으로 내 문제와 내적 거리를 둬야 합니다. 문제를 유발하는 부정적 신념, 감정, 생각과 나 자신을 완전히 동일시하는 한 이 문제는 우리가 인식하는 현실에 여전히 남아 있을 테고 거기서 벗어날 수 없을 거예요.

이번에는 자비네의 사례로 설명해볼까요? 미하엘이 그녀에게 고함을 지를 때, 자비네는 무의식중에 그림자 아이의 인지 체계 안으로 미끄러져 들어갑니다. 그림자 아이의 눈으로 보면 미하엘은 매우 대단한, 관계에서 더 힘센 존재이며 그녀를 평가하고 그녀에 관한 모든 것을 결정할 수 있는 사람이에요. 자비네도 모르는 사이에 무의식에서 그림자 아이가 미하엘에게 지배적이고 권위적인 아빠의 모습을 투사하는 거지요. "나는 부족해"나 "나는 다른 사람에게 맞춰줘야 해" 같은 신념은 자비네의 그림자 아이를 더 초라하고 무가치한 사람으로 느끼게 만들어요. 이런 상황에서 자비네는 스스로를 그림자 아이와 완전히 동일시하기 때문에 오롯이 그림자 아이처럼 초라하고 무가치한 느낌을 받습니다. 미하엘의 비난은 자존감이 불안정한 자비네의 상처에 소금을 뿌리는 격이지요.

반면 자비네가 어른 자아 또는 태양 아이 모드에 있으면 미하엘과 동등해집니다. 그러면 미하엘이 그림자 아이 모드이고 그의 불같은 분노가 실은 자비네와 아무 상관 없다는 사실을 곧바로 깨닫겠지요. 그래서 미하엘의 분노는 그녀의 내면에 무가치한 느낌을 불러일으키지 못할 테고 그녀는 한결 여유 있는 태도를 취할 수 있을 거예요. 어쩌면 미하엘의 미성숙한 행동에 화가 날 수도 있겠지요. 하지만 자비네가 그 싸움에 본격적으로 뛰어들지 않고 침착한 태도를 유지한다면 미하엘도 얼마 지나지 않아 평정을 되찾을 거예요. 진정되어 어른 자아 모드로 전환하는 순간, 미하엘은 곧바로 자신이 엄청나게 과장된 반응을 보였음을 깨닫고 자비네에게 사과할 마음을 먹겠지요. 그러니까 자비네에게 여유가 있었다면 미하엘의 분노도 5분 뒤에는 사라졌을 거예요.

이 대목에서 분명 이렇게 생각하는 독자도 있을 거예요. 처음부터 잘못한 쪽은 미하엘인데 왜 자비네만 태도를 바꿔야 하냐고요. 그러나 이는 전형적인 '책임론'으로, 제가 특히 커플이나 부부를 상담할 때 자주 맞닥뜨리는 질문입니다. 두 사람 중 한쪽이 다른 쪽에게 자신이 변화해보겠다는 다짐을 기대하는 거예요. 왜냐하면 반복적으로 겪는 문제의 책임은 '명백히' 상대방에게 있거든요. 자비네도 이런 입장을 취할 수 있어요.

그렇지만 이 사실을 기억하세요. 미하엘이 자신의 태도를 변화시킬지 말지와 관련해 자비네는 절대 직접 영향력을 행사할 수 없어요. 그녀가 할 수 있는 거라곤 그렇게 해보는 게 어떻겠냐고 부탁하며 약간 압박하는 것뿐이지요. 이게 원하는 결과로 이어질지는 궁극적으로 자비네 손을 떠났어요. 우리가 영향력을 행사할 수 있는 단 한 사람은 바로 자기 자신뿐이에요. 그러니 자비네가 이 상황을 적극적으로 바꾸고 싶다면 스스로 노력해야 하는 겁니다.

겉으론 멀쩡한 어른처럼 보여도
속으론 내면 아이로 살고 있지 않나요

그렇게 각인된 체계가 얼마나 깊이 뿌리내렸는가에 관해서는 아무리 부풀려서 평가해도 부족할 겁니다. 그리고 우리는 자신이 그림자 아이의 상처받은 부분으로 반응한다는 사실을 참으로 드물게 알아차린답니다. 어른 자아로서 자신의 각인을 직시하고 성찰할 수 있는 사람도 그림자 아이의 과거 체계에 갇혀 있는 모습을 저는 매일매일 목격하고 경험합니다. 어렸을 때 부모와 함께했던 경험이 그 어떤 이성적 사고보다 더 강력한 진실처럼 느껴지는 거예요.

이것이 극단적으로 어디까지 치달을 수 있는지 내담자의 사례를 통해 실감한 적이 있습니다. B 씨(58세, 여성)는 어렸을 때 이웃 남성에게 성적 학대를 당했어요. 당시에 엄마에게 바로 털어놓았지만 엄마는 그 말을 믿지 않으며 그 남성에게 "그래도 예의 바르게 대해야 한다"라고 B 씨에게 말했어요. 성적 학대를 당하고 가족에게 그 사실을 무시당했다는 두 가지 사실이 결합되어 B 씨에게는 트라우마가 되었습니다. 그녀의 여러 신념 가운데 가장 강력한 세 가지는 "나는 버려졌어", "아무도 나를 지켜주지 않아", "남자는 모두 위험해"였어요. 어른이 된 후에도 B 씨는 남성에게 거의 공황에 가까운 두려움을 느꼈고, 이는 사생활에서나 직장 생활에서나 큰 부담이 되었어요. 상담받으러 왔을 때 B 씨는 트라우마 치료를 비롯해 이미 10년 가까이 심리 치료를 받고 있으며 이를 통해 자신의 문제가 뭔지 파악했다고 말했어요. 그렇지만 오랫동안 치료를 받았는데도 남성에 대한 두려움에서 해방될 수 없었지요.

　저와 상담하는 동안에도 큰 변화는 없어 보였어요. 그런데 어느 순간 갑자기 아주 놀라운 일이 벌어졌어요. 그녀의 그림자 아이가 그 상황이 이미 지나간 일이라는 사실을 불현듯 깨달은 거예요. 가해자는 세상을 떠난 지 오래되었고, 그녀는 이제 어엿한 어른이며, 모든 남성이 성범죄자는 아니라는 사실을요. 저는 당황스러움을 숨길 수 없었어요. 그 순간 그녀가 깨달은 것을 오래전부터 명확히 알고 있으리라 생각했거든요. 그녀가 깨달았다는 것은 모두 우리가 상담에서 자주 이야기해오던 내용이었고, 수많은 다른 치료 세션에서도 다룬 주제였어요! 하지만 실제로 이 근본적 메시지는 내면 어른에게만 자리 잡고 있었고, 그림자 아이는 50년도 더 전의 현실에 묶인 채 살아가고 있었던 거예요. 그날에야 처음으로 그림자 아이 역시 학대는 이미 지나간 일이며 더는 두려워할 필요가 없다는 사실을 실감한 거지요. 그날 이후 B 씨는 완전히 회복되었다고 볼 수 있을 정도로 나아졌답니다.

　B 씨의 그림자 아이가 어린 시절의 현실을 벗어나지 못한 채 살아가고 있었듯이 우리 모두의 내면 아이도 마찬가지예요. 이는 유년기에 근원적 신뢰를 형성하고 긍정적인 각인을 많이 간직하고 있는, 즉 태양 아이가 매우 잘 발달된 사람에게도 해당되는 이야기랍니다. 이런 사람은 자신의 긍정적인 경험을 타인과 세상에 투사하며, 그러면 대부분의 경우 인생이 한결 수월해집니다. 물론 극단적으로 긍정적인 유년기를 투사하여 뭐든 너무 순진하게 생각하거나 선의를 맹신하는 경우도 종종 있어요. 어린 시절 아주 행복한 시간을 보냈던 사람도 성인이 되고 나서 마주하는 바깥세상이 엄마와 아빠처럼 늘 나를 선의로만 대하진 않는다는 사실을 비통하게 깨달아야 하지요. 그렇지만 이런 사람은 기본적으로 자존감이 높아서 자신을 태양 아이 모드에 위치시키고 현실에서 받은 충격을 잘 처리한답니다.

　우리에게 더 많은 문제를 일으키는 건 자기 자신과 외부 세상에 부정적인 관점을 투사하는 그림자 아이입니다. 그래서 우리는 그림자 아이에게 먼저 관심을 기울여야 해요.

2장

그림자 아이를
알아차려야 하는
이유

왜 그림자 아이에게서
터져 나온 감정이 문제가 될까요

지금까지 그림자 아이의 신념이 꽤 많은 문제를 일으킬 수 있다는 사실을 함께 살펴보았습니다. 신념은 인지에 큰 영향을 미치고 인지는 감정에 강하게 영향을 주며, 그 반대로도 작용하기 때문입니다.

미하엘과 자비네가 각자 자신의 그림자 아이와 동일시하며 싸울 때, 이들은 무엇보다도 감정에 이끌려 행동하지요. 이 감정은 100분의 1초보다도 짧은 시간에 신념과 결합되어 생성되는데, 이 신념은 인지, 즉 현실의 해석에 영향을 줍니다. 자비네가 미하엘이 먹을 소시지 구매를 잊어버렸을 때, 미하엘 내면의 그림자 아이는 "나는 부족해", "나는 중요한 존재가 아니야"라는 신념에 근거해 다음과 같이 상황을 해석합니다. "자비네는 나를 충분히 사랑하지 않고, 내가 원하는 걸 중요하게 생각하지 않아." 이것이 그때 일어난 일에 대한 미하엘의 인지이며, 즉시 직접적으로 모욕감을 느끼고 뒤이어 분노가 끓어올라 싸움이 시작되지요.

그런데 신념×현실의 해석×감정×행동으로 이어지는 연속적인 사슬을 미하엘은 의식하지 못해요. 분노를 터뜨리는 순간이 되어서야 의식하지만, 근원에 있는 트리거는 깨닫지 못하지요. 그는 자신의 신념을 잘 모르고, 터져 나오는 분노의 배경에 모욕감이 있다는 사실도 의식하지 못합니다. 그리고 바로 이 지점이 문제가 됩니다. 상황과 부딪힘은 번개처럼 빠르게 감정을 불러일으켜요. 감정은 말하자면 우리를 '낚아채서' 생각과 행동을 조종해요. 그건 분노일 수도 슬픔일 수도 외로움일 수도 두려움일 수도 시기심일 수도, 아니면 기쁨일 수도 행복일 수도 사랑일 수도 있어요. 심지어 특정 상황에서 발생하는 내면의 허무를 반영하는 감정의 부재조차 이 기제의 결과물일 뿐이에요. 무엇보다도 분노, 두려움, 슬픔, 시기심 같은 부정적인 감정은 우리 자신과 인간관계에 엄청난 부담을 가할 수 있지요.

그림자 아이의 상처 때문이 아니라 외부 환경에 기인하는 정당한 분노나 슬픔도 있지 않느냐고 이의를 제기하는 사람도 있을 거예요. 예를 들어 사랑하는 사람의 죽음으로 인한 슬픔이라든지, 불의를 겪는 바람에 치밀어 오르는 분노 같은 것 말이에요. 물론 온전히 맞는 말입니다. 우리가 느끼는 모든 감정이 그림자 아이나 태양 아이와 관련 있는 건 아니에요. 이렇게 자연스러운 감정은 대개 큰 문제를 일으키지 않아요. 친구가 세상을 떠나면 슬픔을 느끼는 것, 여기에는 타인과 복잡하게 얽혀 있는 것이 없으며 자신의 반응에 스스로 소스라치게 놀라지도 않지요. 우리가 느끼는 수많은 긍정적인 감정도 마찬가지예요. 기뻐하고 행복해하는 것, 이건 누구나 느낄 수 있는 감정이지요. 일반적으로 우리에게 문제를 일으키지도 않고요.

그렇지만 미하엘과 자비네의 경우처럼 그림자 아이에게서 비롯되어 별다른 성찰 없이 단순히 튀어나오듯 행동으로 옮겨진 감정은 우리 자신과 인간관계에 문제를 일으켜요. 그러므로 문제를 해결하고 싶다면 바로 이 지점에서 시작해야 해요.

괜찮은 척하는데 사실은 괜찮지 않다면
자존감이 어떤 상태인지 관찰해보세요

내면 아이와 신념은 말하자면 우리 자존감의 정서적 중심을 나타냅니다. "나는 가치 있는 사람이야"라든가 "나는 가치 없는 사람이야" 같은 신념은 우리가 이 세상에서 환영받는 존재인지 아닌지를 보다 깊은 차원에서 느끼게 해줘요. 궁극적으로 우리를 끌어올리기도 끌어내리기도 하는 건 언제나 감정 상태예요. 근원적 신뢰나 근원적 불신은 모두 신체 기억에 저장되어 있는 깊은 감정입니다.

대개 이런 감정은 의식적으로 감지되지 못하지만, 한편으로는 쉽게 나타나기도 해요. 특히 근원적 신뢰를 형성하지 못한 사람은 순식간에 불안감과 열등감을 느껴요. 일상적으로 그림자 아이 모드인 거지요. 반면 주로 긍정적 신념을 가진 사람, 그러니까 근원적 신뢰와 온전한 자존감을 형성한 사람은 마음속 깊은 차원에서 지금 이대로 괜찮다고 느낍니다. 그래서 대부분 태양 아이 모드에 머물러 있어요. 그렇다고 자신을 의심하거나 불안을 느끼는 순간이나 시기가 전혀 없다는, 즉 그림자 아이가 전혀 활성화되지 않는다는 뜻은 아니에요. 하지만 좋은 정서와 신념을 가진 태양 아이가 그림자 아이에 비해 더 강하기 때문에 이런 시기를 빠르게 극복하지요. 다시 말해 불안이 낮은 사람은 금방 상처가 아무는 반면, 불안이 높은 사람은 소금을 조금만 뿌려도 타는 듯이 고통스러운 상처를 계속 안고 살아가는 셈이에요.

자존감의 '사고적' 부분은 우리의 이성, 즉 내면 어른입니다. 예를 들어 우리는 인생에서 이미 많은 것을 이루었고 스스로 자부심을 느끼기에 충분하며 그림자 아이가 한껏 위축되어 있어도 실제로 나는 괜찮은 사람임을 이성적으로 알고 있어요. 내담자와 자존감에 대해 이야기를 나눌 때 그들은 이성적으로는 알겠다면서 이렇게 말하곤 하더군요. "물론 이만하면 스스로 만족해도 괜찮다는 걸 알아요. 하지만 내면 깊은 곳에서는 그렇게 느끼지 못해요!" 그림자 아이와 자기 자신을 완전히 동일시하는 사람도 있어요. 스스로 부족하다고 느끼고 생각하는 거지요. 이들은 성숙한 이성의 힘을 빌려도 그림자 아이의 감정에서 벗어나지 못해요.

자존감에 아무 문제가 없다고 주장하는 사람도 있어요. 이런 이들은 대개 이성적 사고에 지나치게 집착하며 그림자 아이를 억눌러요. 미하엘도 이 부류에 속한다고 볼 수 있지요. 누군가가 그에게 자존감에 관해 물어보면 그는 아마 별문제 없다고 대답할 거예요. 자신의 취약성을 외면해버리는 거지요. 반면 자비네는 자신이 실제로 가지고 있는, 가지고 있을 것으로 짐작되는 결핍을 충분히 들여다보고 있으며, 자신의 자존감이 불안정하다는 사실을 의식하고 있어요.

생각과 감정이 모순되는 경험을 누구나 해봤을 거예요. 해보기만 한 게 아니라 일상적으로 늘 반복하지요. "…라는 건 확실히 알겠는데, 그래도 바꿀 수가 없어요" 같은 말을 얼마나 자주 하는지 떠올려보세요. 현명한 내면 어른은 건강한 식습관을 지키는 게 훨씬 더 유익하다는 사실을 아주 잘 아는데도 내면 아이가 당장 단것을 먹고 싶다는 욕구에 사로잡히면 어찌할 바를 모릅니다. 식재료나 특정 성분과 관련된 중독의 경우 보통 극단적인 욕구의 감정을 통제하기가 매우 어렵고 이성과 의지력, 즉 우리의 어른 자아를 전면에 나서게 하기가 쉽지 않아요.

그림자 아이와 내면 어른이 자존감에 관한 것이든 아니면 다른 문제에 관한 것이든 항상 같은 입장일 필요는 없어요. 많은 사람이 그림자 아이가 강력한 감정을 동원해 원하는 것을 관철하고 생각과 감정 그리고 행동까지 좌지우지하는 경험을 합니다. 그렇지만 그림자 아이와 그 각인을 더 잘 알면 알수록 내면 어른이 그 아이를 통제하고 다시 주도권을 되찾을 수 있는, 즉 의식적으로 태양 아이 모드로 전환할 수 있는 확률이 높아진답니다.

깊이 숨 쉬고 내 몸과 마음을 들여다보며
그림자 아이를 찾아보세요

지금부터는 독자 여러분과 함께 그림자 아이를 찾아보겠습니다. 이쯤 되면 이 작업이 삶에서 계속 문제를 일으키는 행동 방식이나 사고방식을 바꾸는 데 아주 중요하다는 사실을 확실히 알았을 거예요. 결국 스스로 부정적인 각인을 인식할 수 있는지가 중요해요. 그리고 나서 긍정적인 각인과 태양 아이에 대해 알아보겠습니다. 이 책을 읽기 시작한 지 얼마 안 된 지점에서 그림자 아이와 그림자 아이의 스트레스 감정을 다루어보자고 격려하는 것이 무리한 요구일 수도 있음을 잘 알고 있어요. 문제에 직면하기에 앞서 자신의 자원과 강점을 파악하기 위해 먼저 태양 아이에 대한 연습을 할 수도 있겠지요. 그러나 전반적인 심리학적 논리에 따르면 그림자 아이에서 태양 아이로 나아가는 것이지 그 반대는 아니랍니다. 일단 그림자 아이를 알아차리고 이해한 다음에 이를 바탕으로 그림자 아이를 다정하게 어루만져주고 새로운 방향을 제시하며 태양 아이를 발달시키는 거지요.

연습 ☞ 내면에 자리 잡은 신념 찾기

이 연습을 위해 종이 한 장이 필요합니다. 참고할 수 있도록 책 앞쪽에 예시 이미지를 넣어두었어요. 그걸 보면서 다음 지시 사항을 잘 따라주세요.

준비한 종이에 아이의 윤곽을 그립니다. 이 그림은 당신의 그림자 아이를 나타냅니다. 머리 부분 왼쪽과 오른쪽에 각각 엄마와 아빠, 어머니와 아버지 등 어릴 적 부모의 호칭을 쓰세요. 혹시 부모와 함께 살지 않았던 사람이라면 양육자를 써넣으면 됩니다. 생후 6년 간 심리적으로 가장 중요했다고 생각되는 주요 인물을 고르면 돼요. 대가족이었다고 해서 전부 다 쓰지는 말고 되도록 가장 가까운 두 사람을 골라서 그림을 단순화하세요.

1 어렸을 때 엄마와 관련해서 겪었던 일 가운데 정말 황당했던 상황을 최소한 한 가지 떠올려보세요. 어쩌면 마치 당신이 그 자리에 없는 것처럼 무시당했다고 느꼈던 기억일 수도 있고, 모욕감을 느꼈거나 자존심이 상했던 기억일 수도 있어요. 아니면 당신이 필요로 할 때 엄마가 곁에 없었다거나 다른 방식으로 당신의 욕구나 필요가 제대로 진지하게 받아들여지지 않았다고 느낀 순간이었을 수도 있겠지요.

2   이 구체적인 상황에 기반해 키워드를 수집해봅시다. 엄마는 어떤 사람이었나요? 아빠나 두 번째 관계자에 대해서도 똑같이 해보세요. (좋은 기억은 태양 아이를 다룰 때 불러오기로 합시다.)

부정적인 키워드의 예로는 다음과 같은 것이 있을 수 있어요. 퉁명스럽다, 차갑다, 버겁다, 집착한다, 과보호한다, 무관심하다, 연약하다, 지나치게 응석을 받아준다, 너무 무르다, 변덕스럽다, 의존적이다, 자기 위주이다, 정서가 불안정하다, 기분대로 행동한다, 예측할 수 없다, 강압적이다, 겁이 많다, 말과 행동이 다르다, 거만하다, 너무 엄격하다, 이해심이 부족하다, 공감 능력이 없다, 같이 있어주지 않는다, 요란하다, 공격적이다, 가학적이다, 교양 없다.

3   이제 한번 생각해봅시다. 당신은 가족 안에서 어떤 역할을 하고 있었나요? 이런 역할 또한 일종의 암묵적 의무였을 수 있어요. 예를 들어 어떤 아이는 부모가 늘 자랑스럽게 생각할 수 있도록 행동해야 한다는 의무감을 느껴요. 또는 자신이 항상 엄마와 아빠 사이를 중재해야 한다고 느끼기도 하지요. 엄마의 가장 가까운 친구가 되어줘야 한다든지, 엄마와 아빠를 행복하게 만들어줘야 한다고 느끼기도 합니다. 다시 한번 어린 시절에 기분이 좋지 않았던 특정 상황들을 떠올려보세요. 그 상황에서 당신의 역할이 무엇이었는지, 부모에게 어떤 요구를 받았는지 생각해보세요.

4   추가로 부모가 항상 했던 말을 써넣어도 됩니다. 예컨대 "너는 엘리 고모랑 똑같구나", "항상 말만 하고 행동은 그대로네", "내가 이렇게 불행한 건 너 때문이야", "아빠 오면 아빠한테 해달라고 해", "누구누구는 너랑 다르게 얼마나 열심이니?", "이렇게 해서는

넌 앞으로 아무것도 못 해" 같은 것들 말이에요. 이것들도 각 양육자에 해당하는 키워드에 함께 씁니다.

그러고 나서 아이 그림의 머리 위쪽으로 두 양육자 사이를 잇는 선을 긋고 그 둘의 관계에서 문제가 뭐였을지 생각하여 써봅니다. 예시: "많이 싸웠다." "공감대가 전혀 없었다." "엄마가 모든 걸 결정했고 아빠는 약한 사람이었다." "엄마와 아빠는 헤어졌다."

5   모두 다 적었다면 이제 내면으로 들어가 그림자 아이와 접촉할 시간이에요. 부모의 태도가 당신의 내면에 어떤 영향을 미쳤는지 가만히 느껴보세요. 우리가 지금 수행하는 과정은 내면의 깊은 곳, 무의식에 확신으로 새겨져 있는 부정적 신념을 다루기 위한 것입니다. 어렸을 때 부모의 행동이 내면의 어떤 부정적 확신으로 이어졌을까요? 여기서 우리는 부모가 당신에게 그런 확신을 전달하려는 의도가 있었는지를 판가름하려는 게 아니에요. 아이였던 당신이 스스로 어떤 확신에 도달했는지 알아보려는 거지요. 아이는 부모의 태도로부터 비판적 거리를 유지할 수 없고, 부모의 행동 방식을 자기 자신과 연결해서 스스로 잘하고 있는지 아닌지를 판단하는 기준으로 삼습니다. 엄마가 보통 다정하고 기분 좋은 상태라면 아이는 엄마가 자신을 만족스러워하고 사랑한다는 메시지를 전달받아요. 그러나 엄마가 스트레스에 자주 시달리며 쉽게 자극받아 짜증을 내면 아이는 자신이 엄마에게 짐이라는 느낌을 받지요. 대부분 아이는 엄마 또는 부모의 기분에 자신의 책임이 있다고 느끼며, 그 결과를 바탕으로 내면에서 신념이 발달한답니다.

각자 자신만의 신념을 찾아낼 수 있도록 신념 후보 목록을 알려드릴게요. 이 목록은 물론 완벽하지 않으며 스스로 신념을 찾는 과정에서 참고가 될 만한 것을 모아놓은 정도예요. 이렇게 첫걸음을 떼며 먼저 부정적 신념을 찾는 데 집중하고, 긍정적 신념은 나중에 다룰 거예요.

신념을 구체적인 문장으로 표현해보는 게 중요해요. "나는 어떻다" 또는 "나는 어떻지 않다", "나는 무엇을 할 수 있다" 또는 "나는 무엇을 할 수 없다", "나는 무엇을 해도 된다" 또는 "나는 무엇을 하면 안 된다"처럼 말이에요. 삶의 여러 측면을 표현하는 문장도 괜찮아요. 예를 들어 "남자는 약하다", "애정 관계는 위험하다", "자주 다투면 헤어진다"처럼요.

그런데 "나는 슬프다" 같은 문장은 신념이 될 수 없어요. 슬픔이란 감정은 "나는 무가치한 사람이다" 같은 신념의 결과로 도출될 수 있는 거예요. 슬픔, 두려움, 기쁨 같은 감정은 신념이 아니에요. 마찬가지로 "나는 완벽해지고 싶다"처럼 의도를 나타내는 문장도 신념은 아니랍니다. 이런 의도는 그 뒤에 숨은 신념에 대한 반작용이라 할 수 있어요. "나는 완벽해지고 싶다" 뒤에 숨어 있는 신념은 "나는 부족해" 같은 것이 될 수 있겠지요.

다음에 열거하는 신념 목록은 완벽하지 않아요. 단지 부정적 신념을 찾는 계기가 되어줄 예시일 따름이지요. 보통 마음속에서 곧바로 떠오르는 것이 그 사람의 신념이랍니다. 목록을 읽어나가며 자신의 감각에 집중해보세요. 내면의 뭔가를 건드리는 신념이 무엇인가요? 어쩌면 어떤 신념은 "너는 포기가 너무 빨라"라거나 "너는 모든 사람을 다 맞춰주려고 해"처럼 외부의 누군가에게 지적을 당하며 들었던 말일지도 몰라요.

자존감과 직접적으로 관련된 부정적 신념

나는 아무 가치도 없어!

나는 아무도 원치 않는 아이야!

나는 환영받지 못해!

나는 사랑받을 가치가 없어!

나는 형편없어!

나는 너무 뚱뚱해!

나는 부족해!

내 책임이야!

나는 너무 작아!

나는 멍청해!

나는 하나도 중요하지 않아!

나는 아무것도 할 수 없어!

나는 감정을 느끼면 안 돼!

나는 무시당하는 사람이야!

나는 보잘것없어!

나는 패배자야!

나는 뭔가 잘못됐어!

기타 등등

양육자와의 관계에 대한 부정적 신념

나는 짐이야!

당신이 기분 나쁜 건 내 책임이야!

나는 당신을 신뢰할 수 없어!

나는 항상 경계해야 해!

나는 당신의 감정을 배려해야 해!

나는 열등해!

나는 당신을 돌봐야 해!

나는 당신보다 훨씬 강해!

나는 무능해!

나는 무기력해!

나란 존재는 전적으로 당신에게 달려 있어!

당신은 나를 사랑하지 않아!

당신은 나를 증오해!

나는 당신을 실망시켜!

당신은 나를 원하지 않아!

기타 등등

양육자와의 갈등을 해소하려고 (보호 전략으로) 제시되는 부정적 신념

나는 사랑스럽고 고분고분해야 해!

나는 반박하면 안 돼!

나는 모든 일을 똑바로 해내야 해!

나는 내 의지를 가지면 안 돼!

나는 순응적인 사람이어야 해!

나는 혼자 해내야 해!

나는 강한 사람이어야 해!

나는 약점을 드러내면 안 돼!

나는 뭐든 최고여야 해!

나는 성적이 좋아야 해!

나는 항상 당신 곁에 있어줘야 해!

나는 당신의 기대를 충족시켜줘야 해!

나는 떠나면 안 돼!

기타 등등

일반적인 부정적 신념

여성은 약하다!

남성은 악하다!

세상은 나쁘다/위험하다!

인생에 공짜는 없다!

어차피 잘될 리가 없다!

말해봤자 아무 소용 없다!

신뢰도 중요하지만 통제가 더 낫다!

기타 등등

아이 그림의 배 부분에 신념들을 적어보세요.

이렇게 찾아낸 신념들이 인생에서 겪는 문제들의 원인이에요. 이때 문제란 순전히 운으로 좌우되는 것이 아닌 자신에게 일정 부분 책임이 있는 것을 가리켜요. 그러니까 직장 문제가 있든 인간관계 문제가 있든 삶을 꾸려가는 데 문제가 있든 공황 장애나 우울증, 강박으로 괴로워하든 상관없이 근본적 원인은 부정적 신념과 연관되어 있다는 뜻이에요. 부정적 신념은 당신을 방해하는 체계라고 볼 수 있어요. 겉으로 문제가 다양하고 복잡해 보일 수 있지만 자세히 살펴보면 단순한 기본 구조로 수렴한다는 사실을 알게 되지요. 이 구조를 인식하고 변화시키는 것이 이 책의 주제이자 목표랍니다.

몇 개가 됐든 중요한 신념을 적었다면 이제 다음 단계로 넘어가 봅시다.

연습 ☞ 부정적 신념을 일으키는 감정을
신체적으로 감각하기

지금부터는 부정적 신념을 유발하는 감정을 의식적으로 느껴 보려고 시도할 거예요. 이런 감정은 한순간에 가차 없이 우리를 막다른 골목으로 몰아넣어요. 현재 그림자 아이 모드이고 "나는 절대 해낼 수 없어!" 같은 신념이 활성화되면 당신을 끌어내리는 특정한 감정도 발동합니다. 이런 감정을 더 신속하게 잘 알아차릴수록 통제하거나 방지하기가 한결 쉬워져요.

기쁨, 애정, 부끄러움, 두려움, 슬픔 등 모든 감정에는 신체적 차원의 감각이 존재해요. 두려움을 예로 들면 이해하기 쉬울 거예요.

두려울 때 당신은 심장이 입 밖으로 튀어나올 듯 두근거리거나 무릎에 힘이 빠지거나 손을 덜덜 떨어본 경험이 있을 거예요. 이보다 덜 강렬한 감정도 신체 반응으로 나타나요. 그렇지 않다면 감정을 알아챌 도리가 없겠지요. 슬프면 목이 답답한 느낌 그리고/또는 가슴이 무거워지는 느낌을 받아요. 기쁘면 '간질간질한' 느낌을 받고요. 이렇게 모든 감정은 신체적 차원에서 표현될 수 있어요. 평소 우리가 이런 감각에 주의를 기울이지 않는 편이라 늘 의식하고 있는 건 아니지만요.

좋았던 기억을 떠올리며 감정의 신체적 차원을 인식할 수 있어요. 아주아주 행복했던 상황을 떠올려보세요. 그리고 그 기억 속으로 깊이 잠수하듯 들어가보세요. 눈을 감고 모든 감각(시각, 청각, 후각, 미각, 촉각)을 동원해 상상해보세요. 그런 다음 이 기억이 가슴과 배 부분에 어떤 감각을 일으키는지 느껴보세요. 가슴께가 따뜻해진다든지 뱃속이 당긴다든지 심장이 두근거린다든지 하는 감각적 차원을 경험할 수 있을 거예요.

핵심 신념을 찾아내는 법

이제 적어놓은 신념 목록을 다시 한번 찬찬히 살펴보세요. 한 문장 한 문장 크게 소리 내어 읽어보세요. 당신을 가장 마음 아프게 하고 끌어내리는 부정적인 문장 1~3개를 골라보세요. 이것이 말하자면 핵심 신념입니다. 내가 언제 금방 발끈하는지, 언제 모욕감을 느끼는지, 언제 수치심을 느끼는지 자문하며 핵심 신념을 탐색할 수도 있어요. 만약 미하엘에게 "당신은 언제 당황하고 부끄러워하나요?"라고 묻고 곧이어 "저변의 어떤 생각이 당신을 그렇게 반응하도록 몰아가나요?"라고 질문했다면 그는 이렇게 답했을 거예요. "자비네는 나를 전혀 존중하지 않아요!" 이게 바로 그의 핵심 신념입니다.

핵심 신념은, 하나든 둘이든, 신념들 가운데 가장 중요한 거예요. 보통 다른 신념들은 핵심 신념의 다양한 변형인 경우가 많아요.

이런 핵심 신념(들)을 찾았다면 이제 눈을 감고 내면에 집중해보세요. 신체적으로 가슴과 배에 주의를 기울이면 됩니다. 이 문장(들)이 어떤 감정을 불러일으키는지 느껴보세요. 이제 우리 몸과 관련이 깊은 압박감, 당김, 간질간질함, 두근거림 등을 통해 자신의 존재감을 드러내는 감정을 찾아보세요.

그러면 아마 오래전부터 익숙했던 감정이 올라올 거예요. 그리고 미하엘과 자비네처럼 당신을 가로막고 몰아붙이고 실망시키고 도망치게 하는 감정 상태에 반복적으로 빠진다는 사실을 깨달을지도 모르지요. 이 연습을 하는 동안 힘들고 슬퍼지는 건 오히려 잘된 일일 수 있어요. 부정적인 각인을 제대로 의식하고 있다는 뜻이니까요. 이런 감정을 일단 허용하면서 이것이 치유 과정에서 매우 중요한 부분임을 인정해야 해요. 아주 잠깐만 인지하고 바로 벗어나도 괜찮아요. 감정을 처리하기 위해 극한까지 파고들어야 한다는 주장은 틀렸다는 것이 이미 증명되었거든요. 오히려 부정적인 감정 상태에 너무 오래 머물러 있으면 좋지 않아요.

잠깐이라도 그 감정에 들어가보라고 권하는 이유는 그것을 의식해봄으로써 당신이 그 내적 상태에 빠져드는 순간 최대한 빠르게 알아차릴 수 있기 때문이에요. 부정적인 감정이 들 때 일찍 알아차릴수록 통제하기가 쉽거든요. 분노가 이미 끓어오르는 수준까지 이르거나 깊은 절망까지 다다르면 이런 강력한 감정은 거의 통제할 수가 없어요. '조기 발견'이야말로 의학뿐 아니라 심리학에서도 모든 예방 조치의 시작인 셈이지요.

이 연습으로 찾아낸 감정들을 아이 그림의 배 부분에 써넣으세요.

부정적인 감정에서 벗어나고 싶다면

이런 감정에서 벗어나기가 어렵다면 다른 곳으로 주의를 돌려보세요. 생각의 전환이란 말이 진부하게 들릴지도 모르지만 부정적인 감정 상태에서 빠져나오는 아주 효과적인 방법이랍니다. 우리 뇌는 동시에 여러 가지 일을 할 수 없어요. 한곳에 집중하고 있으면 통증을 못 느끼기도 하지요. 이를테면 외부 환경에 온전히 주의를 기울이도록 강요하여 생각을 전환할 수 있어요. 주변에서 빨갛거나 파란 사물 열 개를 찾아본다든지 알파벳 순서대로 해당 글자로 시작하는 나라 이름을 떠올려본다든지 하는 식으로요.

손바닥으로 온몸을 두드리고 그리고/또는 여기저기 뛰어다니며 몸을 움직여서 감정을 떨쳐버릴 수도 있어요. 신체와 감정은 긴밀하게 연결되어 있어요. 몸의 자세와 활동을 통해 감정이 영향을 받을 수 있지요. 이 연결성은 앞으로 자주 언급할 거예요.

스스로 감정을 조절하는 또 다른 좋은 방법이 있어요. 두려움은 '심장이 두근거린다', 슬픔은 '가슴이 답답하다'처럼 감정이 신체적으로 어떻게 느껴지는지 가만히 집중하여 들여다보는 거예요. 그러고 나서 이 감정과 관련된 모든 이미지와 기억을 머릿속에서 몰아내세요. 까맣게 지워버려요. 단순히 신체 감각에만 집중하며 그 상태에 머무르세요. 그러면 그 감정이 아주 빠르게 해소되는 것을 보거나 느낄 수 있을 거예요. 이런 소소한 시각적 상상 연습만으로 모든 감정을 조절할 수 있답니다. 심지어 연애 고민에도 꽤 도움이 돼요.

부정적 신념을 아무리 떠올려보아도 아무 감정이 들지 않을 수도 있어요. 아마 그 순간에 온전히 집중하지 못했거나 접근이 차단되어 있기 때문일 가능성이 높아요. 그렇다면 나중에 다시 연습해보세요. 뭔가를 느끼기 위해 자주 반복해서 연습해야 하는 경우도 있답니다. 어쩌면 근본적으로 자신의 감정에 도달하는 길을 모르는 경우일지도 몰라요. 이 문제는 뒤에서 더 자세히 설명할게요.

연습 ☞ 감정 다리

감정 다리the affect bridge는 실제로 과거에 속했던 감정이 어떻게 현재에 되살아나 문제를 일으키는지 이해하는 데 도움이 될 만한 연습 기법입니다.

1   성인이 된 후 인생에서 핵심 신념(또는 다른 중요한 신념)이 작용하는 전형적인 상황을 하나 떠올려보세요. 장소와 세부 행동만 약간 바뀔 뿐 반복적으로 발생하며 부정적인 신념이 진실처럼, 맞는 말처럼 느껴지는 상황을 고르면 됩니다. 예를 들어 누군가에게 거절당했다고 느끼며 "나는 부족해"라는 신념을 확인했을 때, 충분히 존중받지 못했다고 느끼며 "나는 아직 멀었어"라는 신념이 활성화되었을 때 말이에요.

2   그런 상황을 찾았다면 모든 감각을 동원해 그 상황 속으로 직접 들어가는 상상을 해봅니다. 그 상황이 너무 끔찍해서 들어가고 싶지 않다면 약간 내적 거리를 두거나 일부만 상상해도 괜찮아요. 중요한 건 그 상황에 동반되는 감정을 허용하고 약하게나마 다시 한번 느껴보는 거예요.

3   그 상황에 맞는 두려움이나 슬픔 같은 감정이 찾아오면 그것과 함께 내면에서 과거를 향해 돌아가봅니다. 이 연습을 통해 얼마나 오랫동안 이 감정을 간직해왔는지, 어린 시절 어떤 상황(들) 때문에 이 감정이 각인되었는지 느껴보세요. 부모 또는 다른 사람들의 어떤 태도나 행동이 이런 감정을 불러일으켰는지 찬찬히 분석해보세요.

이 연습의 목적은 자신의 각인과 늘 반복되는 패턴을 깊은 수준에서 감정적으로 이해하여, 자비네와 미하엘처럼 상황이 그냥 흘러가게 내버려두지 않고 의식적으로 통제할 기회를 만들기 위함입니다. 자기 감정을 잘 알아차릴수록 더 빠르게 인식하고 적절하게 개입할 수 있으니까요.

문제를 외면하고
감정을 회피하는 사람들

자신의 감정에 잘 접근하는 사람은 많은 감정을 회피하는 사람에 비해 한결 수월하게 스스로를 성찰하고 문제를 해결해나갑니다. 감정을 회피하는 사람은 단지 감정만 피하는 게 아니라 감정이 생겨나는 모든 과정을 거의 생각하지 않는 경우가 많아요. 자신과 자신의 삶을 성찰하는 것도 좋아하지 않고요. 부정적인 감정이 흘러넘칠지도 모른다는 두려움이 잠재의식 속에 있기 때문인데, 자기 자신을 의도적으로 외면하는 셈이지요. 이 정도까진 아니어도, 보통은 자기 자신을 깊이 고찰하며 살아가는데 이론적인 성찰에만 머무를 뿐 그림자 아이의 감정 세계에 접근하지 못하기도 합니다.

특히 남성은 타고난 기질뿐 아니라 양육 환경의 영향으로 이성과 합리적 사고만을 미덕으로 여기는 바람에 감정을 소홀히 다루는 경향이 있어요. 물론 모든 남성에게 해당되는 이야기는 아니며 자기 감정에 잘 접근하지 못하는 여성도 있지요. 그러나 대체로 여성보다 남성에게서 슬픔, 무기력, 두려움 같은 '나약한' 감정을 억누르려는 경향이 강하게 나타나요. 반면 대부분 남성은 기쁨, 분노 같은 '강력한' 감정은 아주 잘 인지하지요. 미하엘도 마찬가지예요. 자비네가 소시지를 깜빡하는 바람에 촉발된 '나약한 감정'인 모욕감을 그는 인지하지 못했어요. 반면 자존감이 손상된 결과인 분노는 매우 잘 감지했지요. 분노는 중요한 신체적 또는 심리적 기본 욕구가 좌절되었을 때 발생한답니다.

아주 오래전부터 남성의 사회화는 나약한 감정을 드러내지 않는 것에 초점이 맞춰져 있었어요. 최근에야 이런 인식에 변화가 생겼지요. 이제는 남자아이도 슬퍼하거나 겁내도 괜찮고, 부모가 아들을 달랠 때 쓰던 "남자는 태어나서 딱 세 번만 운다" 같은 말도 자취를 감췄습니다.

양육의 영향을 차치하더라도 남성은 석기 시대 남녀 역할 분담과 관련해 진화적으로 감정을 차단하는 능력을 지니게 되었어요. 사냥에 성공하려면 나약한 감정을 떨쳐버리는 능력을 키워야 했거든요. 또 대담하고 용감해야 했고요. 여성도 용감해야 했지만, 석기 시대의 여성에게는 가족을 돌보는 역할이 더 중요했고 그건 오늘날에도 마찬가지입니다. 그러려면 용맹함보다는 공감 능력이 더욱 필요했지요. 이런 이유로 남성은 세상을 객관화하는 유전적 기질이 발달한 반면 여성은 주변 사람과 더 쉽게 공감하는 기질이 발달했습니다.

이렇게 남성이 부정적인 감정을 배제하는 성향에는 분명 장점이 있어요. 무엇보다 어떤 상황에서 객관적인 문제 해결이 필요할 때 그렇지요. 그렇지만 인간관계에서는 일부 남성이 단순한 감정만 느끼는 것이 문제를 일으키곤 해요. 심리 치료 상담과 강연에서 자신의 감정에 접근하는 법을 몰라서 나침반 없는 배처럼 인간관계 문제 주변을 맴도는 남성을 꽤 자주 만나요. 감정은 어떤 상황을 평가하고 판단하기 위해 반드시 필요합니다. 뭐가 중요하고 뭐가 중요하지 않은지 알려주는 게 바로 감정이에요. 이를테면 두려움은 위험을 경고하며 그걸 피해야 한다는 동기를 부여해줍니다. 슬픔은 중요한 무언가를 상실했거나 손에 넣지 못했음을 알려줘요. 수치심은 사회적 또는 개인적 규범을 어겼음을 나타내지요. 기쁨은 무엇에 즐거움을 느끼는지 보여주고요.

　　자신의 감정에 접근하기 어려워하는 사람은 자신의 욕구를 파악하는 일에도 방해를 받습니다. 그래서 스스로 뭘 원하는지 모르겠다고 털어놓는 사람들이 적지 않아요. 제가 아는 남성 중에 고차원적이고 추상적인 사고에 능한 매우 똑똑한 사람인데 어쩐지 사는 게 평탄치 않은 경우가 있어요. 일할 때에는 자신의 잠재력에 미치지 못한 채 낮은 수준에 머무르고, 개인사에서도 인간관계 문제로 고통스러워합니다. 어떤 사람은 지적인 능력이 탁월하여 계속 좋은 커리어를 쌓아가는데 연애나 가정 생활은 위태로워요. 자신의 능력 가운데 하나인 추상적 사고력으로 문제가 뭔지 가늠해보지만 해결책의 장단점을 늘어놓은 목록 안에서 길을 잃어버리지요. 정서적으로 중요한 결정을 내려야 하거나 개인적인 삶의 의미를 설정해야 할 때 더욱 그래요. 이들에게는 이성적 사고와 결합해 방향성을 제시해줘야 하는 감정, 자신의 감정과의 접촉이 결여되어 있어요. 이성적으로 완벽하게 근거를 나열하며 결정을 내릴 수 있는 상황에서도 좋은 느낌은 필요해요. 단지 잠재적으로 인식되더라도 결국 어떤 판단을 내릴 때 결정적 역할을 하는 건 이 느낌이거든요.

매우 강력하게 전면에 나서는 한 가지 감정의 지배를 받는 사람도 있어요. 대표적으로 불안, 우울, 공격성 등을 꼽을 수 있겠네요. 이런 '주도적 감정' 뒤에는 대개 다른 감정들이 숨어 있어요. 분노라는 감정에 지배당한 듯 보였지만 이면에 성찰되지 않은 모욕감이 팽배했던 미하엘처럼 말이에요.

감정을 느끼기 어렵다면 무엇을 해야 할까

만일 당신이 자신의 감정에 접근하기 어려워하는 사람이고 앞선 연습에서 아무 느낌도 받지 못했다면 잠깐 두 눈을 감고 가슴과 배 부분에 정신을 집중해보세요. 우선 숨이 어떻게 흐르는지만 알아차려봅시다. 숨이 뱃속 깊숙이까지 가닿나요? 중간에 걸리는 부분이 있나요? 많은 경우 우리는 얕은 숨을 쉬며 무의식중에 감정을 억눌러요. 그러니 뱃속 깊숙한 곳까지 숨을 들이마셔보세요. 이 연습은 누워서 하는 게 가장 좋아요.

그리고 자신의 내면으로 깊이 들어가서 어떤 느낌인지 살펴봅니다. 숨을 깊게 쉬었는데도 아무 느낌이 없다면 다시 한번 가슴과 배 부분에 집중해서 '아무 느낌 없음' 상태를 의식적으로 느껴보세요. 아무 느낌 없음 상태로 있으면 어떤 느낌인가요? 몸이 무無의 상태를 어떻게 느끼는지 인식합니다. 뱃속이 편안한가요? 심장이 고요한가요? 호흡은 깊숙한가요? 아무 느낌 없음 상태는 어떤 느낌인가요? 그리고 이 '아무 느낌 없음' 뒤에 또 다른 공간이 있는지 느껴보세요.

이렇게 집중해서 느껴보는 연습이 도움이 된답니다. 아무 느낌이 없다는 건 어린 시절 부모가 유발하는 고통이나 무력감을 느끼지 않으려고 무의식중에 익힌 자기 보호의 일종이에요. 자신의 감정을 외면하는 방법을 배운 거지요. 그런데 똑같은 원리로 자신의 감정에 집중하는 법도 배울 수 있답니다.

이를 위해 하루에 이따금 잠시 멈춰서 내면에 집중한 상태로 '지금 기분이 어떻지?' 같은 질문을 던지기만 해도 충분해요. 가슴과 배 부분에 주의를 기울여 거기서 느껴지는 신체 감각을 의식해보세요. 간지러움, 당김, 꽉 조임, 압박이 느껴진다면 그런 느낌이 드는 부분에 집중하세요. 그리고 그 느낌과 어울리는 감정 단어를 떠올려보세요. 불안? 슬픔? 수치심? 분노? 기쁨? 애정? 안도감?

그다음에는 이 신체 감각에 이런 질문을 던져봅니다. 내 삶의 무엇이 이렇게… 나를 압박하고 간지럽게 하고 심장을 뛰게 만드는 걸까? (당신이 느낀 신체 감각이라면 뭐든 물어볼 수 있어요.) 그 느낌에 대한 질문을 던지고, 그 느낌으로부터 대답이 나오도록 합니다. 그러니까 머리로, 어른 자아가 답을 찾는 게 아니에요. 다소 터무니없어 보여도 최초로 떠오른 답이 보통은 정답입니다. 이 답은 기억이나 이미지 형태로 떠오를 수 있고 무의식, 즉 내면 아이(그림자 아이든 태양 아이든)에게서 나옵니다. 이런 식으로 내면 아이와 직접 소통할 수 있어요. 참고로 내면 아이의 감정에 초점을 맞추는 이런 방식은 심리 치료사인 유진 겐틀린Eugen Gendlin이 고안한 '포커싱

focusing'이라는 심리학적 기법입니다.

내면에서 일어나는 일에 자주 주의를 기울일수록 그것을 더 잘 인지할 수 있다는 사실을 경험할 거예요. 어떤 사람에게는 명상이 도움이 되기도 한답니다.

타인의 눈으로
자신을 관찰하는 행위를 멈출 것

부정적 신념은 객관적 진실이 아니라 부분적으로는 부모의 실패한 양육으로 각인된 저마다의 현실일 뿐이라는 사실을 명심하세요. 우리는 자신과 주변 사람들을 신념이라는 안경을 쓴 채 인식하며 이것이 개인적 인지 왜곡의 원인입니다. 그리고 양육 과정으로 스며든 현실에 당신을 투사한 거예요. 따라서 이 부정적 투사를 해소하고 더 나은, 진짜 현실에 좀 더 가까운 투사로 대체하는 게 중요해요. 이를 위해 반드시 내면의 그림자 아이와 이성적 어른을 분리해야 합니다. 지금까지 그랬듯 인지 과정에서 이 둘이 끊임없이 섞이면 안 돼요. 성숙한 이성을 활용해 그림자 아이의 각인을 알아차려야 해요. 내면 어른의 도움을 받아 부모가 다르게 반응했거나 다른 부모 밑에서 자랐다면 지금과는 다른 각인을 지녔을 수 있다는 사실을 이해해야 해요. 성숙한 이성을 통해 그 모든 불쾌한 문장이 당신에 대해, 당신의 가치에 대해 아무것도 말해주지 않으며 단지 부모의 양육 스타일만 알려준다는 사실을 깨달아야 합니다.

예를 들어 "나는 부족해!"라는 신념을 가지고 있다면 그의 성숙한 이성은 말도 안 되는 착각이라는 사실을 인식해야 해요. 살면서 실수를 저질러도 우리 모두는 그 자체로 충분한 사람이에요. 게다가 우리가 저지르는 실수의 대부분은 부정적 신념들이 초래한 결과에 지나지 않아요. 또 "나는 무가치한 사람이야!"라는 신념을 가지고 있다면 그의 성숙한 이성은 그것이 헛소리임을 인식해야 합니다. 모든 사람은 존재 자체로 소중해요. 그리고 이 세상에 당신을 아끼는 사람이 적어도 한 명은 존재한답니다.

아이는 기본적으로 아무 죄 없는 순결한 존재로 태어납니다. 그리고 부모가 아이에게 너는 아무짝에도 쓸모없는 존재라는 메시지를 보낼 때 아이는 할 수 있는 일이 아무것도 없어요. 부모가 그런 메시지를 의도적으로 보내지 않았어도 마찬가지예요. 그건 아이 탓이 아니에요.

유명한 심리학자이자 코치인 옌스 코르센Jens Corssen은 "당신은 태어난 그 순간부터 빛나는 별이다!"라고 말했습니다. 기꺼이 인용하고 싶어지는 아름다운 문장이지요! 그러니 가끔 별로인 행동을 해도 당신은 태어난 그 순간부터 빛나는 별입니다.

자, 어른 자아가 자신이 빛나는 별이라는 것과 부모의 행동을 책임질 필요가 없다는 것을 잘 이해했다면 그림자 아이에게 이 사실을 설명해줄 차례예요. 그러지 않으면 계속 이중 현실에서 살아갈 테니까요. 다시 말해 내면 아이는 여전히 자신은 보잘것없고 엄마와 아빠가 세상의 전부라고 생각하는 반면, 성숙한 내면 어른은 (엄마 아빠가 각인시킨 세상이 아닌) 스스로 생각하고 느끼는 것이 옳다고 여기며 살아가는 경우이지요. 이는 내면의 체계를 성찰하고 해소하지 못한 채 살아가는 모두에게 해당되는 이야기이기도 하답니다.

50대 후반이 되어서야 처음으로 그림자 아이의 존재를 느끼고 자신을 괴롭혀왔던 사람이 이미 오래전에 세상을 떠났음을 깨달아 자신은 이제 어른이 되었음을 인식한 내담자를 기억하시나요? 이 내담자의 내면 아이 또는 지금 이 책을 읽고 있는 당신의 내면 아이는 발달 초기 단계에 머물러 있어요. 일례로 이 내담자의 그림자 아이는 고작 다섯 살이었답니다. 그렇다면 당신의 그림자 아이는 몇 살일지 짐작해보세요. 당신의 그림자 아이도 과거의 주관적 현실에 갇혀 있고 이것이 당신의 생각, 감정, 행동에 절대적인 영향을 미친다는 제 말을 믿어주세요. 신념이 얼마나 중요한지는 아무리 강조해도 부족할 정도랍니다.

투사도 마찬가지예요. 우리는 우리의 신념에 의해 결정된 자아상을 타인의 머릿속에 투사합니다. 스스로 훌륭하다고 생각하면 다른 사람들도 그렇게 본다고 생각해요. 스스로 끔찍하다고 생각하면 다른 사람들 머릿속에도 이런 판단을 투사하고요. 다른 사람이 당신에 대해 너무 뚱뚱하다거나 너무 못생겼다거나 너무 멍청하다거나 너무 지루하다거나 하는 식으로 생각한다고 짐작하는(타인의 머릿속에 투사하는) 경우가 얼마나 많은지 알아차려보세요. 다른 사람이 당신을 그렇게 생각할 거라는 그 생각이 당신의 기분을 끌어내려요. 그리고 나서 무인도에 산다고 가정해보세요. 이 문제가 똑같이 심각하게 느껴지나요? 아니에요. 주변에 다른 사람이 없다면 대부분은 자신이 얼마나 뚱뚱한지, 얼마나 못생겼는지, 얼마나 명청한지, 얼마나 지루한지 신경 쓰지 않을 거예요.

묘하게도 결국 이건 다른 사람들이 어떻게 생각할지를 우리가 어떻게 생각하느냐에 관한 이야기입니다. 우리는 타인의 머릿속에 투사된 우리 모습을 보며 좌절합니다. 이는 앞서 설명했던 거울 자아의 원리에 기반한 내용이랍니다.

그러므로 타인(즉 자기 자신)의 눈으로 자신을 관찰하는 것을 그만두고 세상을 직접 바라보며 뭔가 볼만한 게 있는지 찾아보는 연습을 해야 합니다. 그러면 더 많은 것을 볼 수 있고 외부에서 무슨 일이 일어나는지 더 정확하게 지각할 수 있어요.

그림자 아이와 평화로운 우정을 쌓기 위해 어떤 연습을 할 수 있는지는 3장에서 본격적으로 소개할게요. 그 전에 먼저 그림자 아이의 보호 전략을 살펴보겠습니다. 이는 그림자 아이를 외면하거나 무력화하기 위해 무의식적으로 취하는 행동 방식이에요. 이 시점에서 우리가 겪는 대부분의 문제는 부정적인 신념 때문이 아니라 그 신념에 기반해 작동하는 자기 보호 전략 때문임을 짚고 넘어가겠습니다.

스스로를 보호하기 위해
어떤 전략을 쓰고 있나요

내면의 각인을 굳게 믿으면 무의식중에 자신과 그림자 아이를 완전히 동일시합니다. 그러면 그림자 아이를 몰아내려 하거나 그림자 아이의 부정적인 신념들을 최대한 느끼지 않는 방식으로 행동하려 하지요. 특히 스스로 얼마나 부족하다고 느끼는지 남들이 눈치채지 못하도록 애써요. 그래서 그림자 아이의 부정적인 감정과 생각에서 자신을 지켜줄 일종의 보호 전략을 개발합니다. 이런 보호 전략 가운데 상당수는 어린 시절에 이미 만들어지지만 중독으로 도피하기처럼 어른이 된 후에 추가되는 것도 있어요. 네 가지 심리적 기본 욕구 가운데 몇 가지에 상처를 받아 생겨난 많은 신념을 일상적으로 품고 살아간다는 사실을 이해해야 해요. 당연히 대다수 사람은 여러 가지 보호 전략을 가지고 있고요. 대부분의 보호 전략은 행동 차원에서 이루어지기 때문에 우리 행동으로 드러난답니다.

지금부터는 보호 전략의 기본 기능과 작동 방식을 설명하겠습니다. 그러고 나서 자주 활용되는 보호 전략을 좀 더 자세히 살펴볼게요.

예를 들어 어떤 사람이 "나는 부족해"라는 신념을 은밀히 품고 있다면 그는 그것을 무력화하기 위해 (무의식적으로) 너무 열심히 노력하거나 자포자기해서 확인 사살을 하는 느낌으로 (무의식적으로) 너무 열심히 노력할 거예요. 이와 같이 자존감에 직접 영향을 미치는 비슷한 신념을 무력화하는 전형적인 보호 전략이 바로 완벽에 대한 추구입니다. 드물지만 어떤 활동을 열정적으로 탐닉하는 과정에서 완벽을 추구하게 되기도 하지만, 실패하거나 거절당할까봐 잠재적으로 두려워서 그러는 경우가 태반이에요. 많은 사람이 부정적인 신념 때문에 모든 일을 제대로 해내려고 부단히 애씁니다. 실수와 실패는 그들이 이미 느끼고 있는 부족함을 확인해주기에 깊은 수치심을 불러일으켜요.

반면 자포자기해버리는 사람도 있어요. 어렸을 때 그들은 아무리 노력해도 어차피 소용없다는 사실을 거듭 경험했어요. 그래서 자기 신념이 옳다는 것을 자꾸만 확인하려 합니다. 연애를 할 때에도 싫은 행동을 하고 일을 할 때에도 도움이 안 되는 행동을 해요. 이를테면 그들은 연애 상대로 나쁜 파트너를 고르고 그리고/또는 파트너가 견디기 힘들어하는 이상한 행동을 하는 바람에 관계를 망쳐요. 일을 할 때에는 실패가 두려워서 중요한 업무를 미루고 쓸데없는 일에 에너지를 소모하지요. 성공하지 못할까 봐 두려워서 잠재력을 발휘하지 못하는 경우도 있고요.

어떤 사람은 전문 용어로 '나르시시즘'이라는 보호 전략을 개발하기도 합니다. 자기 자신과 다른 사람에게 스스로 얼마나 대단한 사람인지 과시하고 독단적으로 행동하며 불안정한 그림자 아이에게 과잉 보상을 해주는 거예요.

자율과 통제에 대한 욕구와 관련해 지나치게 혼란스러운 상황을 겪은 아이는 "나는 다른 사람 손에 달려 있어" 또는 "나는 무기력해" 같은 신념을 발달시킬 수 있어요. 어른이 되면 이런 신념에서 비롯한 느낌을 최대한 피하려고 지나치게 **통제와 권력을 추구할** 수 있습니다. 열등한 위치에 놓일까 봐 내면 아이가 끊임없이 걱정하거든요. 권력욕이 강한 사람은 대화할 때, 직장에서, 인간관계에서도 언제나 우월한 위치를 유지하려 합니다. 이런 사람들 가운데 상당수는 애착 불안으로 고통스러워하는데, 사랑하는 사람과 가까워지는 것을 내면 아이가 그에게 휘둘리는 거라고 여기기 때문이에요. 그들은 아예 연애를 피하거나 파트너와 가까워졌다가도 다시 거리를 둡니다.

이런 사람의 그림자 아이가 자포자기해버리면 힘세고 지배적인 사람에게 스스로 구속당해 자발적으로 복종해요. 부모 가운데 적어도 한쪽에게 겪었던 고통스러운 경험을 반복하는 셈이지요. 자신을 극단적으로 지배하거나 심지어 학대하는 남성에게 집착하는 여성을 전형적인 예로 들 수 있겠네요. 지배적인 여성에게 복종하는 남성도 마찬가지이겠고요.

한편 애착에 대한 욕구가 좌절되어 "나는 혼자야!" 같은 신념을 갖게 된 아이는 보호 전략으로 집착하는 **행동**을 배웠을 수 있어요. 그들은 오로지 가까운 사람들과의 친밀감을 지키려고 항상 조화와 균형에만 신경 씁니다. 아니면 가까운 관계 자체를 피함으로써 버림받는 것에 대한 불안을 막으려 하지요. "가지지 못하면 잃어버릴 수도 없다"라는 모토를 따르며 앞으로 일어날 일을 통제하려 합니다. 이런 경우 그림자 아이는 혼자 있는 게 가장 안전한 선택이라는 것을 배운 거예요.

쾌감을 느끼고 불쾌감을 피하려는 심리적 기본 욕구와 관련된 신념으로는 "나는 즐거워하면 안 돼!" 같은 것을 들 수 있어요. 이런 사람들은 여가 시간을 어떻게 써야 할지 몰라 자주 일로 도피하며 자신을 보호하려 합니다. 대부분은 너무 강박적인 일과를 따르며 지나칠 정도로 자기 관리를 하지요. 정반대로 끝없는 과소비를 통해 어린 시절의 경험을 과잉 보상하는 사람도 있어요. 이들은 자기 절제가 안 되고 충동에 따라 무작정 행동하곤 합니다.

지금까지 설명한 건 보호 전략의 기본 작동 방식을 설명하기 위한 몇몇 예시에 지나지 않아요. 좀 더 높은 차원에서 보면 보호 전략은 크게 순응, 후퇴, 과잉 보상으로 나뉩니다.

제가 앞서 설명한 방식대로 보호 전략과 신념을 심리적 기본 욕구에 반드시 일대일로 연결할 수는 없어요. 예를 들어 애착 욕구, 통제 욕구, 자존감 향상 욕구, 쾌감 추구 욕구가 좌절되면 "나는 중요하지 않아" 같은 하나의 신념이 생겨날 수 있습니다. 권력이나 완벽 추구 같은 다양한 기본 욕구가 상처받아도 하나의 보호 전략이 생겨날 수 있고요. 또한 여러 보호 전략이 많은 부분에서 서로 겹치는 양상을 나타내요. 완벽 추구와 통제 추구는 서로 밀접하게 관련되어 있으며, 조화 추구와 조력자 증후군도 마찬가지예요.

보호 전략은 우리가 끌어안고 사는 문제들의 진짜 원인이기도 합니다. 누군가가 "나는 사랑받을 가치가 없어"라는 신념 때문에 사람들을 피하고 가까운 관계 맺기를 거부하는 경우, 진짜 문제는 혼자 있는 데에서 기인한 외로움이에요. 그가 다른 사람들과 연락해서 그들에게 자신은 사랑받을 가치가 없는 것 같다고 털어놓는다면, 더 이상 외롭지 않고 인간관계를 형성하겠지요. 그러니까 인간관계와 인생을 구성하는 방식에 해로운 건 부정적인 신념 그 자체가 아니라 부정적인 신념을 극복하기 위해 선택한 보호 전략이랍니다. 우리 문제의 대부분은 결국 자기 보호의 결과예요.

각자 가지고 있는 보호 전략을 소중히 여기고 그 가치를 인정하는 건 매우 중요합니다. 어렸을 때만 해도 보호 전략은 매우 의미 있고 적절했어요. 어린 시절 당신은 최선을 다해 부모에게 순응했을 거예요. 부모에게 반항했다면 그럴 만한 이유가 있었을 테고요. 그래서 현재까지도 보호 전략의 도움을 받아 자기 자신은 물론 다른 사람들과 잘 지내려고 부단히 노력하는 거예요. 이런 노력은 충분히 인정받아 마땅해요.

단 하나, 문제가 있어요. 당신이 이제 어른이 되었다는 사실을 그림자 아이가 아직 이해하지 못했다는 점이에요. 그림자 아이는 아직도 과거라는 현실에 살고 있어요. 실제로 그림자 아이이자 어른 자아이기도 한 당신은 지금 자유롭고 알아서 스스로를 돌볼 수 있어요. 더 이상 엄마와 아빠에게 의존하지 않아도 돼요. 어른은 보호 전략보다 훨씬 더 나은 방법을 활용해 자신을 지키고 주장을 펼칠 수 있어요. 3장에서 이런 방법들을 알아보기에 앞서, 당신이 아이의 전략을 인지하고 이해해야 긍정적인 변화로 나아갈 수 있답니다.

이어서 메타 전략을 소개할게요. 여기에는 개별적이고 특수한 전략들을 적절히 분류해 포함시킬 수 있어요. 예를 들어 끊임없이 컴퓨터 게임을 하며 현실에서 도피하는 방식으로 자신을 보호하려 한다면 '도피와 후퇴'라는 보호 전략으로 분류할 수 있어요. 상사와 대화할 때 자기주장을 펼쳐야 하는 대목에서 언제나 핵심을 콕 짚지 못하고 빙빙 말을 돌리고만 있다면 '조화 추구'라는 보호 전략으로 볼 수 있지요. 그리고 여기서 명시적으로 언급되지 않은 것까지도 포함해 어떤 전략을 여러분이 개인적으로 사용하고 있는지 책을 읽으면서 주의 깊게 살펴보길 바랍니다.

현실 외면

불편하거나 견딜 수 없는 현실을 외면하려 하는 건 아주 기본적인 보호 기제로, 이게 없다면 우리가 제대로 기능할 수 없다고 해도 과언이 아니에요. 자기 자신의 취약성과 사망 가능성까지 포함해 이 세상에 일어나는 모든 끔찍한 일을 끊임없이 의식한다면 아마 너무 강한 두려움과 무력감이 덮쳐와 아무것도 할 수 없는 지경에 이르겠지요. 그러므로 현실 외면은 처음엔 건강하고 가치 있는 자기 보호 전략이라 할 수 있어요.

어떤 현실을 외면해버리면 그건 일단 지각에서 사라져요. 그것을 지각하지 않으면 그와 관련된 (의식적인) 감정, 생각, 행동도 발달될 수 없어요. 그래서 우리는 심리적으로 두려움, 슬픔, 무력감 등 불쾌한 감정을 유발하는 현실만을 머릿속에서 몰아내려 합니다. 반면 기쁨과 즐거움을 선사하는 동기를 외면할 이유는 없어요 (파트너 몰래 불륜을 저지르는 것처럼 엄청난 갈등을 일으키는 일은 제외). 아주 행복한 어린 시절을 보낸 사람은 전반적으로 기억을 잘하는 반면 불행한 어린 시절을 보낸 사람은 대부분 부분적으로만 기억하는 이유이기도 하지요.

모든 자기 보호는 궁극적으로 우리가 느끼고 싶지 않거나 지각하고 싶지 않은 것들을 외면하는 쪽으로 흘러가기 마련이라서, 외면은 '모든 보호 전략의 어머니'라 할 수 있어요. 권력 추구, 완벽 추구, 조화 추구, 조력자 증후군 같은 다른 보호 전략도 결국 외면을 돕고 있는 거예요.

하지만 문제를 외면하기만 하면 해결할 수가 없어요. 그리고 문제를 너무 오래 외면하면 언젠가는 산더미처럼 쌓인 문제를 방치할 수 없는 지경에 이르러요. 이를테면 '완벽 추구' 같은 보호 전략은 완전히 무기력한 상태나 번아웃burnout 증상까지 이어질 수도 있어요. 이때 번아웃은 당사자 그리고 그와 가까운 주변인에게만 영향을 미치는 결과들 중 하나일 뿐이에요. 더 큰 문제는 지나치게 권력을 추구하며 무력감을 외면하는 경우에 생길 수 있는데, 특히 그가 사회적 영향력이 크다면 문제가 아주 심각해지지요.

투사, 피해자라는 상상

외면이 보편적인 보호 전략이며 다른 모든 보호 전략의 기본이라는 사실은 투사라는 자기 보호 전략에도 적용됩니다. 투사는 심리학적 전문 용어로 자신의 욕구와 감정의 안경을 통해 타인을 바라보고 지각하는 것을 가리킵니다. 예를 들어 스스로 불안하고 열등하다고 느끼는 경우 다른 사람들을 특별히 강하고 우월한 존재로 투사하는 경우가 많아요. 아빠나 엄마와 했던 경험을 파트너에게 투사하는 경우도 흔하지요. 이를테면 엄마가 매우 통제적인 사람이었다면 무의식중에 파트너를 엄마와 동일시하여 파트너에게 통제당하는 기분을 쉽게 느껴요. 자신이 인색하고 탐욕스러운 성향이라면 다른 사람도 비슷한 동기를 가지고 있으리라 생각해버려요. 하지만 긍정적인 감정과 욕구도 투사할 수 있답니다. 상당히 이상적인 환경에서 자랐다면 다른 사람들도 부모처럼 믿을 만하고 좋은 사람일 거라고 순진하게 생각하는 것처럼요.

외면과 투사는 지각이라는 심리적 기능에 영향을 미칩니다. 지각은 생각, 감정, 행동 같은 모든 다른 심리적 기능의 바탕이에요. 모든 것이 지각에 기반하고 있으므로 우리 의식이나 마찬가지라 할 수 있지요. 그래서 지각 왜곡이 발생하는 순간을 당사자도 인식하기 힘들어요. 기껏해야 나중에서야 지각 왜곡을 성찰하지요. '완전히 다른 영화'에 빠져 있었다는 걸 '눈에 씐 뭔가가 벗겨지듯' 갑자기 깨닫는 거예요. 반면 태도와 행동 차원에 관련된 다른 보호 전략들은 그 전략을 쓰는 동안 알아차릴 가능성이 더 높습니다.

사람은 동물과 달리 자기 성찰 능력이 있어요. 그러나 이 능력을 활용하는 정도는 천차만별이지요. 자기 성찰과 자기 발전을 위해 끊임없이 노력하는 사람이 있는가 하면 그런 노력을 거의 또는 전혀 하지 않는 사람도 있어요. 자기 인식을 피하는 사람은 대부분 자신의 그림자 아이와 접촉하기를 두려워해요.

예를 들어 페트라의 그림자 아이는 자신이 나쁜 사람이고 누구도 자신을 사랑하지 않을 거라고 생각해요. 페트라는 이런 열등감을 견디기 어려우므로 반드시 막아내야 합니다. 그런데 이런 식으로는 열등감을 제대로 극복할 수 없어요. 페트라가 자신보다 더 뛰어나고 강하다고 여기는 율리아를 만난다고 가정해봅시다. 자동으로, 하지만 무의식중에 페트라는 율리아가 자신을 깔보고 거부한다고 생각해요. 페트라는 자신을 율리아의 잠재적 피해자로 인식하지요. 그러나 내면에서 일어나는 이런 과정을 성찰하지 못해요. 그 대신 페트라의 그림자 아이와 내면 어른은 함께 사소한 심리적 속임수를 씁니다. 율리아가 믿을 만하지 않고 비호감이라고 판단해요. 그들은 율리아를 거부합니다. 페트라의 불안이 그녀보다 강해 보이는 사람에게 적대감으로 투사된 거지요.

페트라처럼 고통스러운 자기 인식을 최대한 의식에서 멀리하려는 사람은 자신이 느낀 불쾌감을 타인에게 투사하기가 쉬워요. 특히 어떤 형태로든 자기보다 우월하다고 인식하는 사람에게 사실은 본인의 심리적 동요에서 비롯된 동기, 감정, 의도의 책임을 전가하지요. 이런 식으로 죄책감을 회피하는 경우도 많아요. 스스로 잘못을 시인하지 않고 그 책임을 다른 피해자에게 투사하는 거예요.

이런 일은 친구 사이뿐 아니라 정치판에서도 같은 식으로 벌어집니다.

지각을 왜곡하고 투사하는 행위에서 자유로울 수 있는 사람은 아무도 없습니다. 이는 우리 모두에게서 끊임없이 일어나는 일이에요. 하지만 자기 인식에 대해 엄청난, 때로는 공격적인 수준으로 거부 반응을 보이는 사람이 있어요. 이런 사람과는 문제 해결을 위한 건설적인 대화를 나누기가 매우 힘들 뿐 아니라 종종 불가능하기까지 해요. 자기 성찰을 완강하게 거부하는 바람에 성공할 가능성까지 원천 차단해버릴 정도이지요. 이들의 자존감은 스스로 책임을 인정하기엔 깨질 듯이 너무 연약해요.

저는 겉으로 보기에 지극히 평범한 사람이 어떤 상황에서 자신의 역할을 성찰할 준비가 되어 있지 않은 경우 얼마나 왜곡되고 부당한 생각과 행동을 하는지 깨닫고 항상 충격받곤 합니다. 어떤 집단 전체가 그런 투사의 피해자가 되면 불의와 폭력이 훨씬 더 빨리 정당화될 수 있기에 상황이 급격히 악화되고 위험해질 수 있어요. A라는 사람이 B라는 사람을 심각하게 왜곡하여 인식한다면 B에게는 A를 피해 다닌다는 선택지밖에 남지 않아요. 적어도 B가 A에게 의존해야 하는 상황이 아니라면 말이에요.

누구나 활용하며 지각의 기본적 심리 기능에 영향을 미치는 보호 기제인 외면 및 투사와 달리, 지금부터 설명할 보호 전략은 좀 더 특수하고 개별적이에요. 이런 전략은 주로 행동 차원에 해당하므로 인식하기가 훨씬 쉽고 그에 따라 바꾸기도 쉽습니다.

완벽에 대한 추구, 아름다움에 대한 집착,
인정에 대한 중독

**전형적인 신념: 나는 부족해! 나는 실수하면 안 돼! 나는 나빠!
나는 못생겼어! 나는 할 줄 아는 게 없어! 나는 실패자야!**

자신의 가치에 대해 불안해하는 사람들은 대부분 방어적인 태도로 살아갑니다. 그들은 공격당할 여지를 절대 주려 하지 않아요. 완벽하다는 건 실수하지 않는다는 뜻이니까요. 그래서 완벽주의자는 결국 완전히 기진맥진할 때까지 온 힘을 쏟아버리는 위험에 빠져 있어요. 밖에서 보면 햄스터 쳇바퀴인데 안에서 보면 성공 가도처럼 보이거든요.

이 전략의 문제는 이른바 '충분하다'라는 것이 존재하지 않는다는 점이에요. 더 높이, 더 멀리, 더 뛰어나게만 있을 따름이지요. 완벽주의자는 자신이 세운 목표를 향해 끊임없이 달려요. 트로피 하나를 거머쥐기가 무섭게 다음 트로피를 향해 달려갑니다. 목표했던 성공을 이뤄도 잠깐 안도할 수 있을 뿐이에요. 일단 내면 어른은 기쁘게 할 수 있지만 그림자 아이는 별다른 감흥을 못 느껴요. 외적 성공은 그림자 아이의 깊은 상처를 치유할 수 없거든요. 그림자 아이는 과거의 현실에 사로잡혀 자신이 부족하다고 확신해요. 객관적으로 볼 때 크게 성공한 많은 사람이 여전히 자신을 깊이 의심하며 절대 자족하지 못하는 이유이지요. 그들은 운이 좋아서 성공했을 뿐 자신은 그럴 자격이 없다고 말하곤 합니다.

완벽 추구의 변형으로는 아름다움에 대한 집착이 있어요. 당연히 외모를 가꾸고 싶다면 목표를 세우고 실행할 수 있지요. 섭취 칼로리와 몸무게를 측정하고 머리를 염색하고 화장품을 살 수 있어요. 반면 그림자 아이의 뿌리 깊은 자기 의심은 파악하기 어렵고 그만큼 퇴치하기도 힘들어요. 그러므로 많은 사람이 자신의 불안을 외모에 투사해요. 외모에는 구체적인 조치를 취할 수 있거든요. 그러나 외적인 아름다움으로 얻은 성취도 잠깐 안도감만 줄 뿐 장기적인 치유는 아니에요. 게다가 나이 들수록 이 전략은 구사하기가 더욱 힘들어지기까지 합니다.

　　완벽에 대한 추구와 아름다움에 대한 집착, 이 두 가지 전략의 공통점은 주변인의 인정을 받으려고 부단히 노력한다는 거예요. 많은 사람이 인정받으려고 믿을 수 없을 정도로 많은 일을 합니다. 오로지 인정받고 싶어서 취미, 물건 그리고 파트너까지 고르는 사람도 적지 않아요. 이때 취미, 물건, 파트너는 모두 자존감을 높이는 데 도움이 되는 것입니다. 이런 야망에서 자유로운 사람은 거의 없어요. 왜냐하면 인간은 무리 지어 사는 동물이며 애착에 의존하기 때문입니다. 인정은 애착을 맺고 공동체와 연결되기 위한 화폐 같은 거예요. 애착 욕구는 거부에 대한 커다란 두려움과 맞물려 있어요. 문제는 (으레 그렇듯) 모두가 인정받으면 기뻐하고 거부당하면 좀 창피해한다는 사실이 아니에요. 우리가 인정을 필요로 하는 정도가 문제이지요. 인정에 거의 중독된 사람은 지나치게 그걸 기준으로 행동하는 바람에 자신의 진정한 욕구를 외면하고 심지어 도덕적 가치를 무시하기까지 합니다.

격려: 완벽주의자는 전사의 기질을 타고납니다. 에너지가 넘치고 성실하며 규율을 잘 지켜요. 이건 모두 완벽주의자의 강점이지요. 당신은 이 전략의 도움으로 이미 많은 걸 이루었어요. 충분히 스스로를 자랑스러워해도 좋습니다.

조언: 당신은 당신을 비난할 이유를 아무에게도 주지 않음으로써 그림자 아이를 지키기로 결심했습니다. 이 전략은 성공을 거두는 데에는 도움이 되지만 스스로를 혹사시킬 위험이 있어요. 게다가 이 전략을 쓰고 있는 동안에는 그림자 아이에게 실제로 다가갈 수가 없습니다. 그림자 아이를 위로하기 위해 시간이 훨씬 덜 걸리고 스트레스도 훨씬 덜 받는 방법을 택할 순 없는지 자문해보세요. 그러기 위해 내면 어른의 도움을 받아 모든 성공과 인정이 본질적으로 머릿속에서 벌어지는 일이라는 사실을 깨달아야 해요. 조금만 내려놓으면 훨씬 더 호감 가는 사람이 될 수 있을 거예요. 또 그림자 아이가 항상 '새롭고 더 많은 성공과 인정'을 필요로 한다는 사실을 의식하세요. 이 전략으로는 장기적 평화를 얻을 수 없어요. 스트레스를 덜 받으면서 그림자 아이를 진정시키는 방법은 나중에 자세히 설명하겠습니다.

조화에 대한 추구, 지나친 순응

전형적인 신념: 나는 순응해야 해! 나는 부족해! 나는 너보다 열

등해! 나는 항상 착하고 얌전해야 해! 나는 반항하면 안 돼!

　조화에 대한 추구 역시 완벽에 대한 추구만큼이나 매우 자주 활용되는 보호 전략입니다. 종종 함께 사용되기도 하지요. 이 두 전략은 다른 사람에게 거부당할까 봐 강박적으로 두려워하는 그림자 아이를 보호합니다.

　조화를 추구하는 사람은 되도록 주변 사람들의 모든 기대에 부응하고자 합니다. 이들은 어렸을 때 이런 방식이야말로 관심과 인정을 받을 수 있는 가장 성공적인 방법이라는 걸 경험했어요. '조화를 추구하는 사람'은 최대한 잘 어울리려면 자신의 욕구와 감정을 억눌러야 가장 효과적이라는 사실을 일찍이 배웠지요. 강한 자기 의지는 방해가 될 뿐이에요. 이들은 자기 의지에 엄청난 추진력을 부여할 수 있는 분노와 공격성 같은 감정을 반사적으로 억눌러요. 공격성을 저지하고 개인 영역을 침범당하거나 모욕을 당하면 분노보다는 슬픔을 보입니다. 그래서 이런 보호 전략을 구사하는 사람은 자신의 분노 감정에 잘 접근하는 사람에 비해 우울증에 빠질 위험이 훨씬 더 높아요. 그런데 공격성을 억누르는 사람이라고 분노가 아예 존재하지 않는 건 아니기에 수동적 저항에 그치고 마는 차가운 분노의 형태로 변형되곤 합니다. 원하는 걸 크게 소리 내어 말하는 대신 감정이 상한 채 연락을 끊고 벽을 쌓아버리는 거지요.

　순응과 저항 가운데 어느 쪽을 택하는지는 어린 시절 경험뿐 아니라 타고난 기질에 따라 달라집니다. 조화에 대한 욕구가 높은 사람은 대부분 온화하고 섬세한 기질을 타고나요. 반면 부모의 기대에 맞서 반항하는 아이는 충동적인 기질을 타고났을 가능성이 높아요.

조화를 추구하는 사람은 자신의 욕구를 억누르는 훈련이 너무 잘되어 있어서 스스로 원하는 게 뭔지 잘 모르는 경우도 종종 있습니다. 그래서 개인적인 목표를 정하고 결정을 내리는 걸 어려워하지요.

인간관계에서 조화를 추구하는 사람은 매우 친절하고 유쾌하지만, 그 보호 전략 때문에 때로 관계가 어려워지고 실패할 수 있어요. 조화에 중독된 사람은 다른 사람의 감정을 상하게 하는 것을 극도로 두려워해서 갈등을 피합니다. 그래서 어떤 감정을 느끼고, 무슨 생각을 하고, 무엇을 원하는지 솔직히 말하는 경우가 드물고 저항에 부딪힐 것 같다는 염려가 들면 더욱 그래요.

이들의 그림자 아이는 상대를 더 크고 우월한 존재로 재빨리 인식합니다. 이런 인지 왜곡 때문에 쉽사리 피해자 역할에 빠져요. 겉으로 강해 보이는 사람이 두려워서 이들에게 자발적으로 복종하며 사실은 원치 않는 일들을 하곤 해요. 그래서 그 강해 보이는 사람이 이들 내면에서 가해자로 나타납니다. 이들을 자발적으로 복종하도록 이끈 존재가 그림자 아이의 투사라는 점을 내면 어른이 깨닫는 경우가 드물기 때문이에요. 그 대신 이들은 겉으로 보이는 상대의 우월함에 분개합니다. 자신이 무시당하고 지배당한다는 감정이 내면에 강하게 자리 잡을수록 개인의 자유로운 영역을 지켜내기 위해 그 사람과 관계를 끊으려는 경향이 나타나요. 겉으로 강해 보이는 상대는 이 과정에서 할 수 있는 일이 아무것도 없는데,

갈등을 피하려는 당사자가 근본적으로 거부당할까 봐 두려워서 피한다는 사실을 자각해야 하기 때문이에요. 따라서 다음과 같은 심리적 효과, 즉 겉으로 약해 보이는 사람이 두려움에서 벗어나기 위해 하게 되는 특정한 행동이 자주 관찰됩니다. 바로 거부로부터 자신을 지키려고 겉으로 강해 보이는 사람을 거부하는 거예요. 이를 두고 피해자와 가해자의 전도라고 부릅니다.

격려: 주변 사람들과 원만하게 지내고 그들에게 상처 주지 않기 위해 엄청나게 노력합니다. 자기 자신과 스스로의 욕구를 항상 뒷전으로 미루기 때문에 호감이 가고 다정하며 훌륭한 구성원이 될 수 있어요.

조언: 당신의 그림자 아이는 되도록 숨어 있고 싶어 합니다. 그래서 사람들은 당신에 대해 잘 몰라요. 그림자 아이에게 자신을 더 많이 보여줘도 괜찮다는 걸 알려주세요. 자신의 소망과 욕구에 충실해도 된다는 사실을요. 그렇게 행동해도 비호감이 되지 않으며, 오히려 주변 사람들이 당신을 좀 더 이해하고 파악하기 쉬워져서 호감을 살 수 있어요. 뒤로 물러나 토라져 있기보다 원하는 게 뭔지 분명히 말해야 주변 사람들이 더 편해진다는 사실을 깨달아야 해요. 그래야 의도치 않게 피해자에서 가해자가 되는 상황을 피할 수 있습니다.

조력자 증후군

전형적인 신념: 나는 쓸모없는 존재야! 나는 부족해! 나는 사랑받으려면 너를 도와야 해! 나는 열등해! 나는 너에게 의존해!

이른바 조력자 증후군인 사람은 도움이 필요하다고 여겨지는 사람에게 도움의 손길을 제공함으로써 자신의 그림자 아이를 보호합니다. 이들은 자신의 선행을 통해 자존감을 높이고 자신의 쓸모를 자각해요. 이런 점에서 조력자 증후군은 사회적으로 가장 수용하기 좋은 자기 보호 전략에 속합니다.

문제는 조력자가 자신이 도울 수 없는 사람들을 책임져야 한다고 생각하는 거예요. 특히 도움이 필요한 대상이 자신의 파트너일 경우에는 가망 없는 구호 프로젝트인데도 얽혀버려요. 이들은 명백한 결함이 있는 파트너에게 헌신하고 싶어 해요. 그러면 조력자는 스스로 파트너를 곤경에서 구해줄 백마 탄 기사라도 된 양, 자신이 파트너에게 무척 중요한 존재인 것으로 착각하지요. 그러려면 파트너가 병적인 중독 증세를 보이거나 보호가 필요한 환자처럼 정신적 문제가 있거나 재정적으로 파산 직전인 사람인 경우가 적합합니다.

반대로 처세에 능하여 도움을 필요로 하지 않는 사람은 조력자에게 열등감을 불러일으킬 가능성이 높아요. 조력자가 세운 관계의 방정식은 다음과 같습니다. "너는 내가 필요해. 그러니까 내 곁에 있어!" 유일한 문제는 이 방정식이 성립하는 경우가 극히 드물다는 거예요.

조력자는 온 힘을 소진할 때까지 승산 없는 싸움을 계속하곤 합니다. 그들은 목표한 대상에게 끼치는 자신의 영향력이 궁극적으로 미미하다는 사실을 인정하려 하지 않아요. 이런 사람은 자신의 곤경은 책임지지 않으면서 스스로 아무것도 바꾸고 싶어 하지 않기 때문에 아무리 좋은 조언을 해줘도 도움이 안 돼요. 이로써 의존의 방향이 역전됩니다. 실제로 파트너가 자신에게 의존하기를 바라던 조력자가 상대를 도와줄 수도, 벗어날 수도 없어 스스로 의존적인 존재가 되는 거예요.

조력자의 그림자 아이는 파트너가 이렇게 된 건 자기 잘못이라고 여기기 때문에, 이런 진퇴양난의 상황에서 벗어나기란 매우 힘듭니다. 결국 파트너의 문제는 파트너 혼자만의 것이 아니며 둘의 관계와 조력자에게까지 영향을 미쳐요. 관심과 애정에 대한 욕구는 언제나 등한시됩니다. 이를 통해 조력자의 그림자 아이는 자신이 무가치하고 나쁜 존재라는 근본적인 두려움을 확인해요. 이게 사실이 아니라는 걸 증명하려고 그림자 아이는 파트너가 변화하여 언젠가는 자신에게 더 잘해주리라는 확고한 희망을 품고 파트너를 위한 싸움을 이어나갑니다. 이를 통해 그림자 아이는 파트너가 던진 낚싯대에 매달려 빠져나오지 못한 채 계속 이 관계에 얽매이는 거지요.

격려: 당신은 도움을 주는 사람, 좋은 사람이 되기 위해 엄청나게 노력합니다. 존경받아 마땅하지요. 대부분의 사람에게 제대로

된 도움을 줄 수 있었고, 그들은 당신에게 고마워합니다.

조언: 이 전략의 문제점은 가망 없는 프로젝트에 스스로를 소모할 수 있다는 거예요. 그러니 모든 사람을 당장 서둘러 돕지 않아도 충분히 가치 있는 존재라는 사실을 당신의 그림자 아이에게 거듭 일깨워주세요. 당신이 어떤 사람은 결국 도울 수 없다는 사실을 그림자 아이에게 알려주세요. 그림자 아이와 내면 어른이 스스로의 행복을 책임지고 있음을, 다른 사람도 마찬가지라는 것을 그림자 아이에게 설명해주세요. 물론 다른 사람을 계속 도와줘도 괜찮고, 그건 정말로 훌륭한 자질이에요. 하지만 도움을 제공하기에 적절한 곳과 그렇지 않은 곳을 유심히 따져보세요. 그리고 스스로를 돕기 위해 자신이 돕는 사람을 일종의 지지대로 이용하고 있음을 그림자 아이에게 인식시켜주세요. 이 책에서는 조력자 증후군에 빠지지 않고 한층 건강한 내면의 지지대를 찾을 수 있는 방법을 알려드릴 예정이랍니다.

권력에 대한 추구

전형적인 신념: 나는 네 손에 달려 있어! 나는 무능해! 나는 저항하면 안 돼! 나는 열등해! 나는 부족해! 나는 실수하면 안 돼! 나는 누구도 믿어서는 안 돼! 나는 모든 것을 통제할 수 있어야 해! 나는 홀대받고 있어!

이런 보호 전략을 사용하는 사람의 그림자 아이는 열등하고 약한 상태에서 공격받고 파멸당할까 봐 지나치게 두려워합니다. 이들은 어린 시절 너무 권위적인 부모 아래에서 억압받았다고 느낀 적이 있어요. 조화를 추구하는 사람처럼 권력을 추구하는 사람의 그림자 아이는 주변 사람들에게 잠재적인 우월성과 지배력을 투사합니다. 단지 순응이 아닌 저항을 통해 대응한다는 차이가 있을 뿐이에요.

이런 패턴을 가진 사람은 인간관계에서 우위를 차지하고 싶어 해요. 이때 기본적으로 능동 저항과 수동 저항이라는 두 가지 전략 가운데 하나를 (무의식중에) 선택할 수 있어요. 물론 대부분은 둘 다 사용하지요. 권력을 추구하는 사람만 능동 저항과 수동 저항을 행하는 것도 아니고요. 우리 모두 개인적 경계를 지키기 위해 필요에 따라 활용하는 행동 방식이에요. 하지만 권력과 통제에 대한 동기가 높은 사람에게 이 전략이 매우 특별한 역할을 하기에 이 지점에서 강조하는 거랍니다.

저항하려면 어느 정도 공격성이 필요하므로 능동 공격과 수동 공격이라고 말하기도 해요. 능동 공격은 알아보기 쉬워요. 자신의 권리를 주장하고 논쟁하고 공격하지요.

수동 공격 또는 수동 저항은 한눈에 파악하기가 쉽지 않아요. 수동 공격을 하는 사람은 자신의 의지를 명백히 밝히는 대신 크고 작은 방해 행위로 거부 의사를 나타냅니다. 상대가 해주길 바라는 행위를 하지 않는 쪽으로 모든 행동이 귀결되지요. 일단 승낙했다가 "깜빡했어"라며 일방적으로 약속을 지키지 않아요. 또는 고의로

천천히 일을 진행시켜 상대를 힘들게 하기도 해요.

수동 저항의 전형적인 형태로 이른바 벽 쌓기가 있어요. 다른 사람을 곤란한 상황에 몰아넣고 모른 척하는 거예요. 이때 아무리 부탁하고 간청해도 소용없어요. 그 이면에는 B와의 관계에서 자신이 너무 많이 양보하고 타협해야 한다고 생각하는 그림자 아이가 숨어 있습니다. 예를 들어 원래 살던 지역에 계속 머물고 싶었지만 '자신의 의지와 상관없이' 파트너가 살고 있는 소도시로 이사한 내담자가 있었어요. 그는 잠재의식 속에서 파트너를 너무나 원망한 나머지 그 후 성적 흥미를 완전히 잃어버렸어요. 성욕 상실은 남성과 여성 모두에게서 자주 나타나는 수동 공격 표현 가운데 하나입니다. 이 사례에서 자신의 결정에 스스로 책임지는 게 얼마나 중요한지 잘 알 수 있어요. 그 내담자는 무의식중에 자신을 겉으로 강해 보이는 파트너의 피해자로 만들었고, 이때 자신의 그림자 아이가 자발적으로 그녀의 소망에 순응했음을 성찰하지 않았습니다.

고집불통 성격은 수동 저항과 관련이 깊어요. 완고하고 타협하지 않고 자신의 길을 가는 사람은 상대에게 강한 공격성을 유발하지요. 상대가 오로지 거부만 하는 사람에게 어떤 영향도 미칠 수 없다는 무력감을 느끼기 때문이에요. 물론 능동 공격을 하는 사람도 그로 인해 상대방이 두려움에 압도되지 않는 한 상대에게 분노를 일으킬 수 있어요. 그러나 능동 공격을 하는 사람은 최소한 자신의 의중을 드러내고 스스로의 행동을 책임집니다. 반면 수동 공격을 하는 사람은 평온해 보이는 외피를 쓰고 있어요. 그렇게 공격을 당하니 그를 상대하는 사람은 화나는 것을 넘어 급기야 속수무책으로 격분하는 바람에 결국 스스로 '죄인'이 되어버립니다. 이를 심리학 용어로 '지목된 환자identified patient'라고 합니다. 잠재적으로 조작하여 순조로운 관계를 거부한 수동 공격을 펼친 사람이 아니라 분노와 공격성을 드러낸 사람이 주변 사람들 눈에 '사이코'로 보이는 상황이에요.

권력에 대한 동기가 높은 사람은 언제나 자신이 옳다고 주장하며 모든 일이 자기 뜻대로 진행되기를 원하거나 수동 공격성을 보이며 합리적 협업을 거부하기 때문에 관계를 맺기가 힘들어요. 이때에도 종종 피해자와 가해자의 전도가 발생해요. 권력을 추구하는 사람의 내면 아이는 자신을 (부모의) 피해자이자 열등한 존재로 인식하고 자신이 대항해야 하는 상대에게 겉으로 드러나는 지배력과 우월성을 투사합니다. 그리고 자신의 권력을 전략적으로 활용해 자신이 필사적으로 피하고 싶어 하는 무력감을 상대가 느끼도록 만들어요.

원래는 굉장히 착하고 조화를 추구하는 사람도 적어도 '발작적으로' 강한 권력욕에 사로잡히는 경우가 있습니다. 파트너에게 아무 이유 없이 상처 주는 등 내면의 그림자 아이가 뜬금없이 권력 행사를 즐기는 거예요. 너무도 호감이 가고 사교적인 내담자가 이런 이야기를 털어놓은 적이 있어요. 그녀의 파트너가 특히 기분이 좋고 사랑스러울 때면 지독한 언사를 퍼부어 그의 기분을 망치고 싶은 충동이 들 때가 간혹 있다고요. 스스로도 이런 태도가 정말 나쁘다고 생각하면서도 왜 이런 행동을 하는지 제대로 설명하지 못했어요. 개별 상황을 분석해보니 그녀의 상처 입은 그림자 아이가 파트너에 대한 권력 행사를 즐기고 있다는 결론이 나왔습니다. 이를 통해 그녀는 무의식적으로 억압적인 아빠에게 복수하고 있었던 거예요.

권력을 추구하는 사람의 특징 가운데 강하게 요구하는 태도도 있습니다. 뭐든 강하게 요구하는 사람은 무의식중에 "나는 홀대받고 있어" 같은 신념을 가지고 있는 경우가 많아요. 이런 각인 때문에 이용당한다고 금방 오해하지요. 그들 내면의 그림자 아이는 자신을 보호하기 위해 절대로 "중요한 걸 빼앗기지 말아야지"라고 결심했어요. 그래서 자신의 욕구를 채워달라고 꽤나 당당하게 요구해요. 이때 이들은 자신이 주는 것 이상을 바랍니다. 하지만 자신이 피해자라는 신념 때문에 상황을 전혀 다르게 바라봐요. 따라서 이들과 소통할 때에는 '신사'나 '숙녀'를 모시는 듯한 자세로 자비를 베풀어 기분을 맞춰줘야 해요.

좀 더 순화된 형태인 경우 이들은 상당히 인색한 편입니다. 자신의 권리에는 굉장히 신경 쓰면서 타인의 권리에는 너그럽지 않아요. 금전적인 부분뿐 아니라 칭찬하거나 자비를 베풀 때에도 말이지요. 뭐든 철저히 따져보고 계산합니다. 이들의 그림자 아이는 '탐욕'을 통해 스스로를 보호합니다.

격려: 당신은 강한 사람입니다. 상대에게 저항하여 맞서 싸웁니다. 단념이라는 걸 몰라요. 생존 능력과 자기주장 의지가 엄청나게 강하지요. 이런 점이 당신을 이미 여러 차례 보호해주었고 여기까지 올 수 있게 해주었습니다.

조언: 그림자 아이에게 엄마나 아빠와 함께하던 시간은 이제 지나갔다고 명확히 알려주세요. 내면 어른과 그림자 아이 모두 엄연한 성인입니다. 당연히 다른 사람들과 동등한 권리를 가진 채 저항할 수 있어요. 유일한 문제는 대포로 참새를 쏘려 한다는 거예요. 바깥세상은 당신 생각처럼 나쁘기만 한 곳이 아닙니다. 긴장을 풀고 자기 자신과 다른 사람들을 좀 더 신뢰해도 괜찮아요. 권력을 추구하는 과정에서 조장하고 도발하는 많은 갈등은 사실 필요하지 않아요. 자비와 공감이 훨씬 더 편안한 방식으로 일을 진척시켜줄 거예요.

통제에 대한 추구

전형적인 신념: 나는 모든 걸 통제해야 해! 나는 스스로를 잃고 있어! 나는 네 손에 달려 있어! 나는 너를 믿을 수 없어! 나는 부족해! 나는 가치가 없어!

권력 추구의 변형 가운데 하나가 지나친 통제에 대한 추구입니다. 통제는 권력과 마찬가지로 안전에 대한 욕구를 충족시켜주는데, 이런 측면에서 안전한 삶을 살려면 자신과 주변 환경을 어느 정도 통제할 필요가 있어요. 그러나 통제 동기가 높은 사람은 평균보다 훨씬 더 많은 확실성과 안정성을 필요로 합니다. 그 이면에는 그림자 아이의 혼란과 몰락에 대한 두려움, 즉 공격당하고 상처받는 것에 대한 두려움이 숨어 있지요. 지독히도 면밀하게 정리 정돈을 하고 완벽을 추구하고 특정 규칙을 엄격하게 준수하며 이 두려움을 극복하려 해요. 통제에 대한 추구의 변형인 완벽에 대한 추구와 마찬가지로, 이런 사람들은 통제를 잃을까 두려워 다른 사람에게 업무를 위임하기를 어려워하며 기진맥진할 때까지 쓸데없이 힘을 쏟습니다.

통제 동기가 높은 사람은 자신을 관리하는 것을 넘어 파트너와 가족 구성원까지 면밀히 주시하는 경향이 있어요. 통제광은 자신을 못 믿는 만큼 타인도 못 믿기에 타인의 일거수일투족을 다 알고 싶어 해요. 불신이 최고조에 이르렀을 때 질투심은 광기에 가까울 지경이에요. 파트너의 통제 욕구가 지나쳐서 실패하는 관계가 많지요. 마찬가지로 지나친 통제는 자녀의 건강한 성장에도 해롭습니다.

통제를 추구하는 많은 사람이 건강과 몸매를 통제하기 위해 거의 집착에 가까운 자기 관리를 하기도 해요. 이때 그림자 아이는 내면의 취약성을 신체에 투사합니다. 심한 경우에는 우울증을 동반한 건강 염려증으로 발전할 수 있어요. 아름다움에 대한 집착과 마찬가지로, 저변에 숨어 있는 파멸에 대한 혼란스러운 불안감과 달리 신체는 형체가 있기 때문에 훨씬 더 통제하기 쉬운 투사막을 제공해요.

통제를 행사하는 또 다른 형태는 이른바 반추 강박입니다. 도무지 생각을 멈출 수 없다고 고통을 호소하는 사람이 많아요. 그들의 생각은 거의 강박적으로 같은 경로를 따라가지요. 반추 강박은 답

없는 문제를 풀기 위한 쓸모없는 시도라 할 수 있어요. 문제가 해결될 때까지 뇌가 쉬지 않는 거예요. 그러나 문제를 끝없이 곱씹어보는 행동이 도움이 되기는커녕 오히려 해결책을 막아버리는 경우가 더 많답니다.

격려: 당신은 대단히 자제력이 강하고 규율을 엄격하게 따릅니다. 목표를 위해 스스로를 통제하는 능력은 삶을 헤쳐 나가는 데 필요한 아주 귀중한 자원이에요. 의지가 대단히 강하다는 사실을 충분히 자랑스러워해도 돼요.

조언: 문제는 공격당하고 상처받을까 봐 두려워하는 그림자 아이를 지키기 위해 선행을 너무 많이 베푼다는 거예요. 통제에 대한 추구 때문에 스스로도 스트레스를 받지만 주변 사람도 스트레스를 받습니다. 당신의 그림자 아이가 더 많은 자신감을 갖는 게 특히 중요해요. 결국 모두 알아서 제자리를 찾으리라는 일종의 '신에 대한 믿음'에 의지해도 좋아요. 내면 어른의 도움을 받아 그림자 아이에게 이대로도 충분하고 항상 그렇게까지 애쓰지 않아도 된다는 사실을 거듭 설명하여 활기차고 평온한 마음을 갖도록 노력하세요. 좀 더 자주 휴식을 취하고 뭔가를 잘해냈을 때 자신에게 보상을 주세요.

반추 강박으로 고통받는다면 하루에 30분 정도 시간을 내어 문제를 글로 써보는 것도 좋습니다. 그 후에는 온 힘을 다해 다른 활동과 물건에 생각과 관심을 집중하도록 노력해보세요. 이때 당신의 내면 어른은 뭔가 일이 벌어졌을 때 필요한 건 모두 기록되어 있고 어떤 정보도 사라지지 않는다는 확신을 품고 있습니다.

침해와 공격

전형적인 신념: 나는 열등해. 나는 너를 믿을 수 없어. 나는 (다른 사람들과) 선을 그어서는 안 돼. 세상은 나빠! 나는 홀대받고 있어! 나는 중요한 존재가 아니야.

분노와 공격성 같은 감정은 개인적 경계를 방어해주기 때문에 생물학적으로 중요한 감각입니다. 그런데 현대에는 석기 시대처럼 적을 객관적으로 식별하기 어렵다는 게 문제예요. 그래서 투사와 인지 왜곡 때문에 때로 적이 아닌 사람을 적으로 판명하곤 하지요. 내면의 그림자 아이가 자신을 열등하다고 착각하는 사람의 경우, 주관적으로 공격당한다는 느낌을 금방 받아요. 객관적으로 악의가 없는 발언을 쉽게 오해하고 모욕당했다는 반응을 보이는 거예요. 모욕은 엄청난 (능동) 공격성을 표출할 수 있는 감정입니다. 특히 조화를 추구하는 사람처럼 반사적으로 분노를 억누르지 않는 경우라면 어마어마한 공격성을 드러낼 수 있어요.

무의식중에 저항의 편에 선 사람은 실제 또는 인지된 공격에 곧장 반격합니다. 여기서는 질투심 많은 남편이 자존심이 상했다는 이유로 아내를 칼로 찌르는 극단적인 사례가 아니라, 일상에서 쉽게 접할 수 있는 사례를 다루려고 해요. 모두 잘 알고 있는 '까칠하다'라는 표현을 예로 들어보겠습니다. 이 표현은 유감스럽게도 대부분 여성을 겨냥하여 쓰이는 경우가 많지만, 까칠한 남성도 충분히 많으므로 이 표현을 성별에 관계없이 적용하려 합니다. 누구나 한 번쯤 내가 도대체 무슨 그리 나쁜 말이나 행동을 했기에 상대방이 이리도 덥석 물고 달려드는 걸까 하고 기막혀해본 적이 있을 거예요. 까칠한 사람은 자극-반응-행동의 연쇄 작용이 번개처럼 빠르게 진행됩니다. 공격받는다고 여겨지면 모욕감이 뒤따르고, 모욕감은 분노를 유발하여 충동적으로 상대를 언어적 또는 신체적으로 공격하게 돼요. 이때 퍼붓는 신체적 공격과 심각한 언사는 더 이상 '까칠하다'라고 표현할 수 있는 수준을 넘어섭니다.

그래서 충동적인 성향의 사람은 스스로 고통받는 경우가 흔해요. 뒤늦게 분노가 가라앉고 다시 어른 자아 상태로 돌아오면 자신이 도를 넘었다는 걸 깨달아요. 문제는 충동적인 분노를 조절하기가 매우 어렵다는 거예요. 충동성을 다스리려면 애초에 분노가 올라오지 않도록 미리 개입하는 데 집중해야 해요. 모욕감이 들기 전에 예방 조치를 취해야 하는데, 이것이 이 책의 핵심 목표이기도 합니다.

격려: 당신은 사람들이 당신을 함부로 대하도록 내버려두지 않습니다. 매우 강인하며, 저항하는 법도 알고 있어요. 타고난 투사이기도 하고요. 충동성 덕분에 생기가 넘치고 지루할 일이 없답니다.

조언: 당신의 그림자 아이는 쉽게 모욕감을 느껴요. 무례한 취급을 당했고 공격을 당했다는 기분이 빠르게 들지요. 이성적이고 적절하게 반응할 수 있도록 가급적 어른 자아와 주변 사람들의 눈높이에 머무르도록 노력해보세요. 이때 당신을 화나게 만드는 상황에 대비하는 것도 큰 도움이 됩니다. 그림자 아이가 어떤 부분에서 인지 왜곡을 일으키는지 분석하고 그림자 아이를 내면 어른과 분리하세요. 이때 내면 어른이 우위를 차지하는 것이 매우 중요합니다. 대응 전략을 미리 준비해놓는 것도 큰 도움이 될 수 있어요.

어린아이로 남기

전형적인 신념: 나는 나약해! 나는 보잘것없어! 나는 의존적이야! 나는 순응해야 해! 나는 너를 실망시켜서는 안 돼! 나는 혼자선 못해! 나는 부족해! 나는 너를 떠나면 안 돼!

어떤 사람은 어른이 되지 않고 아이로 남아 있으려 합니다. 이들은 다른 사람들이 자기 삶을 이끌어주리라 기대하며 의존합니다. 그들은 파트너일 수도, 부모일 수도 있어요. 부모에게서 독립하지 않는 사람이 생각보다 꽤 많아요. 이들은 자신의 길을 가기를 두려워하고, 중요한 결정을 내릴 때 부모나 타인의 동의가 꼭 있어야 한다고 느껴요. 이들 내면의 그림자 아이는 자기 삶을 독립적으로 꾸려갈 용기가 없습니다. 그림자 아이는 스스로를 의존적이고 보잘것없는 존재라 여겨요. 게다가 부모나 파트너에게서 독립한다는 상상만으로도 큰 죄책감을 느끼지요.

부모와 그들의 판단에 의존한다고 해서 반드시 부모와 좋은 관계를 유지한다는 뜻은 아니에요. 상당수의 사람은 부모와 전혀 연락하지 않으면서 내면화된 부모의 계획에 따라 행동합니다. 부모 때문에 끔찍한 어린 시절을 보냈다는 이유로 부모를 극도로 거부한 내담자 하랄트가 떠오르네요. 그는 부모에게서 수백 킬로미터 떨어진 곳에 살면서 아주 가끔씩만 찾아갔어요. 그런데도 그의 그림자 아이는 부모, 특히 권위주의적인 아빠가 전달한 가치와 견해에 거의 100퍼센트 동의하더군요. 하랄트의 아빠에겐 성과가 가장 중요했어요. 그 아빠가 보기엔 여가 시간과 오락 활동은 다 쓸데없었지요. 엄마는 남편이 두려워 그의 지나친 요구와 거친 체벌로부터 하랄트를 지켜주지 못했어요.

하랄트는 어렸을 때부터 아빠를 미워했지만 성과에 광적으로 집착하는 면을 그대로 물려받았습니다. 상담 치료 초반에는 그의 어른 자아도 이로부터 거리를 두지 못했어요. 부모에게 배운 대로 그는 빠르게 출세했고 끊임없이 일했습니다. 삶의 즐거움에는 거의 관심이 없었고 삶을 더욱 즐기는 방법에 대한 비전 같은 것도 없었어요. 하지만 그는 휴식과 삶의 즐거움을 매우 갈망하고 있었지요. 동시에 자신의 욕구에 조금만 더 귀 기울이면 다른 극단에 빠질지 모른다는 두려움이 너무나 컸습니다. 이에 따른 그의 가장 중요한 보호 전략이 통제와 자기 규율이었어요. 하랄트는 겉으로 보기에 어른스럽고 독자적 판단을 내리며 부모와 멀리 떨어져 있는 성인이 어떻게 (그림자) 아이에 머물러 있는지 보여주는 대표 사례라 할 수 있어요.

자기 자신과 인생에서 내려야 하는 결정에 대해 책임지는 것을 어려워하는 사람이 많습니다. 이들은 운명, 파트너, 부모의 지침과 기대에 따르면서 책임을 전가해요. 독자적인 길을 가면 실망하고 실패할까 봐 두려운 거지요. 게다가 좌절에 대한 내성도 매우 낮아서 실수했을 때 부정적인 감정을 잘 견디지 못해요. 자기 행동에 책임진다는 건 한편으로는 자유롭게 결정을 내릴 자유가 있다는 뜻이지만 다른 한편으로는 잘못된 결정을 내렸을 경우 '개인적 실패'로 감내해야 하는 위험 요소도 떠안는다는 뜻이니까요. 따라서 뭘해야 할지 보호자가 지침을 내려주면 이들은 더 안전하다고 생각해요.

이런 유형에 해당하는 사람은 어렸을 때부터 다른 사람들이 자신을 위해 결정을 내려주는 데 익숙해서 대부분 스스로 뭘 원하는지 잘 몰라요. 그런데 실제로는 원하지 않는 일을 많이 해야 하니까 불만족스럽고 기분 나쁠 때가 있어요. 이들은 대부분 자신의 욕구나 생각이 아니라 잘못된 의무감에서 비롯된 행동을 하지요. 자신의 욕구나 생각을 갖고 싶다면 자신이 누구이고 무엇을 원하는지 명확하게 파악해야 해요.

그러나 압박을 가할 뿐 아니라 심지어 협박을 하는 부모도 적지 않아요. 그들은 아이에게 부모가 옳다고 생각하는 대로 행동하지 않으면 가족에서 쫓겨날 수도 있다고 암시합니다. 아이는 자신의 길을 가고 싶다면 가족과 연을 끊어야 해요. 그런데 이 아이도 가족에게 애착이 있기 때문에 겁을 먹습니다. 게다가 아이가 이처럼 극단적인 선택을 하려면 권력에 집착하는 부모가 그간 억압해온 내면의 강한 자신감이 반드시 필요합니다. 좋은 일이건 나쁜 일이건 아이가 삶에서 중요한 선택을 할 때마다 부모가 간섭하면 아이의 내면에는 과연 부모 없이 제대로 된 선택을 할 수 있을까 하는 근본적인 불안감이 생겨나요.

권력을 추구하는 사람 가운데 파트너가 자기가 원하는 대로 움직이지 않으면 제재를 가하거나 헤어지겠다고 협박하는 경우가 있습니다. 이때 파트너는 제대로 저항하거나 도망가기에는 자신이 너무나 의존적이라고 느껴요. 의존적인 파트너의 그림자 아이는 상대방 없이 못 산다는 생각에 엄청나게 두려워해요. '어린아이로 남기' 보호 전략을 쓰는 사람의 그림자 아이가 대부분 죄책감을 쉽게 느낀다는 점도 한몫하고요. 결과적으로 그림자 아이는 이 힘든 상황에 일종의 공동 책임을 느낍니다. 부모나 파트너가 이렇게 믿도록 설득한 경우도 적지 않습니다. 죄책감을 받아들이면 '괴롭히는 사람'과 좀 더 견딜 만한 관계로 나아갈 수 있는데, 자신의 죄책감이 부모나 파트너를 보다 나은 사람으로 만들어주기 때문이에요. 자신을 보호해준다고 착각하는 사람과의 관계를 미화하여 그에 대한 의존성을 유지할 수 있는 거지요. 이렇게 하면 생각만 해도 끔찍한 이별이나 힘겨운 싸움에서 보호받을 수 있거든요. 게다가 공동 책임을 인정함으로써 통제감을 되찾고 무력감을 줄일 수도 있고요.

내담자 중에 지배적이고 교묘한 성향의 아내가 내뱉는 거의 모든 비난을 정당하다고 느끼는 남성이 있었어요. 그녀는 계속 그를 비난하고 우울증과 편두통도 남편 책임이라고 탓했지요. 그녀에게 동조함으로써 그는 (무의식중에) 자신이 이 상황을 통제하고 있다는 환상을 어느 정도 지켜냈어요. 그가 할 수 있는 일이라고 해봐야 그녀의 부당한 비난을 받아들이는 것뿐이었을 거예요.

공동 책임을 인정하는 것과 매우 비슷한 자기 보호 전략으로 상황을 긍정적으로 해석하는 것이 있어요. 당사자는 자신이 얼마나 의존하고 있는지 잊어버리고 파트너와 부모를 보호하려 해요. 이들은 관계가 안 좋을 때에도 그들에게 높은 충성심을 보이지요. 애착에 대한 욕구가 워낙 크고 의존성이 강해서 '보호자'와의 관계에서 겪는 어려움을 머릿속에서 떨쳐내려 합니다.

과거에는 대부분 여성이 남편에게 의존했고 오늘날에도 일부 그런 경우가 있어요. 그러나 책임을 아내에게 미루는 남성도 충분히 많답니다. 생계와 관계없는 일 혹은 생계와 직결된 일까지도 '엄마'가 전부 다 해결하기를 기대하지요. 자녀 양육을 전담하기 때문이 아니라 안정적인 직업을 얻지 못해서 아내에게 경제적으로 의존하는 남편도 점점 늘어나고 있어요.

격려: 당신은 그림자 아이를 보호하고, 되도록 모든 일을 제대로 하기 위해 많은 노력을 기울입니다. '착한 남자아이' 또는 '사랑스럽고 얌전한 여자아이'가 되려고 남몰래 부단히 애써요. 부모가 당신을 자랑스러워하도록 많은 일을 하고 있고요.

조언: 당신의 그림자 아이는 실망하고 실수할까 봐 지나치게 두려워합니다. 내면 어른의 도움을 받아 실수는 삶의 일부분이고 실수해도 괜찮다는 사실을 그림자 아이에게 알려주세요. 무엇보다 어른 자아를 강화하는 것이 중요합니다. 논증하는 연습을 통해 어른 자아를 강화할 수 있어요. 이때 자신의 삶을 행복하게 만들 책임이 스스로에게 있다는 것이 좋은 논거 가운데 하나가 됩니다. 당신부모가 자신의 삶을 책임지고 있듯이 말이에요. 당신은 주변 사람들의 기대를 충족시켜주기 위해 이 세상에 존재하는 게 아니에요. 당신이 스스로 내리는 결정 하나하나가 앞으로 한 걸음씩 나아갈 수 있도록 만들어준다는 사실을 명심하세요. 반면 당신이 제자리에 멈춰 있다면 비록 길을 잃지는 않겠지만 아무 데도 도착할 수 없을 거예요.

도피, 후퇴, 회피

전형적인 신념: 나는 네 손에 달려 있어! 나는 나약해! 나는 가치가 없어! 나는 열등해! 나는 너를 못 믿겠어! 혼자가 더 안전해! 나는 못해!

도피와 후퇴는 감당할 수 없는 충돌을 피하고 싶을 때 즐겨 사용하는 보호 전략이에요. 우리는 보통 여러 가지 보호 전략을 사용하고 상황에 따라 변경합니다. 같은 상황에서 어떤 사람은 공격을 하고 어떤 사람은 도피를 선택하지요. 이는 스스로 성공 가능성을 어떻게 보느냐에 달려 있어요. 공격이나 도피 같은 보호 전략은 그 자체로는 문제가 되지 않을뿐더러 위험으로부터 우리를 보호하기 위한 적절하고 자연스러운 반응이라 볼 수 있어요. 문제는 위험을 어떻게 정의하느냐 하는 거예요. 그림자 아이가 약하고 공격당하기 쉽다고 느낄수록 더 빨리 그 상황을 위험하다고 판단해요. 그래서 신념으로 인해 자기 능력을 과소평가하는 사람은 계속 도망만 다녀요. 이때 이들은 자신의 두려움과 약점을 피할 뿐 아니라 자신과 같은 약점을 지닌 사람과 대립하는 것도 피한답니다.

무엇보다 자기만의 공간으로 후퇴해 스스로를 보호하려는 사람은 어린 시절 경험 때문에 사람들과 같이 있는 것보다 혼자 있는 게 훨씬 더 안전하다는 신념을 내면화한 경우가 많아요. 이들은 혼자 있을 때 안전하다고 느낄 뿐 아니라 자유롭다고까지 느껴요. 오로지 혼자 있을 때에만 자유롭게 결정하고 행동해도 좋다는 기분이 들거든요. 다른 사람들이 근처에 있으면 곧장 어린 시절의 체계가 작동해 남들의 (잘못 추정된) 기대를 채워줘야 한다고 생각합니다.

하지만 자신과 주변 사람들에게서 달아나기 위해 반드시 외로움으로 도망쳐야 하는 건 아니에요. 일이나 취미 혹은 인터넷 같은 활동으로 도피하는 방법도 있어요. 어떤 활동으로 도망치는 목적은 진짜 문제로부터 시선을 돌리는 거예요. 도망치는 사람이 애써 의식할 필요조차 없이 이런 행위가 이뤄져요. 이런 활동으로 도망치는 것이 그림자 아이의 열등하고 어려운 상황을 회피하는 데 도움이 되니까요. 끊임없이 바쁘게 지내는 건 그림자 아이의 자기 의심과 두려움으로부터 주의를 분산하는 데 아주 탁월한 방법입니다. 가만히 앉아 있는 걸 어려워하는 사람이 수백만 명이나 되는데, 고요함 속에서는 자신의 부정적 신념이 들려오기 때문이에요. 이들은 쉬지 않고 활동하며 자기 자신과 주변에 스트레스를 줍니다.

이때 건강한 수준과 건강하지 않은 수준이 아주 미묘하게 갈려요. '주의를 분산하는 것'은 부정적인 상태에서 벗어나는 데 매우 유용할 수 있어요. 그러나 주의를 분산함으로써 진짜 문제가 작아지기보다 커진다면 문제를 직면하는 편이 더 나아요. 이를 위해 첫 번째 단계로 우선 나에게 문제가 있다는 사실을 인지해야 합니다. 이게 바로 문제 해결을 위한 가장 중요하고 기본적인 단계예요.

도피, 후퇴와 함께 나타나는 자기 보호 전략으로 회피가 있습니다. 불편한 상황이나 활동을 피하고 싶지 않은 사람은 단 한 명도 없을 거예요. 이런 마음을 얼마나 억누르고 있느냐 하는 정도 차이만 있을 뿐이지요. 우리는 특히 불안이나 불쾌감을 유발하는 상황이나 활동을 피하고 싶어 해요. 문제는 불쾌감과 불안감이 회피를 통해 더욱 심해질 뿐, 약해지지 않는다는 거예요. 내키지 않아 미뤄뒀던 업무는 점점 더 쌓이기만 하고 가뜩이나 없는 의욕은 아예 사라집니다. 회피할수록 불안이 두 배로 커져요. 회피함으로써 이 상황을 극복할 수 없을 거라고 점점 더 믿게 되거든요. 회피는 뇌에서 불안과 불쾌를 확인해주는 역할을 합니다. 게다가 상황을 해결하는 경험을 할 수 있는 기회도 방해해요. 반대로 불안해도 도전에 성공하면 스스로에게 대단한 자부심을 느껴요. 그러면 다음에는 훨씬 덜 불안하겠지요.

도피와 회피의 특별한 형태로 일종의 죽은 척하기가 있는데, 이 때 당사자는 내면의 스위치를 완전히 꺼버림으로써 마치 내면으로 도망친 듯 보입니다. 이 과정은 대부분 의도적으로 일어나는 것이 아니라 반사적이고 자동적으로 일어나요. 이 보호 전략은 도망칠 수도 없고 저항할 수도 없는 생후 몇 년 안에 발달하는데, 이 시기 아이에게는 접촉을 최대한 끊고 되도록 아무런 감정도 느끼지 않는 방법밖에 없어서 그래요. 이를 전문 용어로 해리dissoziation라고 부릅니다.

이런 유형에 해당하는 사람은 다른 사람과의 관계가 지나치게 부담스러울 경우 내적으로 오프라인 상태가 됩니다. 상대가 이 사람이 내적으로 부재중이라는 사실을 명확히 감지할 수 있을 정도예요. 해리 증세를 보이는 사람은 내부와 외부를 구분하기 어려워해요. 다시 말해 다른 사람의 동요와 기분을 너무도 강하게 내면에 받아들이는 바람에 책임감을 느껴요. 이들의 안테나는 쉬지 않고 곤두서 있어서 인간관계가 너무 큰 스트레스입니다. 내면의 경계에 구멍이 뚫려 있어서 다른 사람이 근처에 있으면 너무나도 쉽게 침범당해요. 그래서 이들은 내적인 후퇴뿐 아니라 외적인 후퇴를 통해 자신을 보호하려 합니다. 혼자일 때 가장 안전하다고 느껴요. 이들의 내면 아이는 인간관계가 곧 스트레스라는 경험을 한 적이 있습니다. 가난하고 병약한 엄마나 아빠에게서 제대로 분리되지 못했거나 위협적인 부모를 두었기 때문이에요. (성인이 되어) 트라우마를 경험한 사람 역시 종종 해리 증세를 보입니다.

격려: 그림자 아이가 지나치게 스트레스받는다면 도피와 후퇴를 통해 그림자 아이를 지키는 건 좋은 방법이에요. 그리하여 당신을 보살피고 힘을 안배하는 거지요.

조언: 후퇴는 적절한 보호 전략이긴 하지만 유령처럼 실제로 존재하지 않는 두려운 존재 앞에서 도망치는 경우도 종종 있어요. 당신은 전혀 숨을 필요가 없습니다. 이 책에 나와 있는 연습을 통해 그림자 아이에게 그가 충분히 가치 있으며, 특히 자기주장을 펼쳐도 되고 저항해도 된다는 점을 거듭 일깨워주세요. 자신의 권리와 소망, 욕구를 더 많이 주장하기 시작하면 다른 사람들과 관계를 맺을 때에도 훨씬 더 자유롭고 자신감이 넘친다는 사실을 깨달을 거예요.

친밀감과 점유에 대한 그림자 아이의 두려움

철저히 부모의 기대에 부응해야 하는 아이는 자신의 주장을 적절하게 펼칠 수 없습니다. 그 대신 부모의 기분과 희망에 되도록 제때 반응할 수 있게 안테나를 최대한 펼치고 귀를 기울이는 연습을 하지요. 부모가 엄격하거나 권위주의적으로 규범을 강요할 때가 아니라 자신이 바라는 대로 아이가 행동하지 않으면 실망했다는 신호를 보낼 때 아이는 특히 힘들어해요. 아이는 기대가 충족되지 않았다며 슬퍼하는 엄마와 거리를 둘 기회를 얻지 못해요. 슬퍼하는 엄마에게 미안해하며 그녀의 걱정에 대해 죄책감과 책임감을 느끼기 때문이에요. 그래서 아이는 엄마가 행복하고 만족스러워하도록 자발적으로 엄마가 원하는 대로 행동합니다. 반대로 엄마의 기대를 충족시키지 못한 아이가 분노를 표출한다면, 아이는 '멍청한 아줌마 같으니'라고 생각할 기회를 더 많이 가지며 그 덕분에 최소한 내면적 거리를 둘 수 있어요.

애착 불안에 시달리다가 심리 치료를 받기 위해 저를 찾아오는 사람이 많아요. 이들은 건강한 방식으로 자기주장을 펼치는 데 어려움을 겪고 파트너가 가까이 다가오면 쉽게 압박감을 느껴요. 그리고 어린 시절에 부모 가운데 한쪽, 특히 엄마가 독점욕이 굉장히 강했던 경우가 적지 않아요. 예를 들어 아이가 집에서 엄마 곁에 머물기보다는 친구와 놀고 싶어 하면 실망하는 식이에요.

서른아홉 살 토마스의 사례를 들어볼까요? 그의 엄마는 자신을 사랑해주지 않고 불륜을 저지른 남편 때문에 고통받고 종종 슬퍼했어요. 불쌍한 엄마를 간절히 위로하고 싶었던 어린 토마스는 점점 더 배우자 역할을 대신하게 되었지요. 엄마는 아들 곁에서 나쁜 남편에 대한 원망을 늘어놓으며 펑펑 울었어요. 어린 토마스는 자신이 엄마 곁에 머무르는 게 그녀에게 도움이 된다고 느꼈고요. 그래서 엄마를 행복하게 만들어주기 위해 오후에 친구와 노는 걸 포기했지요. 그는 건강한 방식으로 거리를 두며 엄마의 개인적인 문제에 대한 책임을 엄마에게 맡기는 법을 배우지 못했어요. 이를 통해 토마스는 "나는 너를 떠나면 안 돼", "나는 네 행복을 책임져야 해", "나는 항상 네 곁에 있어야 해", "나는 자유 의지를 가져서는 안 돼" 같은 신념을 발전시켰어요.

　이런 체계의 영향을 받은 그는 어른이 되어 파트너와 친밀한 관계를 맺을 때 한계에 부딪혔습니다. 여자 친구와 한 공간에 있으면 자기 자신을 잃어버린 듯한 기분에 사로잡혔어요. 혼자 있을 때에만 정말로 자유롭고 스스로 결정을 내릴 수 있다는 생각이 들었지요. 그래서 그는 여자 친구와 가까워졌다가도 얼마 지나지 않아 다시 멀어지곤 했어요. 여자 친구가 생길 때마다 스트레스를 받으니 토마스의 감정도 변했어요. 초반의 열정은 온데간데없이 사라지고 과연 이 여자가 옳은 선택일까 하며 깊은 회의에 빠졌지요. 그는 자주 일로 도망쳤고 때로는 바람을 피웠으며 결별을 선언한 뒤 '더 나은 사람'을 찾기도 했어요. 그러다 불현듯 '천생연분'을 끊임없이 찾아 헤맨 것이 예전 여자 친구들이 부족해서가 아니라 토마스 자신이 관계 맺기를 두려워하기 때문이라는 사실을 깨달았어요.

　심리 상담 치료에서 토마스는 엄마에 대한 투사를 해소했고, 다른 사람과 관계를 맺으면서도 개인으로서 자유를 느낄 수 있는 방법을 배웠습니다. 이를 위해 그는 자기주장을 펴고 개인적인 희망과 욕구를 관계에 통합하는 방법을 배워야 했고요. 토마스의 내면 아이는 관계란 그저 견디는 것일 뿐 적극적으로 함께 만들어나가는 것이 아니라는 생각을 내면화했어요. 자신이 여자 친구에게 좌지우지되지 않으며 관계에서 자신의 권리도 있다는 느낌을 받자 토마스는 여자 친구에게서 도망치지 않고 가까워진 거리를 즐길 수 있게 되었습니다.

특수한 경우: 중독으로의 도피

식사, 음주, 흡연, 마약 및 약물 복용은 보호, 안전, 긴장 완화, 보상을 갈망하는 그림자 아이를 위로해줍니다. 걱정과 문제를 회피하기 위해 쇼핑, 일, 게임, 섹스, 스포츠 중독에 빠지는 경우도 있어요. 중독은 무엇보다 쾌감과 관련이 있어요. 중독성 물질이나 행동은 이른바 '행복 호르몬'이라 불리는 신경 전달 물질 도파민을 분비시켜요. 중독에 굴복하는 순간 불쾌감은 사라지고 쾌감을 느끼지요. 물질이나 행동을 통해 직접 보상을 받을 수 있고, 그 물질을 얻지 못하거나 특정 행동을 할 수 없으면 금단 증상 형태로 불쾌감이 나타납니다. 쾌감과 불쾌감은 동기의 근간이며, 바로 그래서 중독에서 벗어나기 어려워요. 결국 우리는 삶에서 어떻게든 불쾌감은 피하고 쾌감은 얻으려 하니까요. 우리는 끊임없이 행복을 추구하기 때문에 중독에 잘 빠집니다. 장기적으로 부정적인 결과는 미래의 어딘가에 자리 잡고 있으므로 일단 잊어버리기 쉬워요. 아니면 중독자는 이미 지방간이나 만성 기관지염 같은 자기 행동의 결과로 고통받고 있음에도 불구하고, 중독 물질 없이 살아야 한다고 상상하기만 해도 불안하고 불쾌하며 심지어 신체적으로 고통스럽기까지 하기에 벗어날 수가 없어요.

알코올 중독처럼 물질 관련 중독은 뇌를 변화시켜 자유 의지에 매우 부정적인 영향을 미치므로 오늘날 대사 장애로 간주됩니다. 금단 증상이 너무 심하거나 갈망이 너무 강해서 인간의 의지가 산산이 부서지고 말아요.

하버드 의과대학 심리학자 진 M. 헤이먼Gene M. Heymann처럼 중독을 질병이 아니라 선택 장애disorder of choice로 보아야 한다고 주장하는 연구자들도 있습니다. 역학 연구에 따르면 마약 중독자의 절반 정도가 언젠가는 중독에서 벗어날 수 있다는 사실이 그럴 듯한 논거로 제시되지요. 조현병, 알츠하이머, 당뇨병 같은 대사 장애를 앓고 있는 사람은 이런 선택의 여지가 없거든요.

헤이먼은 눈 깜빡임처럼 자극에 의해 유발되는 비자발적 행동과 달리 중독이란 그 결과에 의해 통제되는 행동이라고 주장합니다. 눈을 깜빡이는 행동은 카메라 플래시 같은 자극에 의해 반사적으로 일어납니다. 반면 윙크를 하는 행동은 자발적이며 그 행동의 결과를 평가하는 뇌 구조에 의해 조종됩니다. 대부분의 중독자가 중독을 지속하는 비용이 너무 커지면 그만둔다는 사실도 이런 주장을 뒷받침해요. 반대로 중독 행위를 포기하는 손해가 중독에서 빠져나와 얻는 이득보다 더 커 보이면 중독에서 벗어나지 못해요. 이는 오래 유지될수록 대체 행동이 점점 매력을 잃는 중독의 음험한 현상이에요.

중독 상태에서는 일반적으로 내면 어른의 관점과 그림자 아이의 감정 사이에 큰 괴리가 생겨납니다. 내면 어른은 대부분 자신의 행동이 해롭고 그만둬야 한다는 사실을 정확히 알고 있어요. 그러나 그림자 아이는 반드시 즉시(!) 보상받기를 원하고 즉시(!) 기분 좋아지기를 원해요. 음식, 음주, 흡연처럼 구강을 통한 중독은 그림자 아이에게 엄청난 위로와 진정 효과가 있어요. 엄마 가슴의 젖과 관련된 무의식중에 깊이 자리 잡은 연상 작용으로, 구강을 통한 중독은 영양, 보살핌, 안전과 관련된 아이의 욕구를 특히 잘 채워주기 때문이지요. 그러나 위로와 기분 전환을 찾는 그림자 아이뿐 아니라 즐거움, 모험, 흥분을 원하는 태양 아이도 중독에 반응을 보입니다. 따라서 근심에서 벗어나고 문제를 회피하고자 하는 사람만이 아니라 단순히 스릴, 쾌감, 모험을 찾아다니는 사람 역시 중독에 빠질 수 있어요.

핵심은 내면 아이가 본질적으로 과잉을 추구한다는 겁니다. 아이는 항상 최고로 즐거울 수 있는 행동을 하고 싶어 해요. 문제는 습관과 뇌의 조절 작용 때문에 중독에 대한 통제력을 잃어버려 이 즐거움이 중독으로 이어질 수 있다는 거예요. 중독이 심각한 문제인 이유는 중독이 오래 지속될수록 중독자는 빠져나올 수 있다는 희망을 점점 더 잃어버리기 때문이에요. 언젠가는 그의 내면 어른조차 '난 못해!'라는 생각에 이르고 말거든요.

대부분의 경우, 그림자 아이가 단기적인 만족보다 장기적인 보상이 더 매력적이라고 느껴야 중독에서 빠져나올 수 있어요. 예를 들어 많은 마약 중독자가 새로운 직업이나 새로운 연인처럼 인생에서 긍정적인 변화가 일어날 때 중독에서 벗어나곤 합니다. 그래서 많은 금단 치료 프로그램이 단기적인 쾌감은 최소화하고 장기적인 목표는 매력적으로 만든다는 원칙에 바탕을 두고 있어요. 단지 공공시설에서 흡연을 금지한 것만으로 담배를 끊은 흡연자가 적지 않아요. 비가 내리거나 추운 날 바깥에 나가야 얻을 수 있는 흡연의 단기적인 쾌감이 현저하게 제한적이기 때문이에요. 제가 보기에 중독 탈출의 핵심은 행동을 바꿔놓는 동기 부여의 감정을 느끼는 거예요. 장기적인 두려움에 대한 결과를 피하기보다는 이를 허용하면서 중독에서 탈출했을 때 찾아오는 삶의 기쁨과 안도감을 예측해보는 겁니다.

격려: 대부분의 중독은 일단 익숙해지면 엄청난 즐거움을 선사합니다. 음주, 흡연, 음식 등은 엄청나게 많은 쾌감을 일으키지요. 게다가 사방에 유혹이 도사리고 있어요. 자기 의지로 끝없이 맞서기란 쉽지 않아요. 따지고 보면 당신은 그저 기분이 좋아지고 싶을 뿐이니까요.

조언: 그러나 문제는 대부분 중독의 대가가 비싸다는 거예요. 그래서 당신을 바닥으로 끌어내리는 죄책감에 사로잡히기도 해요. 당신은 중독이 선사하는 단기적인 행복감과 중독의 결과에 따른 불안감 사이에서 깊은 딜레마에 빠졌습니다. 일단 스스로와 자신의 중독을 이해해야 해요. 중독에 빠진 상태를 자각하는 것만으로 충분하며, 자책하며 괴로워할 필요는 없어요. 당신의 그림자 아이는 곤궁에 빠졌고 당신의 애정 어린 관심이 필요합니다.

나르시시즘

전형적인 신념: 나는 가치가 없어! 나는 아무것도 아니야! 나는 정말 형편없어! 나는 실패자야! 나는 감정을 가져서는 안 돼! 나는

혼자 해내야 해! 나는 만족할 수 없어!

그리스 신화에 따르면 아름다운 청년 나르키소스는 고요한 연못에 비친 자신의 얼굴을 보고 스스로와 사랑에 빠졌다고 합니다. 그는 여생 동안 결코 채울 수 없는 지나친 자기애로 고통받았지요. 여기서 유래된 나르시시스트는 자아도취적 태도로 자신을 너무나 대단하고 중요한 사람으로 여기는 사람을 가리켜요. 그러나 실제로 스스로 얼마나 대단하고 무결한 사람인지 과시하는 행동은 자신의 상처받은 그림자 아이를 최대한 느끼지 않기 위해 무의식중에 발달된 보호 전략일 뿐이랍니다.

나르시시스트는 스스로 가치 없고 한심하다고 느끼는 그림자 아이를 잊기 위해 이상적인 두 번째 자아를 만들어내는 법을 일찌감치 배웠어요. 이 이상적인 자아는 나르시시스트가 자신이 평균적인 사람보다 뛰어나다고 느끼기 위해 온갖 노력을 다해 구성한 결과물입니다. 나르시시스트는 자신의 그림자 아이가 전혀 그렇지 않기 때문에 더욱 특별한 존재가 되려고 엄청나게 애써요. 그림자 아이가 꼼짝하지 못하게 하기 위해 특별한 업무 능력, 권력, 아름다움, 성공을 바탕으로 인정받으려 노력합니다. 따라서 나르시시즘은 보호 전략들이 하나로 뭉친 결과라고 볼 수도 있어요.

여기에는 유감스럽게도 다른 사람을 깎아내리는 행동도 포함됩니다. 나르시시스트는 남의 약점을 매우 예민하게 감지하며 서슴지 않고 모욕적인 언사로 비판해요. 이들은 사실 자신의 약점을 견디지 못해서 주변 사람들의 약점도 참지 못하는 거예요. 타인의 약점에 집중함으로써 자신의 약점을 못 보게 하는 것이 이들의 전략이지요. 이들은 비판을 통해 주변 사람들에게 정작 자신은 느끼고 싶지 않은 감정, 즉 깊은 불안감과 열등감 같은 것을 불러일으켜요. 나르시시스트에게서는 피해자와 가해자의 전도가 특히 적나라하게 나타난다고 볼 수 있지요.

어떤 나르시시스트는 자신의 가치를 높이기 위해 완전히 반대되는 전략을 선택하기도 합니다. 가까운 사람들을 미화하는 거예요. 이들은 자신의 파트너가 얼마나 멋진지, 자녀들이 얼마나 대단한지, 친구들이 얼마나 중요한 일을 하고 있는지 엄청나게 자랑합니다. 대부분은 미화와 비난 행위를 둘 다 해요. 새로 알게 된 사람이나 연인을 처음에는 미화했다가 깎아내리고 관계를 끊어버리는 경우도 적지 않아요.

미화하는 쪽이든 비난하는 쪽이든 나르시시스트는 자신의 능력, 재산, 사업 자랑을 즐겨요. 이때 이들이 반드시 엄청나게 큰 소리로 요란을 떠는 건 아니에요. 조용한 나르시시스트는 차분한 목소리로 우월함과 독보성을 과시하곤 하는데, 그런 사람들 중에는 지식인이 적지 않아요.

하지만 나르시시스트에게도 사랑스러운 면이 있어요. 이들은 대단히 매력적이고 사랑스럽고 재미있는 사람일 수 있습니다. 일부는 카리스마 넘치는 성격이에요. 성공하고야 말겠다는 열망이 강해서 좋은 경력을 쌓고 높은 명성을 누리는 경우가 많아요. 특별한 사람이 되려는 이들의 노력이 종종 결실을 맺는 거지요.

바로 이 점이 다른 나르시시스트뿐 아니라 의존적인 사람까지

매료시켜요. 적극적인 나르시시스트 두 사람이 연인이 되면 열정적으로 사랑했다가 서로 상처 줬다가를 반복하며 감정의 롤러코스터를 탑니다. 반대로 나르시시스트의 파트너가 의존적인 성향이면 그는 나르시시스트의 언어 공격을 별다른 저항 없이 그대로 받아들이며 상대의 기대를 충족시키려고 부단히 노력합니다. 이런 노력은 실패할 수밖에 없는데, 파트너가 얼마나 '사랑스럽게' 행동하는지와 관계없이 그 행동은 나르시시스트의 인지 왜곡에 아무런 영향을 미치지 못해요. 이 인지 왜곡은 자신의 약점은 전반적으로 무시하고, 파트너의 사소하고 반드시 그렇지 않을 수도 있는 약점을 확대하여 인지하는 행위가 결합된 결과예요. 나르시시스트가 이런 인지 상태에 빠지면 시야가 좁아집니다. 예를 들어 여자 친구의 얼굴에서 장점은 보지 못하고 약간 길쭉한 코만 보는 거지요. 자신의 가치를 높여줘야 할 여자 친구의 이런 약점들이 나르시시스트를 한없이 화나게 합니다. 그녀는 그와 마찬가지로 완벽한 존재여야 하니까요.

약점만 확대해서 보는 나르시시스트에게 대항할 수 있는 파트너는 없습니다. 의존적인 파트너는 오히려 자신이 더 잘났거나 더 아름다웠다면 나르시시스트가 행복했을 거라고 생각하기까지 해요. 이는 그림자 아이의 전형적인 궤변으로, 현저히 나르시시즘적인 파트너와의 관계에서만 이런 현상이 나타나는 건 아니에요. 많은 사람이 비판을 받으면 그 내용이 부당하거나 사실과 동떨어진 것이어도 일단 의기소침해지는 경향이 있어요. 이들은 내면의 각인 때문에 언제나 근본적으로 자신에게 책임이 있고 스스로 부족하다고 생각해요. 자신의 파트너가 나르시시스트이며 그가 자신을 매번 깎아내리는 것이 본인 잘못이 아니라는 걸 내면 어른이 이미 오래전부터 알고 있어도 마찬가지예요. 그림자 아이는 이를 깨닫지 못하고 나르시시스트의 비판으로 더욱 강화된 열등감에 사로잡혀 있고요. 이를 치유하기 위해 그림자 아이는 기어코 나르시시스트의 인정을 받으려 하고 마음에 들기 위해 더 많은 노력을 기울입니다. 그래도 나르시시스트는 변하지 않아요. 그래서 의존적인 사람은 아무런 성과도 얻지 못한 채 무력감만 느끼고 의존성이 더욱 강화됩니다. 악순환의 반복이지요.

지나친 성취욕과 권력욕 때문에 나르시시스트는 동료와 상사에게 인기가 없어요. 나르시시스트와의 관계가 더욱 힘든 건 이들이 쉽사리 모욕감을 느끼기 때문이에요. 언뜻 생각하면 나르시시스트가 어떻게 그리 쉽게 모욕감을 느끼는지 이해하기 어려워요. 겉으로는 자신감 있게 행동하기에 예민한 사람이라는 인상을 주지 않거든요. 하지만 이들 내면에 있는 극도로 불안해하고 잘 상처받는 그림자 아이는 모욕받았다고 느끼면 슬퍼하며 뒤로 물러서는 게 아니라 어마어마한 분노에 휩싸입니다. 분노와 원한은 나르시시스트의 주요 감정이에요. 그러나 자신의 성공 전략이 실패하고 개인적인 패배를 겪으면 아주 우울해하기도 해요. 이때 그림자 아이는 자신이 부족하고 나쁘다는 감정을 내면에 가득 채운 채, 아주 깊은 절망에 빠지고 맙니다. 그림자 아이를 보호하기 위해 내면 어른은 오랜 전략을 활용해 다시 성공하려고 노력해요. 하지만 때로는 고통으로 인한 압박감이 너무 커서 스스로 목숨을 끊거나 정신 치료를 받는 경우도 있습니다. 정신 치료가 잘 진행되면 내면 어른은 그림자 아이를 받아들이고 위로하는 방법을 배우게 돼요. 그림자 아이가 스스로를 이해하고 특별한 뭔가를 해내지 않아도 충분히 가치 있는 존재라고 느끼도록 말이지요.

나르시시즘은 우리 모두가 사용하는 자기 보호 전략입니다. 어느 지점부터 이 사람은 '나르시시스트'라고 하는지는 정도 차이에 달렸어요. 우리 모두 사소한 정도의 나르시시즘적 보호 전략을 씁니다. 즉 되도록 남들에게 잘 보이고 싶어 하고, 이를 위해 때로는 남들을 조금 깎아내리기도 해요. 자랑하는 것도 좋아하지요. 잘나가고 싶다는 생각에서 자유로울 수 있는 사람은 아무도 없어요. 때로 우리의 시선은 타인의 약점에만 맞춰져 있고, 파트너가 우리를 '창피하게' 하면 부끄러워하기도 합니다. 우리는 되도록 그림자 아이를 느끼지 않으려 하고 약점을 감추기 위해 노력합니다. 그래서 거절과 비난을 당할 때면 불쾌하다는 반응을 보이기도 해요.

격려: 당신은 좋은 성과를 내고 멋지게 보이기 위해 정말 엄청나게 노력합니다. 여기에는 대단히 많은 힘과 투자가 필요해요. 아마도 당신은 자랑스러워할 만한 성과를 많이 냈을 거예요.

조언: 당신의 보호 전략은 너무나 많은 에너지를 필요로 하고, 다른 사람들과 문제를 일으키기도 합니다. 특별한 존재가 되려는 모든 노력이 그림자 아이를 치유하지는 못한다는 사실을 깨달아야 해요. 결국 당신이 그림자 아이를 받아들여야 치유가 가능합니다.

자칭 약점에 맞서 싸우기를 그만두고 당신도 다른 사람들과 마찬가지로 그저 평범한 인간에 지나지 않는다는 걸 받아들이세요. 그래야 긴장을 풀 수 있어요. 어쩌면 당신 인생에서 처음으로요.

위장, 역할 놀이, 거짓말

전형적인 신념: 나는 나 자신이어서는 안 돼! 나는 순응해야 해! 나는 나빠! 나는 부족해! 그 누구도 나를 사랑하지 않아! 나는 가치가 없어!

누구나 어느 정도는 사회 규범과 규칙을 준수하고 그에 적응하려 노력합니다. 매일 사람들과 지내다 보면 일일이 따져보지 않아도 따르는 사회 의례가 많지요. 우리는 언제 어디서나 누구에게나 자신을 완전히 솔직하게 있는 그대로 터놓을 수 없고, 또한 그러고 싶어 하지도 않아요. 자기 보호로서 어느 정도의 자제와 '위장'은 건강하고 자연스러우며 사회적으로 수용 가능한 것입니다.

그런데 완전히 역할 놀이를 하면서 가면 뒤에 자신을 감추고 살아가는 사람도 꽤 많아요. 특히 자신의 감정과 그림자 아이에게 잘 접촉하지 못하는 사람은 인간관계에서 스스로를 '베일에 싸인' 존재로 인지합니다. 이런 문제를 가진 내담자는 아침에 출근할 때면 '양복 입은 남자가 회사에 가는구나'라는 생각을 한다고 털어놓더군요. 그는 감정을 거의 느끼지 못했고 스스로를 "인간을 연기하는 사람"이라 부르기도 했어요. 그의 그림자 아이는 순응하고 다른 사람들의 기대를 충족시키는 데 극도로 집중했습니다. 이런 유형에 해당하는 사람은 종종 자신이 인간관계에서 '그저 작동'할 뿐이라고 말하기도 해요. 그들은 행동 대본을 짜고 역할을 연기하고 그 가면 뒤에 숨어요. 이들은 솔직해지는 걸 어려워해요. 거부당하고 주변 사람들에게 공격받으리라는 두려움이 너무나 크기 때문입니다. 그런데 겉으로는 전혀 불안해 보이지 않아요.

이보다 자기 자신과 스스로의 감정에 더욱 잘 접촉하는 사람도 다른 사람들과 함께 있을 때에는 특정 역할을 소화해야 한다고 생각하는 경우가 자주 있어요. 이들은 자기 욕구를 감추고 다른 사람이 바라는 대로 맞춰줍니다. 기분이 안 좋으면 집 밖으로 나가지 않으려 하는 사람도 있어요. 그런 날 특히 취약하다고 느끼는 거예요. 이들은 세상에 강하고 밝은 모습만 보여주고 싶어 해요. 그래서 이 보호 전략은 조화에 대한 추구, 완벽에 대한 추구와 겹치는 부분이 많답니다.

자신을 위장하기 위한 외피를 걸쳐야 집 밖으로 나갈 수 있는 사람도 이렇게 하는 게 부담스럽고 힘들다고 여겨요. 그러나 본 모습을 더 많이 드러내면 거절당할지도 모른다는 두려움이 외피 아래에서 숨 쉬기 어려운 괴로움보다 훨씬 큰 거지요. 이들의 그림자 아이는 스스로를 위장하고 순응하는 훈련이 되어 있어요. 배우자 앞에서조차 있는 그대로 자신의 모습을 보여주기를 어려워하는 사람들이 적지 않아요. 이들은 자신의 일부를 감춰야 한다고 생각해요. 파트너에게도 되도록 '떳떳한 나'의 모습만 선보이려 합니다.

이들은 자신을 드러내고 스스로의 소망과 욕구를 표현하면 관계에 큰 부담을 준다고 믿어요. 하지만 사실은 정반대랍니다. 진정성은 관계를 흥미진진하고 생기 있게 만들어줘요.

반면 역할 놀이로 경직된 관계도 많은데, 당사자가 갈등 회피 성향이라서 그럴 확률이 높아요. 이들은 순응해야 한다는 압박을 너무 크게 받아서 욕구를 표현하지 않아요. 장기적으로 관계에서 언제나 뒷전이라는 생각에 좌절감을 느끼지만 이조차 갈등이 두려워서 마음속에 담고만 있어요. 이렇게 당사자의 내면에 차가운 분노가 점점 더 쌓이고, 결국 파트너에 대한 감정까지 식어버립니다. 관계는 경직되고 지루해집니다. 어느 순간 두 사람 사이에 더 이상 불꽃이 튀지 않고 당사자는 이별을 고합니다. 그 전까진 부정적인 말을 거의 한 적이 없으면서 말이에요.

강하게 순응하고 역할에 따라 행동하는 사람은 동시에 솔직할 수가 없어요. 그러려면 자기 보호를 포기하고 자신의 소망과 의견을 피력해야 하니까요. 적극적으로 거짓말을 하는 건 아니지만 상대방 입장에서는 이들의 솔직한 마음이 뭔지 알기 어려워요. 상대방에게 아무런 이유를 설명해주지 않고 친구나 연인 관계를 끊어버리는 건 공정하다고 할 수 없지요. 사랑이나 우정이 유지되는 동안 거의 불평한 적이 없으면서 관계가 끝날 때가 돼서야 상대방에게 소위 '정산서'를 제시하는 것도 마찬가지로 공정하지 않아요. 이런 맥락에서 저는 많은 사람이 열정적으로 자신이 정직하고 솔직한 사람이라 말하면서, 동시에 자신의 배우자나 좋은 친구에게 말한마디 솔직하게 하지 못하는 것에 자주 놀라곤 합니다.

격려: 당신은 사랑받고 인정받기 위해 최선을 다합니다. 좋은 면만 보여주려고 엄청나게 노력하지요. 적응력과 자제력도 아주 뛰어나고요.

조언: 당신의 그림자 아이는 상당히 의기소침한 상태예요. 아이는 사랑받으려면 어떻게든 달라져야 한다고 생각해요. 아이에게 아무 의미 없는 행동이라고 말해주세요. 당신의 내면 어른은 아이를 특별히 다정하게, 매우 자비롭게 대해야 합니다. 그래야 아이가 자기 자신에게 솔직할 수 있어요. 자신에 대해, 자신의 의견에 대해, 자신의 소망에 대해 피력하는 사소한 상황을 가정하고 연습해 보세요. 그것이 다른 사람들에게 얼마나 좋은 반응을 불러일으키는지 알고 나면 놀랄 거예요.

지금까지 가장 중요한 보호 전략들을 살펴보았습니다. 앞서 언급했듯이 여기에 언급되지 않았을지도 모르는 당신의 개인적인 보호 전략이 뭔지 깨닫는 게 매우 중요해요. 이 보호 전략이 우리 문제의 근본 원인이라는 점도 확실해졌을 거예요. 이와 관련된 연습은 다음과 같습니다.

연습 ☞ 개인적인 보호 전략 찾기

자기 보호 전략은 삶의 영역에 따라 달라질 수 있어요. 예를 들어 직장에서는 모든 요구를 가능한 한 완벽하게 충족하여 비판으로

부터 자신을 보호하는 반면, 연인이나 부부 관계에서는 종종 먼저 시비를 걸고 '이런저런 짜증'을 낼 수도 있어요. 그러나 대부분은 모든 어려운 상황에서 기본적으로 사용하는 전형적인 보호 전략을 가지고 있습니다. 따라서 완벽을 추구하는 사람은 보통 삶의 모든 영역에서 되도록 완벽을 기하는 경향이 있어요. 반면 대부분의 문제에 후퇴와 회피라는 전략으로 반응하는 사람도 있지요. 그러므로 우리는 자신의 보호 전략과 다른 사람의 보호 전략을 일종의 성격 특성으로 받아들여요. 누군가가 후퇴와 역할 놀이로 자신을 보호한다면 그 사람 성격이 폐쇄적이라고 말하지요. 나르시시즘적 보호 전략도 당사자의 성격과 밀접하게 관련되어 있다고 생각하고요.

대부분의 사람은 자기 보호 전략을 드러내는 한두 가지 신념을 갖고 있어요. 예를 들어 "나는 항상 착하고 얌전해야 해!" 또는 "나는 실수해서는 안 돼!" 같은 신념이에요.

가장 중요한 보호 전략을 빠르게 인식하려면 지난주에 있었던 불쾌했거나 문제가 있다고 생각했던 상황 두세 가지를 떠올려보면 됩니다. 직장에서의 갈등, 배우자가 당신을 짜증 나게 하거나 화나게 하거나 방해했던 일 말이에요. 이 사소한 기억 연습을 통해 어떤 상황이 어떤 면에서 당신에게 전형적으로 벌어지는지, 어떤 어려움을 일으키는지 빠르게 알아차릴 수 있어요. 상황에 따른 보호 전략을 확실히 알아볼 수 있는 거지요. 당신은 공격하나요? 뒤로 물러서나요? 아니면 순응하나요?

그림자 아이 그림 발밑에 개인적인 보호 전략들을 기록해보세요. 보호 전략을 완전한 문장으로, 최대한 구체적으로 써보세요. 예를 들어 단지 "후퇴"라고만 쓰지 말고 "나는 갈등을 피한다" 또는 "나는 머뭇거리며 내 의견을 감춘다" 또는 "나는 인터넷으로 도피한다"라고 쓰는 거예요. 왜냐하면 보호 전략들은 대부분 구체적인 행동 방식으로 묘사할 수 있거든요. 이것들은 우리 행동의 일부분이에요. 그러니 "나는 자동차 세차장에 간다" 또는 "나는 쇼핑한다" 또는 "나는 이야기를 꾸며내거나 거짓말을 한다" 같은 지극히 개인적인 보호 전략을 작성해보세요.

보호 전략들을 그림자 아이 그림에 적고 나면 이제 이것이 당신에게 계속 문제를 일으키는 정신 체계의 영역임을 알 수 있습니다. 이것이 바로 당신의 그림자 아이예요.

그림자 아이는 항상 내 곁에 있다

삶에서 겪는 모든 문제 가운데 자신과 직접 관련된 것을 살펴보면 그림자 아이에게서 비롯되었음을 알 수 있어요. 사실 이게 전부예요. 주제는 항상 똑같고 끊임없이 변형될 뿐이지요. 그러나 대부분 이걸 못 믿어요. 겉으로 볼 때 너무 다양하고 복잡한 문제들 이면에 단순한 신념을 가진 그림자 아이가 숨어 있다는 사실을 믿기란 쉽지 않겠지요. 제가 만난 내담자들도 마찬가지이고요.

스물일곱 살 빌리는 열 번째 상담에서 지난주에 가장 친한 친구와 있었던 문제를 털어놓았습니다. 그 모든 내용이 이미 그녀의 그림자 아이 그림에 들어 있다고 하자 빌리는 깜짝 놀라더군요. 우리는 다시 한번 빌리의 신념과 보호 전략을 면밀하게 살펴보았고, 그러자 그녀는 눈에 씌었던 뭔가가 떨어져 나간 듯 모두 같은 주제의 변형에 지나지 않는다는 사실을 (다시 한번!) 깨달았어요. 빌리는 특히 "나는 부족해"라는 신념을 보이는 그림자 아이의 열등감 때문에 사소한 비판에도 상처받고 후퇴하는 식으로 반응한 거예요.

자신의 그림자 아이를 알아차렸어도 일상에서는 잊어버리고 사는 경우가 흔하답니다. 그러면 자신이 그림자 아이를 통해 세상을 인식하며 해묵은 패턴대로 행동하고 있음을 깨닫지 못한 거나 마찬가지예요. 즉 자신을 잃어버리고 본인의 투사에 빠진 채 사는 거지요.

내 현실을 구성하는 건 나의 몫

어린 시절의 체계에서 빠져나오고 싶다면, 즉 더 행복해지고 싶다면, 그림자 아이와 그의 신념을 토대로 당신의 현실을 스스로 구성했다는 사실을 인정해야 해요. 다시 말해 순전히 운명적으로 일어난 것들을 제외하고 당신의 문제들은 자신과 주변 환경을 지극히 주관적으로 인지한 결과입니다. 이제 자신의 인식, 생각, 감정을 스스로 자유롭게 형성할 수 있다는 사실만 이해하면 돼요. 아마도 이 말을 믿기 어렵겠지요. 하지만 우리는 너무나 강력하고 피할 수 없는 감정을 종종 경험해요. 어린 시절부터 오로지 하나의, 즉 우리가 아는 현실만 존재한다는 생각에 익숙해져 있어요. 그래서 부정적인 신념이 감정에 얼마나 큰 영향을 미치는지, 보호 전략이 일상에 얼마나 광범위하게 스며들어 있는지 의식적으로 깨닫는 것이 중요합니다.

이 어린 시절의 체계가 이토록 깊이 영향을 끼치고 주관적 안경처럼 작용하는 이유는 우리 뇌가 조건화를 통해 학습하기 때문이에요. 하나의 생각을 더 많이 할수록, 하나의 행동을 자주 실행할수록, 하나의 감정을 자주 느낄수록 이는 실제처럼 느껴지고 우리 뇌와 의식 안에서 신경 세포의 자극-반응 연결로 더 깊이 각인됩니다. 어떤 생각, 감정, 행동이 습관적으로 반복되면 우리 뇌의 신경 회로는 점차 더 넓은 데이터 고속 도로로 발전하는데, 다른 생각, 감정, 행동은 기껏해야 좁은 산책로에 그칠 뿐이에요.

다시 한번 말하지만, 현실을 구성하는 건 바로 당신 자신이며 이 과정은 스스로 알아챌 때까지 자동적이고 무의식적으로 진행됩니다. 당신이 이 사실을 알아차리면 본인의 현실과 이와 관련된 생각, 감정, 행동을 바꿀 수 있어요. 이는 최신 뇌 과학 연구를 통해 밝혀진 사실이며 신비주의 교리와는 아무 상관이 없어요. 지금부터 이 변화를 일으키는 방법, 자신의 현실을 건설적이고 적절하게 형성하는 방법을 다룰 거예요. 그런데 당신의 태양 아이와 그의 보물 전략을 집중적으로 살펴보기 전에, 먼저 당신의 불쌍하고 상처받은 그림자 아이를 받아들이고 위로하며 치유까지 해주려 합니다.

3장

그림자 아이를
치유하고
태양 아이를
발견하는 법

연습하면 내면의 그림자 아이를
의식할 수 있어요

우리는 살면서 잘못된 결정을 내리거나 실수를 하지 않을까 걱정하곤 합니다. 우리는 올바른 존재가 되기 위해, 올바르게 행동하기 위해 부단히 노력해요. 실수를 하면 스스로를 용서하기 어려워하고요.

그런데 잘못된 결정 그 자체만 한탄하는 게 아니라 자기 자신이 잘못됐다고 생각하는 사람들이 많아요. 그들은 잠재의식에서 자신이 부족하고 어떻게든 달라져야 한다고 느껴요. 이런 감정은 그림자 아이와 그의 부정적 신념에서 비롯합니다. 이 아이는 얼마나 불쌍한가요. 그림자로 존재하며 근근이 살아가는 것조차 잘못되었다고 생각하니 말이에요. 그림자 아이는 커다란 존재, 즉 내면 어른에게 이해받지 못하고 쫓겨났다고 느껴요. 오래전에 엄마와 아빠(그리고/또는 다른 아이들)에게 제대로 이해받지 못했다고 느껐을 때처럼요. 남들에게 받아들여지지 못했다고 느낄수록 그림자 아이는 더 힘들어져요. 이때가 바로 그림자 아이에게 당신의 위로와 이해가 절실한 시간입니다.

지금부터는 그림자 아이를 치유하거나 최소한 위로해줄 수 있는 몇 가지 실용적인 연습을 소개할게요. 특히 이 모든 불쾌한 문장들과 감정들은 단지 어린 시절의 각인에서 비롯된 결과일 뿐 진실이 아니라는 사실을 내면 어른과 함께 거듭 깨닫는 과정이 중요해요. 지금 당장은 믿기지 않을지도 몰라요. 그래서 저는 당신이 이 책을 읽어나가며 동의할 수 있도록 최선을 다할 거예요.

우리는 그림자 아이와 그의 보호 전략 때문에 자기 자신뿐 아니라 때로는 다른 사람들까지도 상처 준다는 사실을 이해했어요. 자기 자신을 더 잘 다스리고 조절하려면 그림자 아이를 어른 자아로부터 분리하는 것이 매우 중요해요. 이를 위해 그림자 아이의 영향을 받아 느끼고 행동할 때마다 알아차리는 것이 필요합니다. 그래야 그림자 아이 모드에서 벗어나 어른 자아로 전환할 수 있기 때문이에요. 다음 연습들은 온전히 우리의 인식, 생각, 감정을 조절하는 데 초점이 맞춰져 있습니다. 자기 관리라고 할 수도 있겠네요.

이때 변화 과정을 스스로 책임지는 것, 즉 연습에 동참하고 일상에서도 실천해보는 것이 중요합니다. 연습을 자주 할수록 새로운 체계와 좋은 감정이 뇌에 더 많이 새겨질 거예요. 새로운 춤을 배우는 과정과 비슷해요. 처음에는 엄청나게 집중해야 해서 꽤 힘듭니다. 그러나 시간이 지날수록 동작이 몸에 익어서 결국 완전히 저절로 움직이게 되지요.

연습 ☞ 내면의 조력자 찾기

한 세미나에서 어떤 참가자가 뭔가를 계속 혼자 해내야 하는 상황이 너무 힘들다고 말했습니다. 여러 가지 힘든 상황에서 누군가가 곁에 있어주면 좋겠다고 하더군요. 그러자 제 좋은 친구이자 함께 일하는 트레이너인 카린은 그에게 그 상황을 혼자 극복할 필요가 전혀 없다고 답했어요. 그러고 나서 카메룬에서 태어나 어렸을 때 부모와 함께 독일로 이민 온 친구 라미 이야기를 들려주었어요. 현재 그녀는 성공한 사업가예요. 그녀는 독일 및 세계 각국의 기업 파트너들과 중요한 협상을 할 때 혼자가 아니에요. 가장인 할머니, 부족 원로인 할아버지, 고향 마을 주술사인 삼촌 등 다양한 가족 구성원이 든든하게 뒤를 받쳐주고 있으니까요. 이런 상상은 그녀가 자신감을 가지고 협상하는 데 필요한 힘을 줍니다.

저는 이 자기 강화법이 마법 같으면서도 확실히 효과가 있다고 생각해서 당신에게도 이 방법을 꼭 알려주고 싶어요. 그러니 당신도 어려운 상황에 빠졌을 때 곁을 지켜줄 내면의 조력자와 지지자를 찾아보세요. 한 사람이어도 좋고 라미처럼 여러 명으로 이루어진 하나의 팀일 수도 있어요. 이미 세상을 떠났지만 실제로 존재했던 사람을 상상해도 좋고, 동화 속 요정이나 슈퍼맨 같은 환상의 존재에게 도움을 청해도 좋아요. 그들의 능력이나 당신의 필요에 따라 상황마다 다른 조력자를 찾을 수도 있겠지요.

언제든 도움이 필요할 때마다 그들이 당신 곁에서 함께한다고 상상해보세요. 이는 당연히 이어지는 다른 연습들에도 적용됩니다.

연습 ☞ 어른 자아 강화하기

그림자 아이를 치유하려면 강인하고 의지가 되는 내면 어른이 필요합니다. 내면 어른이야말로 부정적 신념이 단지 어린 시절의 각인에서 비롯된 결과물이라는 사실을 이해할 수 있기 때문입니다. 합리적 이성은 논리적인 근거를 바탕으로 생각하는 능력이 있어요. 근거는 우리에게 힘을 실어주고 확신을 심어주는 지지대와도 같아요. 여기서는 일단 그림자 아이와 어른 자아 사이에 약간 거리를 두기 위해 유념해야 하는 몇 가지 근거와 사실을 소개할게요.

*   어떤 아이도 나쁘게 태어나지 않습니다. 아이는 나쁜 존재일 수 없습니다.
*   아이가 짜증 나고 힘들게 할 수 있지만, 이로 인해 아이의 본래 가치가 바뀌진 않습니다. 부모가 되기 전에 양육 스트레스를 견뎌낼 자신이 있는지 미리 고민해보는 건 온전히 부모 책임입니다.
*   아이는 성가신 존재일 수밖에 없습니다. 아무런 힘이 없고 중요한 욕구를 채우려면 어떻게 해서든 어른의 도움을 받아야 하니까요. 따라서 아이의 체계는 다음과 같습니다. 살아남을 것! 자랄 것! 모든 것을 배울 것!
*   부모가 양육하면서 한계를 느낀다면 도움을 청해야 합니다. 아이는 아무런 죄가 없습니다.
*   아이는 정서적, 신체적 욕구를 채울 권리가 있습니다. 이에 대

한 책임은 부모에게 있습니다.

* 아이는 매 순간 모든 감정과 욕구를 발산해서는 안 된다는 사실을 배워야 하지만, 그럼에도 불구하고 감정과 욕구는 근본적으로 정상이고 옳습니다.

* 아이의 감정과 욕구를 이해하는 것은 부모의 과제입니다. 반대로 부모의 감정과 욕구를 이해하고 채워주는 것은 아이의 책임이 아닙니다.

* 아이를 사랑하고 아이가 이 세상에서 환영받는 존재라고 느끼게 하는 것은 부모의 과제입니다. 부모에게 사랑받기 위해 행동하는 것은 아이의 책임이 아닙니다.

* 아이가 하면 스트레스라고 생각하는 많은 것(다양한 관심사, 자기주장 등)을 어른이 하면 전적으로 바람직하고 중요하다고 여깁니다. 이런 특성을 어느 정도 참아주고 좋은 방향으로 이끌어주는 것도 부모의 과제입니다. 이를 그저 묵살하는 부모는 스스로 부족하다는 걸 대놓고 인정하는 셈입니다.

당신은 개인사와 신념에 따라 자신의 상황에 맞는 생각을 자유롭게 할 수 있어요. 그러니 논증하는 연습을 해보세요. 논리적인 근거들은 내면 어른을 강화하고 지지하는 힘이 되어줄 수 있어요.

꿀팁: 스스로에 대해 생각하거나 이야기할 때, 언제나 문제로부터 약간 거리를 두는 편이 좋아요. '나는 거절당하거나 버림받거나 비웃음당할까 봐 두려워'라고 생각하는 대신 '내 안의 그림자 아이

가 …을 두려워하는구나'라고 생각하는 거지요. 저는 이 방법을 내 담자들과 종종 연습하는데, 자기 자신과 문제 사이에 어느 정도 거리를 두는 데 정말로 도움이 됩니다. 이런 표현 방식이 당신을 그림자 아이와 완전히 동일시하지 않도록 해준답니다.

연습 ☞ 그림자 아이 받아들이기

자기 자신과 더 많이 맞서 싸울수록 스트레스와 부담이 더 커진다는 건 심리 법칙입니다. 많은 사람이 스스로와 끝없이 다투며 살아갑니다. 고달프고 헛된 일이지요.

자기 수용은 긴장 완화와 유익한 발전을 위한 전제 조건입니다. 오해를 미연에 방지하기 위해 설명하자면, 자신을 받아들인다는 건 모든 점을 좋게만 보아야 한다는 뜻이 아닙니다. 자기 수용이란 있는 그대로의 나를 받아들인다는 뜻입니다. 자기 증오나 자기 기만과는 정반대이지요. 자기 수용이란 긍정적이든 부정적이든 감정을 자신에게 속한 것으로 받아들인다는 의미예요. 그런 감정이 들어도 괜찮다고 허용해주는 거지요. 또한 강점은 물론이고 한계까지 인정한다는 말이기도 합니다. 우선 스스로 한계를 인정해야 그것을 받아들일 수 있고 원한다면 계속 강점을 발전시키거나 한계를 보완해나갈 수 있어요. 결국 자기 수용은 정체된 상태가 아닙니다.

지금부터 눈을 감고 당신의 그림자 아이와 내적으로 연결해보세요. 부정적 신념들을 속으로 말하면서 내면을 느껴보세요. 과거나 현재에 그림자 아이가 왕성하게 활동했던 상황을 떠올리면 그림자 아이를 더 쉽게 불러낼 수 있을 거예요. 아마도 어린 시절 창피했거나 오해를 받았거나 외로웠거나 부당한 취급을 받았던 상황일 수 있어요. 어른이 되고 나서 그림자 아이가 끔찍하게 느껴졌던 상황일 수도 있고요. 느껴지는 것을 그대로 받아들이세요. 오래전부터 익숙했던 두려움, 불안, 슬픔, 압박감, 분노 같은 감정이 나타날 수 있어요. 그 감정에 접촉하고 나서 뱃속까지 깊이 숨을 들이마시고 내쉬세요. 그러면서 스스로에게 이렇게 말해주세요. 그래, 그렇구나, 네가 내 그림자 아이구나. 그렇구나, 내 사랑하는 그림자 아이야. 넌 이제 그냥 그렇게 있어도 돼. 난 널 환영해.

그림자 아이를 더 많이 받아들일수록 점점 더 평온해진다는 사실을 알아차릴 거예요. 그림자 아이는 주목받고 받아들여지고 이해받았다고 느낍니다.

연습 ☞ 어른의 입장에서 그림자 아이 위로하기

다음 연습에서는 한 걸음 더 나아가봅시다. 여기서는 그림자 아이가 자신의 부정적 신념과 부정적 감정이 그저 잘못된 체계의 결과에 지나지 않는다는 사실을 이해할 수 있도록 어른 자아가 도와줘야 합니다.

이 연습에서 내면 어른은 그림자 아이에게 매우 자비로운 부모 같은 태도를 취합니다. 어린 시절 사진 한 장을 앞에 놓아두면 도움이 될 거예요. 그림자 아이를 다정하게 대하기가 어렵다면 자그마한 아이가 슬퍼하고 겁에 질려 있다고 상상해보세요. 아마도 아이는 다른 아이들이 자신과 함께 놀아주지 않아 기분이 나빠졌을지도 몰라요. 그 아이를 어떻게 위로해줄 건가요? 그렇게 징징대지 좀 마, 이 겁쟁이야!라고 말할 건가요? 아니면 용기를 북돋아준 뒤 손을 잡고 다른 아이들에게 함께 가줄 건가요? 아마도 후자이겠지요. 이런 자비롭고 상냥한 태도를 그림자 아이를 마주할 때에도 적용해보는 겁니다. 그러니 스스로를 다정하게 대하는 연습을 해보세요. 자비는 모든 인간관계에서 핵심 요소일 뿐 아니라 당신과 그림자 아이가 화해하는 데에도 매우 중요합니다.

이런 자비로운 내면의 태도로 그림자 아이에게 아주 다정한 목소리로 말을 걸어보세요. 큰 목소리로 말하면 좀 더 효과적이에요. 이런 행동이 아무래도 멋쩍다면 말할 내용을 그냥 속으로 생각만 해도 괜찮아요.

1   이제 내면 어른이 그림자 아이에게 당시 엄마 아빠가 어떤 상황이었는지 설명해줍니다. 예를 들어 이렇게 말이지요. 오, 불쌍하기도 해라. 그때 엄마 아빠와 같이 사는 게 쉽지 않았지. 엄마는 언제나 피곤하고 스트레스가 많았어. 자주 아프기까지 했고 말이야. 너는 항상 엄마가 이 모든 걸 감당하기 힘들어한다는 느낌을 받았지. 그래서 언제나 착하고 얌전하게 굴었어. 너마저 엄마에게 부담을 주지 않도록 말이야. 그러나 엄마를 정말 행복하게 해줄 수는 없었어. 엄마는 항상 슬픈 상태였거든. 아빠도 너에게 큰 도움이 되진 않았어. 아빠는 항상 엄마에게 불평을 퍼부었고 너에게도 마찬가지였지. 아빠도 기분 좋은 날엔 정말 유쾌했어. 그러면 너도 정말

행복했고 아빠가 쭉 좋은 기분이기를 간절히 바랐지. 하지만 그 행복은 오래가지 않았고 아빠는 또다시 엄마와 다투기 시작했어. 서로에게 불만이 너무 많았던 엄마 아빠가 항상 스트레스받고 부담을 느꼈기에 너는 아주 어리석은 결론에 도달했어. "나는 부족해." "나는 항상 착하고 얌전해야 해." "난 짐일 뿐이야." (이때 당신은 스스로 발견한 핵심 신념들을 읽게 됩니다.)

2 그림자 아이에게 말할 때에는 아이들이 주로 쓰는 단어를 쓰세요. 그래야 내면 아이가 정말로 자신에게 말을 걸고 있다고 느낄 수 있거든요. 예를 들어 엄마가 아주 지배적인 사람이었다면 이때 '지배적'이라는 단어는 어른이 쓰는 단어예요. 아이가 쓰는 표현으로 바꿔서 엄마는 항상 '자기 마음대로' 행동했다고 말해보세요. 우울했다거나 공격적이었다는 단어도 아이가 쓰는 말은 아니지요. 따라서 슬펐다거나 화났다는 말로 바꾸면 좋아요.

3 다음 단계에서는 그림자 아이에게 아주 중요한 메시지, 즉 이 모든 것은 아이의 잘못이 아니고 엄마 아빠가 그토록 버거워하지 않았다면 아이는 전혀 다른 신념들을 가지게 되었을 거라는 말을 전해줍니다. 예를 들어 이런 식으로 말할 수도 있어. 이 모든 게 네 잘못이 아니라는 걸 네가 이해하는 게 내게는 너무도 중요해! 엄마 아빠가 잘못한 거지, 네가 잘못한 게 아니야! 엄마 아빠가 그토록 버거워하지 않았거나 다른 부모 밑에서 태어났다면 네가 있는 그대로 충분한 존재라는 사실을 알았을 거야. 엄마 아빠가 너를 굉장히 자랑스러워한다는 것도 알았겠지. 네가 가끔 건방지게 굴고 네 멋대로 행동해도 부모님은 너를 사랑해. 그리고 때로는 부모님에게 부담을 줘도 괜찮아. 네가 필요로 할 때 부모님

은 기꺼이 너를 돌봐주실 거야.

당신은 자신의 상황과 문제, 부정적 신념들에 따라 문장을 달리 표현하면 됩니다. 여기서 중요한 건 이 내용을 말 그대로 받아들이는 것이 아니라 원리를 이해하는 거예요. 바로 어른 자아의 도움을 받아 그림자 아이에게 그의 신념은 매우 자의적이며 그의 실제 가치에 대해서는 아무것도 말해주지 않는다는 사실을 알려주는 거지요.

대체로 행복한 어린 시절을 보냈거나 부모가 별다른 잘못을 하지 않은 경우에도 이 연습을 할 수 있어요. 그림자 아이와 이런 식으로 대화를 시작할 수 있지요. 나의 사랑하는 그림자 아이야, 엄마 아빠는 많은 일을 제대로 해냈어. 그리고 우리는 엄마 아빠와 아주 행복한 어린 시절을 보냈지. 조금 더/조금 덜 …하셨더라면 좋았겠다고 생각하는 점이 딱 하나 있을 뿐이야.

이제부터는 그림자 아이가 당신의 행동을 주도하지 못하도록 조심하는 것이 매우 중요합니다. 그림자 아이는 불안해하거나 겁을 낼지도 모르고 사실 도망가거나 공격하고 싶어 할 수도 있어요. 그러나 어떻게 할지는 어른이 결정하는 거예요. 이는 실제 생활에서 아이를 대할 때에도 마찬가지이지요. 예를 들어 아이가 치과를 무서워한다면 부모는 다정하게 손을 잡고 도와줍니다. 하지만 아이에게 결정권을 주고 치과 예약을 취소하진 않아요. 마찬가지로 아이가 학교에 가고 싶어 하지 않는다고 학교를 빼먹는 걸 허락하지도 않지요. 그림자 아이에게도 똑같은 원칙이 적용됩니다. 그림자 아이에게 귀 기울여주고 자신의 두려움과 걱정을 털어놓을 수 있도록 도와주세요. 그러나 최종적으로는 당신이 합리적 이성을 토대로 어떻게 할지 결정해야 해요.

그림자 아이와의 대화는 메시지가 제대로 전달될 때까지 여러 번 반복해서 이뤄져야 합니다. 매번 대화를 길게 나눌 필요는 없어요. 예컨대 일상에서 어려운 상황에 처했을 때 부정적 신념에 매달려 있거나 두려움, 분노, 절망에 빠져 있다면, 용기를 북돋고 진정시켜주기 위해 그림자 아이의 머리를 쓰다듬어준다는 생각을 하기만 해도 충분히 위로가 됩니다. 몇 마디 말로 위로하고 격려할 수도 있고요. 이런 동작은 어린 시절의 체계와 어른의 현실 사이를 약간이나마 떨어뜨려놓습니다. 그러면 체계는 더 이상 자동으로 실행되지 않아요. 그림자 아이의 인지와 내면 어른 사이에 약간의 간격을 둠으로써 당신의 행동 패턴을 곰곰이 돌아볼 수 있는 기회가 생깁니다. 이를 통해 자신의 태도를 바꿔볼 수 있는 기회도 얻지요.

연습 ☞ 알아채고 전환하기

'알아채고 전환하기'라는 표현을 저는 '슈테파니 슈탈 만트라'라고 부릅니다. '알아채고 전환하기'는 모든 자력 구제 조치의 왕이라 할 수 있어요. 자신이 그림자 아이로부터 비롯된 행동을 할 때마다 한결같이 알아채고, 즉시 어른 자아로 전환하여 스스로를 다시 현실로 돌려보내는 것, 이게 전부예요. 저는 이 연습만으로 인생을 바꾼 사람을 꽤 많이 알아요. 간단하면서도 기본적인 처방이지요.

이 사소한 연습에 대한 아이디어는 몇 년 전 영화관에서 4D 영화를 보다가 떠올랐어요. 3차원 효과를 즐기기 위한 3D 안경을 쓴 상태에서 4차원 효과가 작동할 때마다 앉아 있던 의자가 흔들리고 얼굴에 바람이 불어왔습니다. 썰매 타는 장면이 나오는 짧은 애니메이션 영화였는데, 완벽한 효과 덕분에 썰매 앞자리에 앉아 있는 것 같더군요. 이 썰매 타기가 얼마나 '지독히도' 무서웠는지 상상할 수 있을 거예요. 영화관에 있던 모든 사람이 소리를 지를 정도였지요. 5분밖에 걸리지 않았던 영화 상영이 끝나자 저는 생각했습니다. 바로 이거야! 영화가 상영되는 동안 두려움에서 벗어나고 싶었다면 어른 자아의 도움을 받아 현장 시점(썰매에 앉아 있는 나)에서 관찰자 시점(영화관에 앉아 있는 나)으로 전환하면 됐던 거예요. 관찰자 시점에서 저는 이 모든 것은 스크린에 비친 장면일 뿐 사실은 영화관에 안전하게 앉아 있다는 사실을 인지할 수 있었을 테니까요.

그림자 아이에게 붙잡혀 있다면 당신은 현장 시점에서 생각하고 느끼는 모든 것을 믿게 되지요. 말하자면 당신만의 지극히 개인적인 4D 썰매를 타고 있는 셈이에요. 반면 관찰자 시점에서는 자신이 안전한 상태라는 점, 이것은 과거의 투사에 지나지 않는다는 점을 인지할 수 있어요. 이런 의미에서 종종 다른 사람들이 움직이는 스크린처럼 작용하는 장면을 상상해볼 수 있을 거예요. 그 움직이는 스크린에 당신은 자신의 두려움을 투사하고 있어요. 예를 들어 마흔다섯 살 엔지니어 론은 팀 회의 중에 좋은 생각을 떠올립니다. 그러나 그는 자신의 제안이 너무 파격적이라 다른 사람들이 거부할까 봐 섣불리 용기를 내지 못해요. 이 순간 그는 자신의 두려움이 그림자 아이에서 비롯했음을 알아차립니다. (그의 핵심 신념 중 하나는 "나는 제대로 인정받고 있지 않아"였어요. 그림자 아이의 전형적인 감정은 거절에 대한 두려움이었고요.) 이를 알아차린 순간 그는 어른 자아로 전환하여 (내면에서 그림자 아이의 손을 잡아주며) 그림자 아이를 위로했습니다. 그러고 나서 자신은 뛰어난 엔지니어이고 동료들은 엄마 아빠가 아니라는 지금의 현실로 돌아왔어요. 어른이 된 론은 제안을 하기 위해 곧장 손을 듭니다.

스스로에게 관심을 가지는 연습을 하는 게 가장 중요해요. 이를 위해서는 두 가지가 필요합니다. 첫째, 자기 자신과 스스로의 감정을 책임지고 피해자 역할에서 벗어나겠다고 분명히 결심하는 것. 둘째, 그림자 아이에게 빠져 있지 않고, 혹시라도 그림자 아이에게 빠지면 주의를 기울여 자기 자신으로부터 한 단계 위로 올라가 그 사실을 알아차리는 정신적 훈련.

이를 위해 일종의 메타적 태도를 준비해두세요. 즉 그림자 아이가 어린 시절의 투사에 지나지 않는다는 점을 언제든 단번에 알아차릴 수 있어야 한다는 거예요. 하루 종일 스스로를 관찰하며 필요할 때마다 알아채고 전환하세요! 시간이 지나면서 그림자 아이의 발언 빈도가 점점 낮아지는 현상을 목격할 거예요.

연습 ☞ 오래된 기억 덮어쓰기

부모나 다른 보호자와 함께한 경험은 우리 안에 기억의 흔적을 남깁니다. 이 기억을 담은 필름은 우리 뇌에서 신경 시냅스의 연결을 통해 코드화됩니다. 미하엘과 깜빡한 소시지처럼, 때로는 의식적으로 떠오르지 않던 오래된 기억으로 완전히 돌아가는 데에는 사소한 트리거만으로 충분해요. 어떤 기억은 우리 뇌 아주 깊숙한 곳에 자리 잡고 있어서 우리가 자꾸만 순식간에 해묵은 행동 패턴에 빠지게 만들지요.

하지만 우리는 이 필름을 새롭게 구성할 수 있어요. 우리 뇌는 상상과 현실을 잘 구별하지 못하거든요. 예를 들어 시험 전날처럼 스트레스 상황을 상상하기만 해도 불안감을 느낄 수 있어요. 따라서 부정적인 기억을 재구성하는 데에도 상상력을 활용할 수 있지요. 즉 뇌에는 오래된 기억을 덮어쓰는 기능이 있어요. 이는 해묵은 상처를 스스로 치유할 때에도 도움이 됩니다. 덮어쓰기를 통해 우리는 과거를 어느 정도 변화시키고 과거가 불러일으킬지도 모르는 부정적인 감정도 바꿀 수 있어요. 독일 작가 에리히 케스트너Erich Kästner가 말했듯이 행복한 어린 시절을 만들기에 결코 늦은 때란 없답니다.

다음에 소개하는 연습은 심리 도식 치료에서 나온 것으로, 임상심리학자 기타 야코프Gitta Jacob와 아르노우트 아른츠Arnoud Arntz가 쓴 같은 제목의 책에서 차용했습니다.

아마 당신은 어린 시절 매우 억압받고 두려움에 떨었거나, 최악의 경우 트라우마가 될 정도까진 아니어도 최소한 '바람직하지 않았던' 상황을 적어도 한 가지는 떠올릴 수 있을 거예요. 부모나 양육자의 특정 양육 스타일 때문에 전형적으로 나타나는 상황일 거예요.

1   그림자 아이의 각인과 관련된 어린 시절의 구체적인 상황을 떠올려보세요. 이 기억이 스트레스 감정을 불러일으킨다면 완전히 몰입하지 않아도 괜찮아요. 예를 들어 부모 중 한쪽이 당신을 학대했다면 부모가 손찌검을 하려 손을 드는 장면만 상상해도 충분하며 전체 상황을 떠올릴 필요는 없습니다. 하지만 당신은 '현장 시점', 즉 외부에서 기억 속 당신을 보는 게 아니라 당시 아이의 눈으로 당신을 보는 시점을 취해야 해요.

2   이 상황에서 어떤 감정이 드는지 정확히 느껴보세요. 이때 그 감정 속으로 너무 깊이 들어갈 필요는 없습니다. 예컨대 두려움을 느낀다면 기억 속에서 약간의 두려움만 느껴도 충분해요.

3   상상력을 발휘해 이 상황에서 어떤 도움을 받을 수 있을지 머릿속에 그려보세요. 그러니까 이 장면에서 조력자를 한 명 등장시키는데, 조력자로 누구를 선택할지는 온전히 당신의 자유입니다. 사랑하는 고모나 할머니 같은 실존 인물일 수도 있고 슈퍼맨이나 동화 속 요정 같은 허구의 인물이어도 좋아요. 이 연습에서 상상의 제한은 없어요. 심지어 성인이 된 당신의 모습으로 이 상황에 나타나 개입해도 괜찮아요. 지금부터 이 기억을 어떻게 덮어쓸 수 있을지 몇 가지 제안을 해볼게요.

*   양육자가 심한 스트레스나 자극을 받은 상태라면, 조력자가 나타나 양육자에게 그런 식으로 당신을 다뤄서는 안 된다고 설명하는 장면을 상상해볼 수 있어요. 양육자는 심리 치료를 받게 되고, 착한 요정이 계속 당신 곁을 지켜줍니다.

* 양육자가 매우 위협적이었다면, 경찰이나 영웅이 와서 그 사람을 잡아 가두는 상상을 해볼 수 있습니다.
* 양육자가 종종 슬프고 우울해서 아이인 당신이 양육자를 돌봐야 했다면, 아동복지국 직원이 와서 아이인 당신은 놀러 나가도록 하고 도움이 필요한 부모를 돌봐줍니다. 그리고 아이를 보호해줄 믿을 만한 사람을 찾아낼 수 있어요. 이 사람은 실존할 수도 있고 상상의 세계에 존재할 수도 있어요.
* 양육자가 몹시 엄격하고 까다로웠다면, 아이에게 칭찬이 필요하다는 사실을 조력자가 양육자에게 설명해주며 어떻게 아이에게 공감할 수 있는지 보여줍니다. 그리고 양육자는 항상 곁에서 도와주고 아이도 돌봐주는 코치를 얻습니다.

이런 식으로 모든 상상력을 발휘해 해피엔드를 만들 수 있어요. 물론 이 연습은 부모와 상관없는, 전혀 다른 부담스러운 기억에도 탁월하게 적용할 수 있습니다.

연습 ☞ 그림자 아이를 위한 애착과 안정

이 연습은 아이와 어른의 사랑과 애착에 대한 욕구를 위한 것입니다. 부모나 다른 가까운 친척과 함께했던 긍정적인 애착 경험을 상상을 통해 더욱 강화해보는 거지요. 마음속으로 양육자와 함께 경험한 아름답고 친밀하고 사랑이 가득하고 포근하고 다정한 순간에 다시 한번 빠져보세요. 이 상황에 몰입하여 안전하고 안정적이고 보살핌받는 느낌을 받아들이세요. 애착을 느끼고 이 순간 매우 환영받고 사랑받는 느낌을 가져보세요.

당신의 기억에서 부모나 가까운 친척과 함께한 친밀한 순간을 찾아내지 못했다면, 가상의 부모를 찾아낼 수도 있어요. 아이인 당신에게 필요했던 부모를 상상으로 선물받는 거지요. 친한 친구의 부모처럼 실존 인물일 수도 있고 환상 속 인물일 수도 있어요. 눈을 감고 무의식으로부터 사랑이 넘쳐나는 부모를 떠올려보세요.

새로운 부모와 함께 있을 때 얼마나 기쁘고 행복한지 머릿속으로 그려보세요. 어린 시절 원했던 그대로 부모가 행동하도록 하세요. 완전히 새로운 가정을 만들어내는 거예요. 당신이 필요한 모든 상황에 새로운 부모를 불러올 수 있도록 말이에요.

연습 ☞ 그림자 아이에게 편지 쓰기

이 연습을 할 때 눈앞에 어린 시절 사진 한 장을 놓아두면 도움이 될 거예요. 그런 다음 아이를 보듬고 달래주는 사랑하는 엄마나 아빠가 아이에게 편지를 쓰듯이, 그림자 아이에게 편지를 써보세요. 바로 이렇게요.

나의 사랑하는 꼬마 리키에게

너는 정말 멋진 소녀야. 나는 네가 너무 자랑스러워. 네가 몸매 걱정을 너무 많이 하는 게 안타까워. 내가 보기에 너는 완벽해지지 않아도 괜찮아. 나는 있는 그대로 너를 사랑해. 내 눈에 네가 얼마나 예뻐 보이는지! 넌 내가 아는 모든 소녀 중에서 가장 귀여워. 너를 텔레비전과 잡지 속 모델과 비교하지 않으면 좋겠어. 길거리나 수영장에 가서 주변을 둘러봐. 잡지에 나오는 여자나 소녀와 비슷한 사람이 거의 없다는 걸 알게 될 거야. 그러니 너무 걱정하지 마.

　　너를 너무나 사랑하는 어른 리키가

또 다른 예도 있어요.

　　사랑하는 위르겐에게

　　너는 매사에 걱정이 많지. 실패하고 사회적으로 낙오될까 봐 항상 너무 겁을 내. 그래서 일할 때는 물론이고 여가 시간에도 언제나 온 힘을 다하지. 항상 그렇게 기진맥진할 정도로 너 자신을 몰아붙일 필요는 없다고 꼭 말해주고 싶어. 지금 있는 그대로도 이미 충분해. 조금 긴장을 늦춰도 너무나 잘하고 있어.

　　"나는 부족해", "나는 혼자 해내야 해" 같은 어리석은 신념은 예전에 엄마 아빠에게서 비롯한 거야. 그때 힘들었다는 걸 잘 알아. 엄마는 항상 스트레스가 많았고 아빠는 집에 거의 없었지. 넌 엄마를 행복하게 해주려고 언제나 몰래 노력했어. 제대로 성공한 적은 없었지만 말이야. 엄마는 언제나 지쳐 있었고 불행했으니까. 그래서 넌 더 나은 아들이 되어야 한다고 생각했어. 그래서 학교에서도 공부를 엄청나게 열심히 했지. 하지만 생각해봐. 엄마가 항상 기분이 좋지 않았던 건 네 잘못이 아니야! 엄마는 그때 외부의 도움을 받았어야 했어. 이상적으로는 심리 치료를 받았다면 가장 좋았겠지.

엄마의 그림자 아이가 항상 자신을 너무 많이 의심했기 때문에 결국 지나치게 부담이 많았던 거야. 엄마는 언제나 자신이 부족하다고 생각했어. 그러나 그건 결코 네 잘못이 아니야!

지금은 상황이 완전히 달라졌어. 우리는 성인이 되었고 자유로워! 마침내 인생을 즐길 때가 된 거야! 항상 최고일 필요는 없어. 긴장을 늦추고 축구장에 다시 나가봐! 축구 하는 걸 항상 좋아했잖아. 좀 더 많이 즐겨! 일만 하는 것보다 네 기분에 훨씬 더 도움이 될 거야.

사랑을 담아, 너의 위르겐이

연습 ☞ 그림자 아이 이해하기

다음에 이어지는 연습도 그림자 아이의 인식을 내면 어른의 인식과 구분하는 데 도움이 될 거예요. 그러면 훨씬 더 자유롭게 판단하고 행동할 수 있겠지요.

1   다른 사람들이나 자신과 관련된 구체적인 문제를 골라보세요. 그러고 나서 의자 두 개를 가지고 와서 마주 보게 놓습니다. 한 의자에 앉아 의식적으로 그림자 아이 모드로 들어갑니다. 오로지 그림자 아이의 관점에서만 그 문제에 대해 이야기해봅니다. 그림자 아이에게 그의 감정, 그 문제와 관련 있는 신념을 말해보라고 하세요. 전적으로 그림자 아이의 관점에서만 이야기하고 경험했을 때 그 문제가 어떻게 들리고 느껴지는지 의식적으로 알아차려보세요.

2　그런 다음 그림자 아이 모드에서 벗어나 의식적으로 내면 어른 모드로 들어갑니다. 그림자 아이를 '떨쳐내기' 위해 몸을 손바닥으로 두드리거나 제자리에서 여러 번 점프를 할 수도 있어요. 내면 어른의 모드에서 다른 의자에 앉습니다. 이 자리에서 조금 전에 맞은편에 앉아 있던 그림자 아이를 관찰하고 비판적 이성으로 문제를 분석합니다.

밥시는 공황 발작을 앓고 있어요. 그녀는 A에서 B 지점으로 혼자 걸어가거나 차를 타고 이동하는 것을 두려워해요. 통제력을 잃고 기절할까 봐 무서워하지요. 저는 그녀에게 그림자 아이에게 완전히 감정 이입을 하고 그 관점에서 그녀의 문제를 묘사해달라고 부탁했어요.

그림자 아이가 이렇게 말하더군요. "혼자 길을 간다고 상상하면 곧장 패닉에 빠져. 나는 내가 너무도 보잘것없고 무기력하다고 느껴. 넘어질까 봐 너무 무서워. 그러면 정말 창피할 거야. 아마 죽을지도 몰라. 아무도 나를 도와주지 않아. 엄마가 와서 내 곁에 있어줘야 해. 혼자서는 못 하겠어!"

이제 저는 밥시에게 의자를 바꿔 앉아 그녀의 내면 어른과 완전히 동일시해달라고 부탁합니다.

어른 자아는 이렇게 말합니다. "나는 저기 홀로 설 용기가 전혀 없는 어린 소녀를 보고 있어. 하지만 객관적으로 생각해보면 소녀에게는 아무 일도 일어나지 않을 거야. 그럴 가능성은 매우 낮지만, 설사 기절한다 해도 길 가던 사람들이 분명 돌봐줄 거야. 아니, 이 소녀의 진짜 문제는 엄마 없이는 아무것도 못한다는 생각인 것 같아. 이 자리에서는 소녀가 부모와 전혀 분리되지 못했다는 게 너무도 분명히 보여. 소녀는 누군가가 자신을 돌봐주고 책임져주기를 바라. 독립적이지 못하고 인생에 대처하기를 어려워해. 내가 소녀를 좀 더 돌봐줘야 할 것 같아. 실제로 어떻게 느끼고 있는지 더 자주 귀 기울여야겠어…"

의자에 앉아 나눈 대화를 통해 밥시는 바깥을 혼자 돌아다니는 걸 두려워하는 마음 이면에 어린 시절의 해묵은 두려움이 숨어 있음을 확실히 깨달았어요. 이를 통해 관심과 도움을 갈망하는 그림자 아이를 억압하고 있었음이 분명해졌지요. 이걸 깨달은 그녀는 자신이 부모와 분리되는 걸 어려워했음을 성찰하고 좀 더 독립적이고 자신 있게 살기 위해 적극적으로 노력하게 되었답니다.

대부분의 사람은 실제로 내면 어른과 내면 아이를 분리하기를 어려워합니다. 예를 들어 아이의 입장에서 어른의 언어로 이야기하고 아이는 결코 쓰지 않을 표현을 쓰거나, 정반대로 행동하곤 하지요. 밥시도 처음에는 그랬어요. 앞서 보여드린 의자에서의 대화는 제가 요약 정리한 거예요. 예를 들어 밥시는 그림자 아이의 입장에서 다음과 같이 말했어요. "나는 내 두려움이 과장되어 있다는 걸 알아." 이런 이성적인 평가는 어른 자아에게서 나온 겁니다. 반면 어른의 입장에서는 다음과 같이 말했어요. "나는 집에 틀어박혀 있는 게 제일 좋아." 이건 반대로 그림자 아이에게서 나온 소망이지요. 어른 밥시가 집에 틀어박혀 있고 싶을 수도 있지 않느냐고 이의를 제기하는 독자가 있을지도 모르겠네요. 하지만 이 욕구는 외부 세계에서 혼자 잘 헤쳐 나가지 못하는 그림자 아이에게서 비롯한 거예요. 어른 밥시는 밖에 나가는 게 두렵지만 않다면 사람들과 어울리고 싶어 하거든요.

어떤 부분이 아이에 속하고 어떤 부분이 어른에 속하는지 언제나 명확히 구별하기란 실제로는 쉽지 않아요. 그러므로 아이의 입장에서 정말로 아이처럼 말하고 느끼는지에 각별히 신경 써야 해요. 그리고 어른의 입장에서는 문제를 아주 객관적이고 감정은 배제한 상태에서 분석하는 데 주의를 기울여야 합니다.

물론 종이에 쓰는 방식으로 이 연습을 진행할 수도 있어요. 그러면 양쪽을 구별하기가 더 쉬울 수도 있지요.

연습 ☞ 세 가지 인지 위치

이 연습은 앞서 소개한 연습과 밀접하게 관련되어 있어요. 하지만 이를 '연습'이 아니라 당신의 현실을 구성하는 데 도움이 되는 활동으로 이해하면 좋아요. 세 가지 인지 위치는 문제를 해결하고 감정을 조절해주는 단단한 토대 역할을 합니다. 처음에는 실제 공간에서 위치를 바꿔보면서 세 가지 인지 위치를 연습하다가 점점 이를 머릿속으로 옮겨 가 언제 어디서든 이 방법을 쓸 수 있도록 해보세요.

다른 사람과 함께 있을 때 반복해서 일어나는 전형적인 갈등 상황을 떠올려보세요. 예를 들어 파트너가 항상 당신을 제대로 바라보지 않고 진지하게 받아들이지 않는다고 생각할 수 있어요. 또는 상사가 너무 많은 업무를 당신 책상 위에 내던지는 경우도 있겠지요. 아니면 이미 일에 파묻혀 있는 당신에게 동료가 매번 조언을 구하러 오는 경우도 있겠네요.

1 공간 안에서 한 지점을 찾아보세요. 그 자리에 서서 그림자 아이 모드로 들어갑니다. 어떤 사람과의 갈등 상황을 오로지 그림자 아이의 관점에서 관찰하세요. 그림자 아이가 그 문제를 어떻게 느끼고 어떤 신념이 작용하는지 의식적으로 알아차리세요.

2 몸을 두드리거나 제자리에서 뛰는 방식으로 그림자 아이를 떨쳐내세요. 그러고 나서 공간 안에서 다른 지점으로 옮겨 가 갈등 상황의 상대방 입장으로 들어갑니다. 그 사람의 관점에서 당신과 상황을 바라보세요. 그 또는 그녀는 당신에 대해 어떻게 느끼고 있나요?

3 공간 안에서 세 번째 위치로 옮겨 가 외부의 관점에서 앞선 두 사람을 관찰하세요. 그러니까 어른 자아의 입장으로 들어가 외부에서 이 상황을 분석하는 겁니다. 당신과 상대방을 무대 위 배우 바라보듯이 받아들이세요. 그리고 그림자 아이에게 조언하고 싶은 내용을 생각해보세요.

그림자 아이가 상대방과 같은 눈높이를 유지하지 못하고 금방 빠져나와버린다는 사실을 분명히 깨달아야 해요. 자신이 열등하다는 그림자 아이의 관점에 사로잡히면 상대방은 금세 적으로 돌변해요. 그림자 아이의 입장에서는 자신을 보호하거나, 공격하거나, 스스로를 정당화하거나, 도망가야만 하니까요.

이와 관련된 실제 사례를 들어볼게요. 예순아홉 살 헤르만은 몇 년 전부터 예순다섯 살 미란다와 만나고 있습니다. 헤르만의 그림자 아이는 특히 "나는 저항하면 안 돼!", "나는 순응해야 해!", "나는 스스로를 드러내면 안 돼!" 같은 신념을 지니고 있어요. 그리하여 보호 전략으로 탈출하고자 하는, 자유에 대한 열망이 엄청나게 발달되었지요. 다시 말해 헤르만은 애착 불안을 겪고 있었어요. 심리 상담 치료 시간에 그는 미란다 때문에 (또다시) 화나는 일이 있었다고 말했습니다. 그는 원래 친구들과 짧은 여행을 한 뒤 일요일 저녁에 집으로 돌아올 예정이었어요. 그런데 근처에 살고 있는 장성한 아들 마누엘이 헤르만에게 집에 와달라고 했고 그는 예정에 없던 방문을 하게 되었지요. 그는 미란다에게 전화를 걸어 하루 늦게 집에 간다고 말했어요. 월요일에 다른 아들인 베른트가 마누엘을 방문했고 두 아들은 헤르만에게 하루 더 머물다 가라고 권했어요. 좋은 생각이라 여긴 헤르만은 미란다에게 하룻밤 더 자고 간다고 이야기했고요. 그러자 미란다가 '투덜대기' 시작했다는 거예요. 헤르만은 너무 짜증 나서 (또다시) 헤어지고 싶다는 생각이 들었다고 하더군요.

저는 헤르만과 함께 인지의 세 가지 위치를 정해봤어요.

첫 번째 위치: 그림자 아이가 말합니다. "미란다는 왜 나한테 이래라저래라하는 거야? 내가 하고 싶은 대로 하지도 못하나? 미란다가 하라는 대로만 해야 하는 거야? 그렇게 융통성이 없나? 정말 짜증 나!"

두 번째 위치: 헤르만은 미란다 입장이 되어봅니다. "정말 실망이야. 일요일 저녁에 헤르만을 볼 수 있다고 생각하고 얼마나 고대했는데. 월요일로 미루더니 결국 화요일에 온다니. 그는 항상 제멋대로야. 내 의견은 물어보지도 않고. 헤르만이 내킬 때에만 내 곁에 있는 느낌이야!"

세 번째 위치: 어른인 헤르만이 말합니다. "아 이런, 모든 걸 결정하는 쪽은 미란다가 아니라 바로 '나'였잖아. 내가 쥐락펴락하는 사람이었어. 내가 즉흥적으로 계획을 바꾸면 미란다는 그저 받아들여야 할 뿐인데도 내가 피해자라고 생각하다니, 제길."

세 가지 인지 위치를 철저히 분리함으로써 헤르만은 자신의 문제를 전혀 새롭고 훨씬 적절한 관점으로 관찰할 수 있게 되었어요. 일상에서 헤르만은 대부분 첫 번째 위치에 있었고 완전히 그림자 아이와 동일시하고 있었습니다. 첫 번째 위치에서 헤르만은 자신의 시야 바깥을 볼 수 없었어요. 자기 연민만 품은 채 미란다를 전혀 이해하지 못했지요. 그림자 아이의 위치에서 그는 스스로를 불쌍한 피해자라 느꼈어요. 두 번째와 세 번째 위치에서 그는 그 상황에서 자신의 역할을 인지하고, 권력을 가진 쪽은 미란다가 아닌 자신임을 깨달을 수 있었습니다. 이 인식은 그의 감정을 변화시켰으며, 이로 인해 그는 새로운 태도를 취할 수 있었지요. 미란다와 훨씬 더 자주 타협하기로 한 겁니다. 이로써 헤르만은 이 연습을 일상에 이식하는 데 성공했고 긴박한 갈등 상황에서는 잠시 떨어져 있기로 미란다와 약속했습니다.

헤르만은 주변 사람들의 요구에 거리를 두고 관계를 끊는 식으로 그림자 아이를 보호하는 유형에 속합니다. 그래서 그는 첫 번째 위치에 자주 머물러 있지요. 반면 조화를 추구하고 순응을 통해 그림자 아이를 보호하는 사람은 주변과 거리 두기를 어려워하는 문제를 가지고 있어요. 그래서 이들은 두 번째 위치에 자주 머물러 있으며, 다른 사람들이 원하고 기대하는 것에 지나치게 공감하지요. 이런 사람은 스스로 정말 원하는 게 뭔지, 자신에게 중요한 게 뭔지 파악할 수 있는 감각을 강화하는 법을 배워야 합니다. 즉 거리 두는 법을 배워야 해요.

당신의 내면에는 빛나는 태양 아이가
분명 존재합니다

태양 아이란 우리 모두가 사랑하는 내면의 감정 상태입니다. 하지만 과연 무엇이 내면에 태양 아이를 형성하는 걸까요? 일단 지금 여기와 현재에 완전히 헌신하는 능력을 들 수 있어요. 태양 아이는 농담과 악의 없는 장난을 좋아하며 호기심이 많고 즉흥적입니다. 스스로에 대해 깊이 생각하지 않고 있는 그대로의 자기 자신을 좋아합니다. 다른 아이들과 자신을 비교하지도 않아요. 태양 아이의 관점은 자신이 아닌 외부의 세상을 향해 있거든요. 태양 아이는 끊임없이 자신을 관찰하지 않으므로 다른 아이들에게 어떤 인상을 남기는지 걱정하지 않아요. 그저 즉흥적으로 크게 웃고 점프하고 노래하고 여기저기 뛰어다니며 자연스럽게 인생을 즐겨요. 그러면서도 주변을 잊고 일과 공부에 몰입할 수도 있고요.
　근심 없이 기뻐하고 즐거워할 줄 아는 아이의 잠재력을 우리 모두 내면에 태양 아이 형태로 지니고 있어요. 다만 거의 활용하지 못할 뿐이에요. 완전히 몰두하여 놀고 크게 웃을 수 있었던 어린 시절을 기억해보세요. 아이다운 호기심과 모험심을 떠올려보세요. 어렸을 때 세상을 바라보는 잣대였던 즉흥성과 공정성을 기억해보세요. 어린 시절 스스로를 다른 아이들과 비교하는 일이 얼마나 드물었는지 생각해보세요. 아름답고 못생긴 것, 옳고 그른 것, 성공과 실패 같은 현재 어른으로서의 기준이 어린 시절 사고방식에서는 전혀 중요하지 않았다는 점을 명확히 의식해보세요. 그저 있는 그대로 존재했을 뿐이었잖아요. 가족과 함께 보냈던 행복한 순간과 친구들과 놀면서 느꼈던 즐거움을 기억해보세요.

새로운 지평을 열고 해묵은 패턴에서 해방되려면 과거의 체계를 더 이상 믿지 않는 것만으로는 충분하지 않아요. '그 대신에' 믿을 수 있는 비전이 필요해요. 올바른 방향을 찾아 꼭 붙들 수 있는 목표 상태, 옛것의 자리를 대체할 수 있는 뭔가가 있어야 해요. 이를 위해 그림자 아이를 알아차리는 연습을 반복하면서 태양 아이를 발견해볼 거예요. 이번에는 당신을 지지해주는 신념을 찾고 당신의 강점에 집중할 거예요. 또한 새로운 태도와 행동을 지원해주고 뒷받침해줄 개인적 가치관도 찾아볼 예정이에요. 마지막으로 어떻게 하면 인간관계를 좀 더 건강하고 지속 가능하게 만들 수 있는지도 알려드릴게요. 다시 말해 보호 전략을 대체할 수 있는 행동 방식을 보여드리겠습니다. 이를 보물 전략이라고 부를게요.

당신 내면의 태양 아이가 온전히 발현될 수 있기를 바랍니다. 그렇다고 당신을 완전히 '재창조'하려는 건 아니에요. 당신은 이미 훌륭하고 좋은 사람이니까요. 당신이 태어날 때부터 밝게 빛나는 별이라는 사실을 항상 기억하세요. 우리는 단지 당신이나 종종 주변 사람들에게도 문제를 일으키는 태도와 행동을 긍정적으로 바꾸려는 것뿐이에요. 그런데 구체적인 연습에 들어가기 전에 개인의 책임에 대해 몇 마디 이야기할게요.

나의 행복은 나의 책임이다

대개 우리는 다른 사람, 사건과 상황이 내면의 감정을 불러일으킨다는 환상 속에 살고 있어요. 그래서 앞서 미하엘도 자기 분노의 책임이 소시지를 깜빡한 자비네에게 있다고 생각한 거예요. 대부분이 미하엘처럼 느끼고 생각하지요. 아침에 배우자가 기분이 안 좋으면 우리 기분도 가라앉아요. 칭찬받으면 기뻐하지요. 비판받으면 의기소침하거나 화가 나고요. 교통 체증에 갇혀 있으면 신경질이 나요. 우리는 자신의 감정과 기분이 주변 사람이나 경험 같은 외부의 사건 때문이라고 여겨요. 이런 인식이 자신의 문제나 기분을 다른 사람이나 운명이 책임져야 한다고 생각하게끔 유혹합니다. 우리는 기분 나쁜 이유가 바람을 피운 애인, 변덕스러운 상사, 갱년기, 날씨, 고장 난 차 등등 때문이라고 생각해요.

그러나 실제로 우리의 기분은 물론이고 판단은 바로 우리 책임입니다. 기분과 판단은 밀접하게 연관되어 있어요. 궁극적으로 어떤 사건에 대해 어떤 태도와 행동을 취할지는 우리에게 달려 있습니다. 상사가 변덕스럽게 행동하면 얼마나 힘들면 저럴까 동정할 수 있어요. 갱년기를 흥미진진한 변화의 시기로 생각할 수도 있고요. 안 좋은 날씨도 태연히 받아들일 수 있지요. 차가 고장 나서 많이 걸을 수 있겠다거나 더 좋은 차를 살 수 있겠다고 생각할 수도 있어요. 이런 각각의 사건이 참을성과 평온함을 기르는 연습이라고 여길 수도 있습니다.

지금 이런 말이 너무 터무니없어 보이고 이해하기 힘들지도 몰라요. 과연 외부의 사건과 전혀 상관없이 언제나 좋은 기분을 유지할 수 있는 사람이 존재하기나 할까요? 저도 불가능하다고 생각해요. 아무리 많이 성찰하고 명상해도 주변 사람이나 개인적인 불행에 완전히 초연할 수 있는 사람은 아무도 없을 거예요. 그럼에도 불구하고 우리는 일반적으로 생각하는 것보다 훨씬 더 폭넓은 감정, 생각, 기분, 행동의 여지와 가능성을 가지고 있어요.

그런데 우리가 심리 상태를 스스로 책임져야 한다고 느껴야 그에 적극적인 영향을 미칠 수 있답니다. 자신의 책임을 다른 사람에게 미루고 있다는 사실을 전혀 깨닫지 못하는 경우도 종종 있어요. 제가 만난 내담자들도 그랬고요. 그들 중 상당수는 제가 자신들의 문제를 해결해줄 거라는 막연한 기대를 마음속에 품고 있어요. 그들은 심리 치료를 받기로 한 날마다 정시에 도착하여 제가 그들의 근심을 해결해줄 조치를 취해주기를 바랍니다. 그러나 심리 치료는 그런 식으로 진행되지 않아요. 심리 치료에서는 기존 의학에서 하는 방식으로 사람을 다루지 않습니다. 심리 치료사는 일을 하고 내담자는 일종의 서비스를 받는 식으로 수동적인 심리 치료를 기대하는 경우에는 절대 진전이 없어요. 자신에 대한 책임을 덜 지려고 하는 내담자는 치료 중에 때때로 좋은 통찰을 얻어도 실행에 옮기지 않아요. 제자리에 머물러 있을 따름이지요. 반면 심리 치료 사이사이에 스스로를 관찰하고 성찰하고 새로운 행동을 연습하는 등 적극적으로 자신의 문제에 임하는 내담자도 있어요. 이들은 빠른 진전을 이룹니다. 이 책을 읽는 독자 여러분도 똑같아요. 책을 그저 읽기만 하면 뭔가 나아질 거라고 기대할 수도 있고, 변화 과정에 스스로 책임을 지고 이 책을 적극적으로 활용하여 노력할 수도 있지요.

당신이 남에게 책임을 떠넘기는 영역이 무엇인지 한번 생각해 보세요. 어떤 영역에서 다른 누군가가 바뀌어야만 당신이 더 잘 지낼 수 있다고 생각하나요? 외부 환경에 어느 정도 의존하고 영향을 받는다고 느끼나요? 자신의 기분과 변덕에 어느 정도 좌우되는 것 같나요? 아마도 어른 자아는 상황이나 기분을 스스로 책임지고 바꿀 수 있는 방법을 몇 가지 알고 있을 거예요. 예를 들면 성인은 직업을 바꾸는 편이 더 낫다는 것을 알고 있거나, 그게 불가능하다면 업무를 대하는 태도를 바꾸는 편이 낫다는 것을 알고 있어요. 파트너가 변할 때까지 기다리는 건 별 의미가 없고 있는 그대로 파트너를 받아들이는 게 훨씬 더 합리적이라는 사실을 알고 있지요. 관계의 질을 개선하려면 파트너를 대하는 자신의 태도를 바꿔야 한다는 사실도 알고 있어요. 어쩌면 파트너와 헤어지는 편이 더 낫다는 점을 알고 있을지도 몰라요. 혹시 지금 연애를 쉬고 있는데 어느 날 갑자기 누군가가 문 앞에서 당신을 기다리고 있는 장면을 기대하고 있지는 않나요? 하지만 이건 그림자 아이의 희망일 수 있다는 점을 명심하세요. 내면 어른은 스스로 적극적으로 연애 상대를 찾아 나서야 한다는 걸 알 거예요.

어른은 대부분의 경우 무슨 일을 해야 하는지 알고 있어요. 변화를 두려워하며 어른의 행동력을 마비시키는 건 그림자 아이예요. 상당수는 실패할까 봐 두려워서 그래요. 자신의 행동을 스스로 책임지면 실패의 위험도 감수해야 하니까요. 하지만 이를 위해 좌절에 대한 내성, 그러니까 부정적인 감정을 견딜 줄 아는 능력이 어느 정도는 필요하답니다.

물론 그 누구의 책임도 아니고 스스로 거의 통제할 수 없는 불행도 존재합니다. 사랑하는 사람이 죽거나 본인이 중병에 걸리는 것처럼요. 전쟁이나 위험 지역에 사는 사람도 자신의 운명에 극히 제한적인 영향만 미칠 수 있어요. 이런 경우에는 운명을 극복하는 내면의 태도를 발견하기가 훨씬 더 어렵습니다. 그러나 최악의 상황에서도 어떤 사람은 죽음을 불사하며 운명을 받아들이는 한편 스스로 어느 정도는 극복할 수 있도록 내면의 태도를 조정하기도 합니다.

독자 여러분의 문제는 이보다 훨씬 덜 극적이기를 바라며, 자신의 행복을 100퍼센트 책임지는 태도를 개발하기를 당부합니다. 다른 사람이 변화하거나 '어떤 일'이 일어나기를 기다리지 말고, 자신의 삶에 적극적으로 개입하여 바꾸고 싶은 것을 바꿔나가세요. 그 과정에서 다음의 연습이 도움이 될 거예요.

연습 ☞ 긍정적 신념 찾기

이제 당신의 태양 아이를 만날 차례네요. 이 연습과 다음 연습을 위해 종이 한 장과 색연필이 필요합니다.

종이에 어린아이 윤곽을 그려보세요. 그림자 아이와는 달리 알록달록하고 예쁘고 유쾌한 모습이어야 해요. 태양 아이는 당신이 목표로 하는 상태이므로 시각적으로 아주 호감이 가야 해요. 이는 동기를 부여해주고 새로운 경험을 하고 싶은 욕구를 불러일으킬 거예요. 그러니까 미술 대회에서 상을 타겠다는 마음으로 태양 아이를 멋지게 그리세요. 얼굴과 머리카락도 그리고 원하는 대로 예쁘게 꾸미세요(책 뒤쪽 그림 참조).

이제 당신의 긍정적 신념을 찾아볼까요. 이를 두 단계로 나눠서 진행할게요. 첫 번째로 당신이 어떤 긍정적 신념을 부모나 양육자에게서 물려받았는지 살펴보고, 두 번째로 그림자 아이에게서 발견한 핵심 신념을 그에 반대되는 긍정적인 내용으로 뒤집어볼게요.

1 어린 시절에서 비롯된 긍정적 신념

태양 아이 곁에 부모를 두고 싶을 정도로 부모와 사이가 좋았다면 태양 아이 머리의 오른쪽과 왼쪽에 엄마와 아빠 또는 양육자를 써넣으세요. 그러고 나서 그 사람들의 장점이 뭐였는지, 뭘 잘했는지 생각해보고 기록해보세요.

부모와 사이가 안 좋았거나 지금도 별로 좋지 않아서 태양 아이 곁에 부모를 두고 싶지 않다면 이 부분을 연습에서 완전히 빼거나 다른 종이에 부모의 장점을 쓰고, 부모에게서 물려받은 긍정적 신념만 태양 아이 그림에 기록하세요.

혹시 어린 시절 따스하게 돌봐줬던 사랑하는 할머니, 친절한 이웃 아주머니, 이해심 많은 선생님이 있었나요? 그렇다면 이 사람들도 거기에 써넣으세요.

부모나 양육자의 장점을 적었다면 잠시 마음속으로 느껴보세요. 그들에게서 어떤 긍정적 신념을 물려받았나요? 긍정적 신념 목록을 준비했으니 참고하세요.

긍정적 신념

나는 사랑받고 있어!

나는 소중해!

나는 충분히 쓸모 있어!

나는 환영받고 있어!

나는 만족스러워!

나는 이대로 충분해!

나는 영리해!

나는 아름다워!

나는 기쁨을 누릴 권리가 있어!

나는 실수해도 돼!

나는 행복할 자격이 있어!

인생은 쉬워!

나는 내가 이대로 좋아!

나는 때로 민폐를 끼쳐도 괜찮아!

나는 저항해도 돼!

나는 내 의견을 가져도 돼!

나는 감정을 느껴도 돼!

나는 선을 그어도 괜찮아!

나는 할 수 있어!

긍정적 신념을 여러 개 찾았다면 최대 두 개까지 골라서 태양 아이 그림의 가슴 부분에 써넣으세요. 부정적 신념을 찾을 때에도 그랬듯이 여기서도 어느 정도 제한을 두려 해요. 그래야 당신이 일상에서 이 긍정적 신념을 활용하기가 쉬울 테니까요.

2 핵심 신념 뒤집기

이제 앞서 확인했던 부정적인 핵심 신념을 다뤄봅시다. 이것을 긍정적인 신념으로 완전히 뒤집어볼게요. "나는 쓸모없어"나 "나는 부족해" 같은 신념은 "나는 쓸모 있어"나 "나는 충분해"처럼 쉽게 바꿀 수 있어요. 그러나 뒤집기 어려운 신념도 있지요. 이는 긍정적 신념에 '아니야/않아/없어' 같은 부정어를 쓰고 싶지 않아서예요. 예를 들어 "나는 네 행복을 책임져야 해!"라는 신념의 반대는 "나는 네 행복을 책임지지 않아도 돼!"라고 해선 안 돼요. '아니야/않아/없어' 같은 부정어의 경우, 뭔가를 생각하지 않는 것이 꽤 어려우므로 잠재의식이 다루기에 버거울 수 있어요. 만약 제가 작은 줄무늬 고양이를 생각하지 말라고 하면 당신은 자동으로 그 고양이를 떠올릴 거예요. 그래서 "나는 네 행복을 책임져야 해!"의 반대는 "나는 선을 그어도 괜찮아!"라고 해보세요. 또는 "나는 내 일에만 신경 써도 돼!"라든가 "내 소망이나 욕구도 중요해!"도 가능하겠지요.

"나는 짐이 될 뿐이야"라는 신념의 반대는 "나는 때로 짐이 되어도 괜찮아!"가 될 거예요. 예를 들어 아프거나 도움이 필요할 때, 다른 사람들에게 짐이 되는 건 피할 수 없어요. "나도 한 번쯤 실수할 수 있어"라는 신념도 괜찮아요.

그 외에도 긍정적 신념은 수용 가능한 표현으로 작성되어야 해요. "나는 못생겼어!" 대신 "나는 아름다워!"라는 신념을 받아들여야 할 경우 부담스러워하는 사람이 많아요. 이럴 때 '충분히'라는 표현을 활용해보세요. "나는 충분히 아름다워!"나 "나는 충분히 훌륭해!"라고요.

신념을 수용하기 쉽도록 어느 정도 제한할 수도 있어요. "나는 중요해!"라는 신념이 너무 과장되게 느껴져 받아들이기 힘들다면 "우리 아이들/친구들/부모님에게 나는 중요해!"라고 쓸 수 있어요. 이렇게 자신을 기분 좋게 만드는 새로운 신념을 만들어보세요.

그리고 태양 아이 그림에 긍정적인 핵심 신념들을 기록하세요.

연습 👉 강점과 자원 찾기

긍정적 신념과 더불어 자신의 강점과 자원을 정확히 아는 것도 중요합니다. 강점에는 유머, 용기, 사회성처럼 당신에게 도움이 되는 성격이나 능력이 포함돼요. 한 번쯤 자기 자신에게 아주 관대해져보세요. "자화자찬은 금물" 같은 표현은 쓸데없는 말이에요. 자신에 대해 좋은 점을 말하는 게 어렵다면 친구들이 당신에 대해 어떤 긍정적인 면을 칭찬해줄지 떠올려보세요. 아니면 친구들에게 직접 물어봐도 괜찮아요.

강점을 찾는 데 도움이 되도록 몇 가지 예를 들어볼게요.

강점 목록

유머가 풍부하다, 정직하다, 신의가 있다, 남을 잘 돕는다, 지적이다, 창의적이다, 성찰을 잘한다, 사회성이 좋다, 호감이 간다, 절제력이 뛰어나다, 매력적이다, 유연하다, 아량이 넓다, 재미있다, 운동을 잘한다, 정중하다, 관대하다, 교양이 있다, 호기심이 넘친다, 원만하다, 정열적이다, 안정적이다, 유쾌하다, 신중하다, 의욕이 왕성하다 등

당신의 강점을 태양 아이 그림에 써보세요.

자원 부분에는 당신에게 힘이 되는 원천이나 든든한 뒷받침이 되어주는 외부 생활 조건을 모아 적어보세요.

자원 목록

좋은 친구, 원만한 관계, 가족, 자녀, 좋은 직업, 충분한 돈, 건강, 자연, 음악, 멋진 집, 반려동물, 좋은 직장 동료, 여행 등

당신의 자원을 태양 아이 그림 주변에 써보세요.
자원을 찾았다면 이제 가치로 넘어가볼게요.

자기 보호에 급급하는 대신
의미 있는 가치에 헌신할 것

인간은 이기적일 뿐이며 자신의 이익에 따라서만 행동한다고 오랫동안 받아들여져왔습니다. 그러나 최근 뇌 과학 연구는 이런 명제를 반박합니다. 순전히 이기적이기만 한 사람은 살아남을 가능성이 매우 낮다는 거예요. 그 대신 인간은 무리 지어 살고 협력하도록 되어 있다는 거지요. 저명한 과학 저술가 슈테판 클라인Stefan Klein은 저서 《이타주의자가 지배한다》에서 이타주의가 뇌 속에서 마치 섹스나 초콜릿 같은 효과를 일으킬 수 있다고 썼습니다. 우리 행동이 더 높은 가치를 위한 것이고 공동체나 다른 개인을 돕는다는 느낌이 들면, 더 깊은 수준의 행복감을 느낄 수 있어요. 우리는 어떤 행동을 할 때 의미를 찾으려 합니다. 반대로 무의미하다는 생각이 들면 우울증이 나타날 수 있어요. 실제로 우울증의 주요 증상 가운데 하나가 모든 일이 무의미하다고 느끼는 거예요.

오스트리아 출신의 저명한 의사 빅터 프랭클은 '의미 치료'를 창안했어요. 프랭클은 사람들이 더 높은 가치에 기반하여 행동하고 의미 있는 일을 하면 내면의 두려움을 극복할 수 있다고 주장했습니다. 자기 보호보다 더 큰 의미가 있는 목표에 헌신할 때, 스스로를 뛰어넘어 성장할 수 있다는 거지요. 예를 들어 다음 승진에서 밀려날까 봐 상사에게 자기 의견을 솔직히 말하기가 너무 두렵다면, 더 높은 가치를 통해 이 두려움을 극복할 수 있어요. 솔직한 의견을 말하면 동료가 부당한 대우를 받지 않도록 할 수 있다는 점을 떠올려보는 식으로요.

이런 생각을 뒷받침하는 정의와 용기 같은 더 높은 가치는 비난과 상실에 대한 그림자 아이의 두려움을 극복할 수 있도록 당신을 격려해줍니다.

가치는 탁월하게 효과적인 불안 완화제예요. 의식하지 않더라도 우리는 일상생활에서 가치를 기반으로 행동합니다. 그 가치가 침해되어야 비로소 그것을 의식하지요. 예컨대 정의는 침해당했을 때 내면에서 엄청난 힘을 발휘하는 가치예요. 그러므로 우리는 힘과 내면의 안정을 찾기 위해 높은 가치를 매우 의식적이고 긍정적으로 활용할 수 있어요.

그림자 아이를 지키기 위한 많은 자기 보호 전략은 우리를 다소 자기중심적으로 만들 수 있습니다. 우리가 지나치게 자기 보호에만 신경 쓰면 더 높은 가치를 놓쳐버려요. 이에 해당하는 일상적인 사례를 살펴볼게요.

자브리나는 친구 아이샤와 거리를 둡니다. 아이샤가 자브리나의 몸매 평가를 하는 바람에 마음이 상했거든요. 그러나 자브리나는 아이샤가 당황할까 봐 자신이 상처받았다는 사실을 툭 터놓고 이야기하지 않아요. 그래서 자브리나는 차라리 연락을 끊어버려요. 여기서 자브리나는 아이샤를 대하는 자신의 행동이 정말로 공정한가라는 질문을 스스로에게 던질 수 있습니다. 공정성이란 자브리나가 옹호하는 가치이자 그림자 아이를 극복할 수 있도록 도와주는 가치예요. 우정이란 가치도 마찬가지예요. 자브리나는 그간 아이샤와 함께 좋은 추억을 많이 쌓았어요. 자브리나가 연락을 끊는 바람에 아이샤는 자기 입장을 밝히거나 사과할 기회조차 얻지 못했지요. 아이샤는 최근 자브리나를 만날 때면 왜 보이지 않는 벽에 부딪히는 기분이 드는지 전혀 이해하지 못하고 있어요. 자브리나가 왜 그렇게 행동하는지 털어놓았다면 대화를 통해 두 사람은 다시 가까워질 수 있었을지도 몰라요. 자브리나가 입을 열었다면 두 사람은 친구로 남았을 수도 있지요. 반면 자브리나가 침묵하고 일방적으로 거리를 두는 바람에 우정이 망가지고 아이샤도 상처받았어요. 자브리나가 공정성, 우정, 솔직함, 용기 같은 가치에 따라 의식적으로 행동했다면 이런 상황을 피할 수 있었겠지요.

독자 여러분은 도대체 왜 자브리나가 이 문제를 책임져야 하는지 의아해할지도 몰라요. 결국 자브리나를 기분 나쁘게 한 사람은 아이샤였으니까요. 여기서 저는 다시 한번 개인적 책임을 강조하고 싶습니다. 상처받은 사람은 자브리나이고 이 감정을 책임져야 하는 사람도 자브리나예요. 우리는 아이샤의 발언이 정말 모욕적이었는지 아니면 자브리나의 그림자 아이가 인지 왜곡을 통해 모욕이라 느꼈는지를 몰라요. 자브리나가 "나는 못생겼어", "나는 부족해", "나는 너무 뚱뚱해" 같은 신념을 가지고 있어서 아이샤가 자기 몸매를 비하했다고 해석했을 수도 있어요. 아이샤는 그저 "짧은 치마보다는 검은 바지가 더 나아"라고 말했을지도 모르지요. 자브리나는 이 말을 그림자 아이의 귀를 통해 다음과 같이 들었을 수 있고요. "너는 짧은 치마를 입기에는 다리가 너무 굵어." 그리고 아이샤의 의도와 상관없이 자브리나는 순간적으로 모욕감을 느끼고 맙니다. 아이샤는 그저 치마 무늬나 모양이 별로라고 생각했을지도 모르는데 말이에요.

모욕이 아닌데도 모욕이라 느끼는 일이 빈번히 일어납니다. 불안을 많이 느끼는 사람일수록 다른 사람의 언행을 개인적 비난이나 거부 반응으로 해석하는 경향이 쉽게 나타나요. 그러므로 자브리나가 솔직하게 털어놨다면 두 사람의 우정에 훨씬 더 이로웠을 거예요. 아이샤에게 왜 그런 말을 했는지 이유만 물어봤어도 충분했을 거예요. 그렇게 했다면 오해를 피할 수 있었겠지요.

또한 100퍼센트 완벽한 의사소통은 존재할 수 없으며 내가 완벽하지 않듯이 주변 사람들도 마찬가지로 완벽하지 않다는 사실을 생각해보라고 조언해주고 싶네요. 나도 의도치 않게 친구 마음을 상하게 할 수 있어요. 내가 솔직하게 비판했는데 친구가 예상보다 더 심하게 불쾌하다는 반응을 보일 수도 있고요. 우리의 말과 행동이 다른 사람에게 어떤 반응을 불러일으킬지 정확히 예측할 수 없어요. 정중하고 예의 바르려고 노력해도 상대방이 그렇게 받아들이리란 보장은 없으니까요. 우리가 통제할 수 있는 건 적절한 상황에서 솔직하게 말하는 것뿐이지요.

당신이 자신의 보호 전략으로 뒷걸음치고 있다는 사실을 알아채면 의식적으로 잠시 멈춰서 자신의 행동이 상대방에게 공정한지 스스로에게 물어보세요. 자신을 보호하려고 생각할 때마다 당신이 하는 행동이나 하지 않는 행동이 과연 올바른지 스스로에게 물어보세요. "어떻게 하면 나를 가장 잘 보호할 수 있지?"라는 질문 대신 "무엇이 올바르고 의미 있는 행동이지?"라는 질문을 던져보고 그에 따라 행동하세요. 이 질문을 개인적 지침으로 삼으면 그림자 아이와 두려움을 극복할 수 있을 거에요. 이는 당신이 상황에 더 잘 대처할 수 있도록 도와줄 뿐 아니라 더 나은 사람이 될 수 있도록 도와줄 겁니다.

연습 ☞ 나만의 가치 정하기

이제 그림자 아이의 두려움과 열등감을 건강하게 극복하는 데 도움이 되는 개인적 가치를 찾아봅시다. 이 주제를 생각하기 시작하면 아마 관용, 정의, 친절 등 당신에게 중요한 가치가 많이 떠오를 거예요. 하지만 이 연습에서는 가치를 최대 세 가지까지만 고르는 게 좋아요. 신념과 마찬가지로 일상에서 빨리 불러낼 수 있어야 가치를 효과적으로 실천할 수 있거든요. 그러므로 당신의 보호 전략에 효과적인 치료제가 될 만한 가치로 국한하는 게 가장 좋습니다.

예를 들어 후퇴와 조화를 추구하는 보호 전략에 대해서는 그에 반대되는 가치, 즉 좀 더 자신(과 타인)을 위해 일어서고 싸워줄 힘이 되는 가치가 필요하다는 뜻이에요. 여기에는 정직, 배짱, 도덕적 용기, 공정성, 책임감, 품위 등이 있어요.

반대로 완벽을 추구하고 항상 모든 일을 제대로 해내려 노력하는 보호 전략에 대해서는 이를 상쇄하는 좋은 '반대 가치'로 평온함,

삶의 기쁨, 신에 대한 믿음, 겸손함 등이 있어요.

　권력을 강하게 추구하는 보호 전략에 대해서는 권력 동기를 상쇄시켜주는 신뢰, 공감, 민주주의 같은 가치가 도움이 될 수 있습니다.

　그러니까 그림자 아이의 두려움과 걱정을 극복하는 데 도움이 되는 가치를 찾아보세요.

　이 과제를 수행할 때 영감을 받을 수 있도록 다음과 같이 여러 가치를 모은 목록을 준비했어요.

가치 목록

　공정성, 정의, 솔직함, 배짱, 도덕적 용기, 충성심, 정직함, 신의, 책임감, 진정성, 자선, 우정, 신뢰, 즐거움, 온화함, 침착함, 신중함, 관대함, 성찰, 자기 관리, 지혜, 교양, 자비, 품위, 배려, 친절, 겸손함, 투명성, 민주주의, 관용, 공감, 이해심, 평화 사랑, 선의, 헌신, 사랑

　태양 아이 그림의 머리 위에 알록달록한 색으로 당신의 가치를 써넣으세요. 이 위치는 가치는 마음 먹기에 달렸다는 점을 나타내요. 그리하여 가치는 특히 내면 어른을 강화해준답니다.

**명랑한 성격과 행복한 인생은
나에게 달려 있다**

　새로운 신념, 더 높은 가치, 강점과 자원을 의식하면 그림자 아

이를 치유하고 태양 아이를 살리는 데 큰 도움이 됩니다. 둘 다 감정 및 기분과 크게 관련되어 있어요. 기분이 좋지 않으면 아무리 좋은 신념과 중요한 가치가 있어도 아무 소용이 없으니까요.

심리학자 옌스 코르센은 저서 《나와 타인Ich und die Anderen》에서 순전히 의무감에서 올바른 결정을 내릴 수도 있지만 '고양된 기분'에서 실행에 옮길 경우 인생이 훨씬 더 수월해진다고 말했습니다. 코르센은 기분이 생각과 판단에 얼마나 많은 영향을 끼치는지 이해하기 쉽게 설명해요. 고양된 기분 상태에서는 좀 더 친절하고 유머러스하고 관대하고 자비로워요. 그래서 자기 자신뿐 아니라 주변 사람들도 기분이 더 좋아지지요. 반대로 기분이 나쁘면 쉽게 짜증 내고 공격적인 태도를 보이거나 동굴 속으로 숨어들어 완전히 문을 닫아버려요.

기본적으로 우리는 어떻게 해서든 기분의 균형을 유지하기 위해 끊임없이 노력합니다. 이는 쾌감과 밀접한 관련이 있어요. 우리는 가능한 한 불쾌감은 피하고 쾌감은 얻으려 하지요. 다시 말해 행복을 추구합니다. 행복으로 가는 길은 매우 다양할 수 있지만 모든 사람에게 통용되는 몇 가지 기본 조건이 있어요. 고대 그리스인은 이미 이 사실을 알고 '에우다이모니아eudaimonie'라는 개념을 사용했는데, 말 그대로 해석하면 선한 악마와 연결되어 있다는 뜻입니다. 에우다이모니아는 독일어로 주로 '행복Glück'이라 번역돼요(적절한 해석을 놓고 학자들 사이에 의견이 분분합니다). 그리스인에게 에우다이모니아는 외부 요인을 통해 도달할 수 있는 것이 아닌 올바른 삶의 방식에서 비롯한 상태였습니다. 올바른 삶의 방식에는 무엇보다 자족, 절제, 덕성德性이 포함되어 있습니다. 에우다이모니아는 즐거운 감각을 추구하는 쾌락주의와는 구별되어야 해요. 감각적 쾌락은 단기적으로 희열감을 불러일으키지만 '올바른 삶의 방식'은 고요하지만 지속적인 형태의 행복을 가져다줍니다. 플라톤과 그의 동료들은 오늘날 우리만큼이나 현명하게 이 점을 간파했어요. 이보다 더 혁신적인 새로운 발견은 그 후로 나오지 않았거든요. 최근 뇌 과학 연구는 그리스 철학자들이 대체로 옳았다는 사실을 증명할 따름이에요. 행복은 훈련을 통해 얻을 수 있고 전적으로 삶에 대한 우리의 사고방식에 달려 있다는 거지요. 불교인 역시 같은 맥락에서 이야기하지만, 그들은 행복을 얻는 것보다는 고통을 없애는 것에 초점을 맞춰요. 불교인은 올바른 삶에 대해 명확히 생각하는 바가 있으며 '팔정도八正道', 즉 열반의 경지에 이르게 하는 여덟 가지 고귀한 길을 가르칩니다.

훈련을 통해 행복을 얻을 수 있음을 학문적으로 증명하기 위해 뇌 과학자 리처드 데이비드슨Richard Davidson은 달라이 라마에게 그의 최측근 승려 여덟 명을 연구할 수 있게 해달라고 부탁했습니다. 그들은 시끄러운 소음을 내는 자기 공명 영상MRI 장치의 좁은 관에 누워 깊은 이완 상태에 들어가야 했어요. 실제로 그들은 이 어려운 조건에서 깊은 이완 상태에 빠지는 데 성공했습니다. 이를 통해 연구자들은 명상하는 승려들의 뇌를 관찰할 수 있었어요. 연구 결과에 달라이 라마는 크게 놀라지 않았을 거예요. 능동적 명상은 뇌 구조를 바꿉니다. 비非불교 신자 150명으로 구성된 대조군과 비교했을 때 승려들의 좌측 전두엽 활동량이 훨씬 많았어요. 이 뇌 영역 또는 이 영역의 활동은 기분 좋은 상태나 낙관적인 기질을 나타냅니다. 그래서 낙관주의자는 자주 불행하다고 느끼는 사람보다 좌측 전두엽이 훨씬 더 활성화되어 있어요. 이 뇌 영역은 명랑한 기질과 침착한 성격을 관장하는 듯해요. 이는 천성적으로 행복한 사람과 잘 훈련된 불교도의 특징이기도 하지요. 이 실험에서 도출할 수 있는 결론은 행복은 마치 근육처럼 훈련으로 키울 수 있는 기술이란 거예요.

저는 이 책에서 기분 좋아지는 방법과 '올바른 삶의 방식'에 도움이 되는 아이디어를 많이 제공할 거예요. 이를 위해 보물 전략을 활용하여 새로운 행동 방식을 찾아내고, 상상력과 신체 기억의 도움을 받아 새로운 삶의 태도, 태양 아이 감각을 설정하려 합니다.

좋은 자세가 좋은 기분을 만든다

내면의 태양 아이 감각을 끌어내기 전에 먼저 내면 어른을 위한 몇 가지 정보를 알려드릴게요. 이미 설명했듯 우리 뇌는 현실과 상상을 잘 구분하지 못해요. 따라서 상상력이 변화 과정에서 아주 중요한 조력자 역할을 한답니다. 우리 뇌는 형상, 색깔, 냄새, 소리 등을 바탕으로 번개처럼 빠른 속도로 긍정적이거나 부정적인 연상을 할 수 있어요. 어떤 모습, 어떤 멜로디, 어떤 향기가 순식간에 상상의 세계 또는 감정의 세계를 불러일으키는 경험을 한 적이 있을 거예요. 우리는 뇌의 이런 능력을 활용해 일상에서 태양 아이 모드로 빠르게 전환하는 데 도움이 되는 긍정적 연상을 의도적으로 만들 거예요. 그리고 태양 아이를 신체 기억에 단단히 고정할 거예요. 왜냐하면 신체는 기분에 아주 큰 영향을 미치거든요. 신경 생물학 연구에 따르면 기분이 자세에 영향을 줄 뿐 아니라 반대로 자세가 기분에 영향을 준다고 해요. 바른 자세로 걸으면 어깨를 움츠리고 시선을 아래로 향한 채 걸을 때보다 훨씬 더 자신감이 생겨요. 직접 실험해볼까요. 자리에서 일어나 머리 위로 팔을 쭉 뻗고 하늘을 올려다보며 기분이 나빠지는지 느껴보세요. 반대로 머리를 숙이고 어깨를 움츠린 상태에서 바닥을 바라보며 기분이 좋아지는지 살펴보세요. 둘 다 아주 어려울 거예요.

자세가 기분에 얼마나 큰 영향을 주는지에 대해서는 특히 미국 사회 심리학자 에이미 커디Amy Cuddy가 자세히 연구한 바 있습니다. 예를 들어 커디는 실험을 통해 여성과 남성 모두 면접 보기 전에 약 2분간 이른바 '파워 포즈power pose'를 취하면 면접을 훨씬 더 잘 본다는 사실을 알아냈어요. 이들은 2분 동안 다리를 넓게 벌리고 허리에 손을 얹은 자세로 똑바로 서 있었습니다. 더 자세한 내용을 알고 싶다면 인터넷에서 에이미 커디의 강연을 찾아보세요.

연습 ☞ 내면의 태양 아이 확립하기

이제 당신의 감정, 마음 그리고 신체에 태양 아이를 확립하는 연습을 하려 합니다. 이 연습은 일종의 놀이라고 부를 수도 있어요. 태양 아이도 그걸 훨씬 더 좋아한답니다.

이 놀이를 하려면 똑바로 서 있는 게 가장 좋아요. 태양 아이 그림을 앞쪽 바닥에 내려놓으세요. 당신의 몸을 의식적으로 알아차려 봅니다. 지금 상태가 어떤가요? 그러고 나서 감정의 중심인 배와 가슴 부분에 집중하세요.

1 긍정적 신념들을 큰 소리로 읽고 내면을 느껴보세요. 그러고 나서 긍정적 신념들을 작은 소리로 읽으면 어떤 느낌이 드나요?

2 인생에서 긍정적 신념들이 실제로 일어났던 과거나 일어나고 있는 현재 상황을 떠올려보세요. 친구와 함께 있는 상황일 수도 있고 일을 하거나 운동을 하는 상황일 수도 있고 휴가 중 상황일 수도 있지요. 음악을 듣거나 자연에 머무르는 상황일 수도 있고요. 살면서 한 번쯤은 긍정적 신념들이 적절하고 올바르게 느껴진 상황이 분명 있었을 거예요.

3 이제 당신의 자원들로 생각을 옮겨 갑니다. 시각, 청각, 후각, 미각 등 모든 감각을 동원해 당신의 자원들을 떠올려보세요. 이 자원들이 당신에게 힘을 주는 것을 느껴보세요.

4 그러고 나서 당신의 강점들에 집중합니다. 강점들을 생각만 하지 말고, 조용히 소리 내어 읽을 때 몸에서 어떤 느낌이 드는지 살펴보세요. 어떤 느낌이 드나요?

5 그다음에 당신의 가치들로 넘어갈게요. 가치들을 소리 내어 읊고 몸 안에서 어떤 반응, 어떤 느낌이 발생하는지 살펴보세요. 이 가치들이 당신에게 힘이나 평온함을 주는 것을 느껴보세요.

6 모든 것을 한꺼번에 느껴보세요. 당신의 몸이 태양 아이를 어떻게 느끼나요?

이런 내면 상태에서 방을 걸어다니며 당신의 태양 아이 자세를 찾아보세요. 그 상태에 있을 때 온몸이 어떻게 느끼는지 살펴보세요. 태양 아이 모드일 때 호흡이 어떻게 흘러가는지 의식적으로 느껴보세요. 태양 아이 감각을 표현하는 작은 동작을 찾아보세요. 몸이 자연스럽게 이 동작을 취하도록 하세요. 이 동작은 일상에서 필요할 때마다 언제나 이 좋은 상태를 불러일으킬 수 있도록 도와주는 이른바 닻의 역할을 합니다. 어떤 내담자는 즉흥적으로 손을 활짝 펴서 일종의 넉넉한 그릇이 생겨나게 했어요. 그녀의 태양 아이 동작으로 그런 이완된 손동작을 만든 거지요.

이 좋은 기분을 태양 아이 그림의 배 부분에 써넣으세요.

추가 조언: 태양 아이의 좋은 내면 상태에 머무르세요. 그리고 그 느낌을 활용해 그걸 표현할 수 있는 이미지를 만들어보세요. 바다를 볼 수도, 아름다운 풍경을 볼 수도, 아니면 놀이터나 숲속 작은 집을 볼 수도 있어요. 이 이미지를 태양 아이가 주는 선물이라 생각하세요. 태양 아이가 어떤 선물을 줄지 기대해도 좋아요.

당신의 태양 아이 안에서 발견한 이미지를 하나의 키워드로 써보세요.

일상 속 태양 아이

당신의 (매우 알록달록한) 태양 아이 그림은 올바른 방향을 알려주는 목표 상태입니다. 이는 일단 외적으로 버팀목이 되어주고, 규칙적으로 놀이하듯 강화한다면 내적으로 버팀목이 되어줄 수도 있어요. 4장에서는 이를 위한 보물 전략을 찾아볼 거예요.

이제 당신은 태양 아이를 최대한 자주 불러올 수 있어요. 재빨리 불러와야 하는 경우에는 새로운 신념들 그리고/또는 가치들을 읊조리거나 강점들과 자원들을 떠올리기만 해도 좋아요. 태양 아이 모드로 전환하는 가장 빠른 방법은 상상 속 이미지를 소환하는 것이고요. 모든 내용을 활용해 놀이하듯 해보세요. 상황에 따라 가장 필요한 내용을 내면에 불러내보세요. 매번 내면으로 들어가서 신념들, 가치들, 이미지, 자원들이 어떤 반응을 일으키는지 느끼는 것이 매우 중요합니다. 그래야 태양 아이를 당신 몸 안에 단단히 확립할 수 있으니까요.

물론 그림자 아이도 잊으면 안 돼요. 그림자 아이는 계속 당신을 독점하려 들 거예요. 방심하는 순간 과거의 감정과 신념으로 돌아가버릴 거예요. 그래서 내면 어른이 항상 깨어 있어야 해요. 그림자 아이 모드로 빠져드는 순간을 제때 알아차릴 수 있게요. 그러면 의식적으로 태양 아이 모드로 전환하거나 일단 먼저 그림자 아이를 위로해줄 수 있을 거예요. 이 모든 게 과거의 감정과 투사에 지나지 않는다는 사실과 이것이 오늘날 현실과 일치하지 않는다는 사실을 깨달을 수 있도록 곧장 어른 자아로 전환할 수도 있어요.

그리고 일상에서 태양 아이가 성장할 수 있는 여지를 충분히 제공해야 해요. 이를 위해 즐겁고 재미있고 행복한 경험을 더 많이 하기만 하면 돼요. 기분을 끌어올리면서 자신의 건강이나 다른 사람에게 해가 되지 않는 활동이라면 뭐든 좋아요. 태양 아이에게 어떤 아이디어가 있는지 한번 물어보세요. 분명 많은 생각이 떠오를 거예요.

몇 가지 사소한 놀이로 하루를 시작하는 방법이 가장 좋아요. 지금부터 예로 드는 놀이를 하는 데 5분도 안 걸린답니다.

웃음은 엄청난 도움이 됩니다. 웃음은 전혀 웃을 기분이 아닐 때조차 도움이 돼요. 일부러 웃어도 기분이 긍정적으로 바뀐다는 사실이 확인되었어요. 이건 웃음 요가의 바탕에 깔려 있는 생각이기도 합니다. 제가 세미나에서 이 이야기를 꺼내자 한 참가자가 "우울증 회복에 웃음이 진짜 도움이 됐어요!"라고 털어놓더군요. 바로 그거예요. 아침에 1분만 시간을 내서 웃으세요. 그냥 웃으세요. 인위적 웃음이 진짜 웃음으로 바뀌고 심지어 배가 아플 정도로 웃음이 터져 나오는 순간, 당신은 깜짝 놀랄 거예요.

그러면 다음의 놀이도 곁들여보세요. 하늘을 향해 두 팔을 뻗고, 같은 방향을 보면서 당신의 새로운 신념들과 가치들을 외쳐보세요. 원한다면 당신의 강점들과 자원들을 추가해도 좋아요.

그리고 나서 제자리에서 폴짝폴짝 뛰어보세요. 두 팔을 흔들거나 엉덩이를 흔들거나 코끼리 코를 만들어보는 등 어린 시절의 행동이 떠오르도록 해주세요.

아침마다 기분이 좋아지는 간단한 운동 프로그램을 짤 수도 있어요. 좋아하는 음악에 맞춰 춤을 출 수도 있겠네요. 저는 거의 매일 아침 트램펄린에서 뛰어요. 이렇게 점프를 하면 머릿속에서 좋은 기분이 떠올라요.

태양 아이 감각은 4장에서 설명할 보물 전략을 적용하기 위한 훌륭한 바탕이 되어줍니다. 반대로 태양 아이 모드로 전환하는 데 보물 전략이 도움이 되기도 하고요.

4장

보호 전략에서
보물 전략으로

그림자 아이의 존재를
알아채고 돌봐주세요

지금부터 태양 아이의 기운이 넘치는 상태 또는 이성적인 내면 어른 상태에 최대한 자주 머무를 수 있도록 인식, 생각, 감정을 조절하는 방법을 알려드릴게요. 이는 부정적인 각인과 신념, 그와 함께 나타나는 투사와 인지 왜곡 문제를 해결하고 보물 전략이라 부르는 적절한 보호 전략을 실행하는 것이기도 해요. 목표는 전반적으로 자기 보호가 덜 필요한 상태를 만드는 겁니다. 다시 말해 자기 자신을 (좀 더 많이) 좋아할 수 있도록 도와드릴 거예요. 당신이 그림자 아이를 포함해 스스로를 더 많이 지지할수록 세상 앞에서 자기 자신을 감출 필요가 줄어드니까요. 자기 자신에게 진실할수록 더 행복한 인간관계를 만들어나갈 수 있어요. 자기 자신에게 더 많이 다가갈수록 스스로는 물론이고 다른 사람들과도 잘 지낼 수 있어요.

저는 당신이 자신과 세상에 만족할 수 있도록 더 나아지고 아름다워지는 방법을 설명하는 게 아니에요. 당신이 자기 자신뿐 아니라 그림자 아이와 평화로운 관계를 맺고 태양 아이를 웃게 만들기 위해 어떻게 하면 스스로를 받아들이고 적절한 방법으로 자기주장을 펼칠 수 있는지 가르쳐드리는 거예요.

스스로와 현실을
있는 그대로 받아들이기

인생의 거의 모든 것이 인간관계를 중심으로 돌아갑니다. 좋은 관계는 우리를 행복하게 하고 나쁜 관계는 우리를 불행하게 해요. 아무리 재산이 많아도 외로우면 무슨 소용인가요? 대단히 성공해도 주변에 가까운 사람이 단 한 명도 없다면 무슨 소용인가요? 깊은 외로움은 인간이 겪을 수 있는 가장 끔찍한 심리 상태입니다.

우리는 인정받고 공동체에 소속되기를 갈망합니다. 우리의 애착 욕구는 실존과 관련된 아주 중요한 것입니다. 따라서 우리의 보호 전략은 인간관계에 초점을 맞추고 있어요. 인정과 호감을 얻고 공격이나 거절을 당하지 않도록 도와주는 전략이어야 하지요. 온 세상이 인정이라는 성공 원칙에 따라 돌아갑니다. 인정받고 싶다면 더 잘나거나 더 아름답거나 더 막강한 권력을 가지거나 더 부유하거나 다른 사람들과 '완전히 달라야' 해요. 반면 약점은 절대 들켜선 안 돼요.

그리하여 보호 전략은 있는 그대로의 모습을 보여주지 않거나 진실된 모습을 부분적으로만 보여주는 쪽으로 흘러갑니다. 보호 전략의 도움을 받아 겉으로 보기에 강한 면을 드러내고 약한 면을 감춥니다. 자신을 사랑받을 만한 존재로 만들어준다고 생각하는 겉모습만 나타내는 거예요. 결과적으로 보호 전략 때문에 다른 사람과 가까워지기는커녕 오히려 점점 더 멀어져요. 우리가 완벽하고 타인의 존경을 받는다고 해서 누군가와 친밀해지는 건 아니거든요. 무리하게 조화를 추구하는 과정에서 비롯된 거짓된 언행으로 이룰 수 있는 결과도 아니지요. 친밀한 관계는 비판과 공격, 역할 놀이와 위장, 권력 추구, 도피와 후퇴를 통해 만들어지지 않아요. 진정으로 가까운 관계는 오로지 진정성, 솔직함, 공감을 통해 만들어집니다.

만약 당신이 누군가와 그리 가까워지고 싶지 않고 다른 사람들과 거리를 둘 때 가장 편안하다고 주장한다면, 후퇴라는 보호 전략을 쓰고 있는 거예요. 왜냐하면 실제로 외향인보다 타인과의 교류를 덜 필요로 하는 유전적 내향인도 행복하려면 정말로 가까운 사람 한 명 정도는 필요하거든요. 그 사람을 '있는 그대로' 좋아하고 심지어 사랑해주는 한 사람 말이에요. 결국 우리 모두는 이 한 사람을 열망해요.

따라서 보물 전략의 목표는 인간관계를 개선하는 것이지 더 크게 성공하는 것이 아닙니다. 새로운 보물 전략을 획득하면 성공할 확률이 높아질 순 있지만 이는 스스로에게 진실해지고 자기주장을 펼치게 되고 나서 얻는 부수적 효과일 뿐이에요. 그리고 보물 전략은 이상적인 자아, 즉 이상적으로 자기 자신이 이랬으면 좋겠다는 바람이 아니라 실제 자아를 위한 것입니다. 보물 전략은 자기 자신을 있는 그대로 받아들이도록 도와줍니다. 우리는 애초에 다른 사람과 더 가까워지는 데 이상적인 자아보다 실제 자아가 더 유용하다는 사실을 알고 있어요. 진실한 상태에서 당신의 약점을 받아들여주는 사람과 함께 있을 때 가장 편안하다고 느끼니까요. 어쩐지 완벽해 보이는 사람과 함께 있으면 쉽게 열등감을 느끼지요. 완벽하게 이상적인 상태는 타인의 질투만 불러일으킬 뿐 진짜 호감을 사는 데에는 별 도움이 되지 않는다는 사실을 항상 명심하세요. 부족한 점이 있다는 게 오히려 매력이니까요.

대부분의 내담자는 어떤 형태로든 인간관계에 문제가 있어서 저를 찾아옵니다. 파트너, 동료, 친구, 가족과 문제가 있거나 이 사람들 모두와 문제가 있는 경우도 있지요. 인간관계 문제의 밑바닥에는 언제나 자기 자신과의 관계 문제가 깔려 있어요. 우울증이나 공황 발작처럼 인간관계와 전혀 관련 없어 보이는 문제도 마찬가지예요. 앞서 나왔던 밥시처럼 이런 문제 이면에도 인간관계 문제가 숨어 있는 경우가 많아요.

인간관계 문제는 그림자 아이의 신념과 보호 전략에서 비롯됩니다. 실제로 관계가 힘들어진 책임이 솔직하지 못하거나 교활한 상대에게 있는 경우에도 그래요. 왜냐하면 왜 그에게 속았는지, 왜 그에게서 벗어나지 못했는지, 왜 매번 그 사람 때문에 화나는지, 왜 그에게 선을 긋지 못하는지, 이런 질문을 반드시 스스로에게 던지고 해결해야 하거든요. 따라서 모든 인간관계에서 자신이 뭘 잘못하고 있는지 면밀히 살펴볼 수 있어요. 그리고 모든 인간관계에는 배울 점이 있답니다. 심지어 우리를 한계까지 밀어붙이는 어려운 사람에게서 배울 점이 가장 많아요. 저명한 심리학자 로버트 베츠 Robert Betz는 이런 사람을 "빌어먹을 천사ass angel"라고 불렀는데, 저는 이 표현이 꽤나 재미있고 적절한 듯해요. 천사 같지 않은 행동을 하지만 천사라는 뜻인데, 그들의 선함이 아니라 악함을 통해 우리가 스스로를 더 잘 알게 만들어주거든요. 예컨대 조화 추구라는 보호 전략을 쓸 때 "빌어먹을 천사"의 도움으로 자기주장을 펼칠 수 있어요. 반대로 자제력을 너무 빨리 잃는다면 "빌어먹을 천사"와의 상호 작용을 통해 평정심을 유지하는 법을 훈련할 수 있지요.

누구나 한 번쯤은 "빌어먹을 천사"에게 자신에 대한 부당한 평가를 받아봤을 거예요. 그러면 분노와 무력감이 들지요. 누군가가 내가 전혀 하지도 않았고 말하지도 않았고 의도하지도 않았던 일을 나에게 투사하는 경우 보통은 승산이 없어요. 이런 상황은 대화로 풀 수 없고 '가해자', 그러니까 '인지 왜곡을 하는 사람'이 자신의 투사를 해소하고 자아 성찰을 해야 해결돼요. 하지만 그는 그럴 준비가 되어 있지 않고 그리고/또는 그럴 능력이 없기에 우리는 할 수 있는 일이 없어요. 인지 왜곡을 하는 주체가 상사, 배우자, 부모처럼 우리가 어떤 식으로든 의존하는 사람이라면 문제는 더 심각해요. 그가 인지 왜곡에 깊이 빠져 있을수록 자신의 견해에 의문을 품을 여지는 적어지고, 우리가 그와 합의에 도달할 가능성도 줄어들어요. 거의 유일한 합리적 해결책은 그와의 연을 끊는 것인데 이게 불가능하다면 마음속에서 거리를 둬야 해요.

　때로는 우리 스스로 누군가에게 "빌어먹을 천사"가 되기도 해요. 그러니 우리 모두가 피해자이자 가해자인 셈이지요. 우리는 매우 부당한 대우를 받으면서 동시에 인지 왜곡을 통해 다른 사람을 부당하게 대하기도 합니다. 그의 고통을 단순히 무시하는 수준이어도 그래요. 따라서 인간관계를 개선하고 싶다면 무엇보다도 자기 인식을 포함한 인식 전반을 개선하는 것부터 시작해야 해요. 그림자 아이의 의도대로 행동하는 순간 다른 사람들과 눈높이가 달라져요. 열등하다고 느끼면 상대가 순식간에 공격자로 보여요. 우월하다고 느끼면 상대가 순식간에 '멍청이'로 보이고요. 인식은 주관적 현실의 기지국이며, 따라서 보호 전략을 다룰 때와 마찬가지로 먼저 인식부터 살펴볼게요.

핵심은 그림자 아이에게
조종당하는 순간을 알아차리는 것

　학습 과정에서는 반복해야 효과가 있어요. 그래서 이 책의 핵심 메시지를 한 번 더 상기시켜드릴게요. 그림자 아이 모드에 붙잡혀 있으면 이를 포착하고 어른 자아로 전환하세요. 그림자 아이와 그의 신념을 다 알고 있는데도 그림자 아이의 현실에 갇혀 있는 경우가 많아요. 저는 내담자들에게서도 이런 현상을 거듭 발견해요. 그들은 문제 해결을 위한 모든 지식을 알고 있으면서 중간중간 자꾸 잊어버려요. 여기에는 세 가지 이유가 있는 것 같아요.

1 내면 어른이 그림자 아이 문제를 실제로 심각하게 받아들여야 한다는 사실을 믿지 못한다.
2 어린 시절에 각인된 관점으로 세상을 보는 데 너무나 익숙해서 다른 진실을 믿기가 매우 어렵다.
3 자신의 감정과 생각을 책임지는 것을 회피하며 외부에서 구원의 손길이 다가오기를 기다린다.

그림자 아이와의 동일시는 대부분 자동으로 일어나기 때문에 우리는 전혀 알아차리지 못합니다. 서른세 살 크리스틴은 살던 집 임대 계약 종료 문제로 화난 이야기를 들려주었어요. 집주인은 새로운 세입자 찾는 일을 부동산 중개인에게 맡겼어요. 중개인은 집을 보여주기로 약속한 시간보다 30분이나 늦은 데다 사람을 열다섯 명이나 데려왔지요. 크리스틴은 중개인이 늦었을 뿐 아니라 자신에게 미리 알리지 않고 그토록 많은 사람을 데려온 것에 화가 났어요. 하지만 꾹 참고 사람들에게 집을 보여줬고 그들이 떠난 다음 중개인과 답 없는 싸움을 벌였지요. 크리스틴은 자신이 얼마나 쉽게 '좋은 기분'에서 '나쁜 기분'으로 넘어가는지, 얼마나 심하게 분노의 노예가 되는지 보여주는 사례 중 하나라고 이야기하더군요.

크리스틴은 심리 상담 치료를 받으면서 이미 여러 차례 그림자 아이 문제를 다루었는데도 이 상황에서 그토록 화를 낸 주체가 바로 그림자 아이였음을 알아차리지 못했어요. 심리 치료 시간에 이 사건을 그림자 아이와 연관시켜 분석하자 그녀는 분노 폭발에 그림자 아이가 관여했음을 깨닫고 놀라워하더군요. 중개인이 지각하고 미리 상의도 없이 열다섯 명이나 데려온 상황 때문에 "저 사람은 나를 이런 식으로 대해도 괜찮다고 생각하는 거야…!"라는 해묵은 확신이 터져 나왔어요. 그 이면에는 "나는 중요하지 않아", "나는 보잘것없어" 같은 신념이 숨어 있었지요. 여기에 크리스틴은 침해와 공격이라는 보호 전략으로 반응했어요. 그러니까 그녀에게 그런 감정을 불러일으키고 행동하게 만든 건 '상황'이 아니라 그림자 아이의 인지 왜곡에서 비롯한 상황의 해석입니다. 그녀가 중개인의 행동을 그렇게 개인적으로 받아들이지 않았다면 침착하게 대처할 수 있었을 거예요.

크리스틴이 겪은 일은 우리 모두에게 일어날 수 있어요. 우리는 너무 익숙해서 자신이 해묵은 패턴에 갇혀 있음을 깨닫지 못하는 경우가 많아요. 그 상황을 다르게 인식할 수 있다는 생각을 전혀 못 하지요. 스물네 살 레오는 헤어졌던 여자 친구와 다시 만나기로 했다고 말했어요. 이번에는 '모든 것을 제대로' 하겠다면서요. 그에게 과거에 있었던 문제들에 대해 여자 친구와 솔직하게 대화를 나누는지 물었더니 그러지 않는다고 답하더군요. 레오는 여자 친구가 그러고 싶어 하지 않는다고, 그와 함께 좋은 시간을 즐기고 싶어 할 뿐 예전 문제를 꺼내기 싫은 것 같다고 했어요. 레오는 자신이 얼마나 그림자 아이와 동일시하고 있는지 깨닫지 못했지요.

"나는 부족해", "나는 있는 그대로의 내 모습으론 안 돼" 같은 신념에 의지하는 그의 가장 중요한 보호 전략 중 하나는 순응이었어요. 즉 레오는 여자 친구의 입장에서 상상한 모든 기대를 충족시키려고 노력했지요. 그녀가 예전 문제를 이야기하기 싫어한다는 느낌이 들자 피해버렸고요. 완전히 그림자 아이의 관점에서 여자 친구를 인식하고, '착한 소년'이 되고 '모든 것을 제대로' 하려고 한 거예요. 이를 성공시키려고 내면의 안테나를 끊임없이 세운 채 여자 친구가 그에게 바라는 게 뭔지 직관적으로 파악하려 했어요. 거절에 대한 두려움과 파트너에 대한 해석이 그에게는 너무 당연하고 정상적이어서, 스스로 그림자 아이와 동일시하고 있다는 사실을 전혀 알아차리지 못했어요.

그런데 그 순간에 그림자 아이로서 행동하고 있다는 사실은 보통 감정을 통해 알 수 있어요. 그렇게 크리스틴은 분노에 사로잡힌 순간, 레오는 거절에 대한 두려움을 느낀 순간 그림자 아이를 포착할 수 있었어요.

그림자 아이가 아주 사소한 상황에서도 당신의 인식, 생각, 감정을 결정한다는 사실을 명심하세요. 그리고 다시 한번 말하건대, 문제를 해결하고 계속 나아지고 싶다면 자기 자신을 책임지고 새로운 지식을 활용해 적극적으로 스스로를 바꾸려고 노력하는 게 매우 중요해요. 바로 이것이 또다시 그림자 아이와 동일시될 경우에 알아차릴 수 있는 전제 조건이기 때문이에요. 결국 자신이 의식하고 있는 것만 변화시킬 수 있거든요.

부정적이든 긍정적이든
인지 왜곡은 문제를 일으킨다

또다시 그림자 아이 모드에서 불쾌감이 든다면 한 발짝 물러서서 어느 정도 거리를 두고 이 상황을 분석하고 어떻게 해석하고 있는지 스스로에게 물어보세요. 그러니까 어른 자아로 전환하여 당신이 그림자 아이의 눈으로 세상을 바라보고 있다는 사실을 명확히 인식하도록 노력하세요. 왜냐하면 언제나 우리는 '객관적 현실'이 아니라 이런 해석에 반응하는 거니까요. 이는 우리가 세상을 오히려 긍정적으로 왜곡해서 인식하는 경우에도 마찬가지예요. 고통스러운 현실로부터 자신을 보호하기 위해 상황을 애써 좋게 보는 거지요. 그 외에 내면 어른과 태양 아이도 상황을 잘못 판단할 수 있어요. 그러나 그림자 아이에서 비롯된 인지 왜곡이 가장 큰 문제를 일으키기 때문에 이에 관해 더 자세히 살펴보고자 합니다.

끊임없이 무의식적으로 해석하고 있는 탓에 자신의 인식이 얼마나 주관에 강하게 물들어 있는지 깨닫지 못하는 사람이 많아요. 예를 들어 A라는 사람이 '저 사람은 왜 저렇게 날 보면서 기분 나쁘게 웃는 거야!'라고 생각할 경우, A는 정말로 B라는 사람이 자신을 보며 기분 나쁘게 웃고 있는 것인지(즉 자신을 비웃는 것인지) 혹은 그저 친절하게 미소 짓고 있는 것인지 의심해보지 않아요. 저는 심리 치료 상담에 내담자가 주관적으로 해석하는 특정 상황에 대해 함께 분석하는 과정을 반드시 넣습니다. 그림자 아이와 동일시된, 그러니까 자존감이 불안정해서 고통받는 사람은 보통 다른 사람들에게 나뻔 의도가 있다고 생각하는 경향이 강해요. 칭찬받을 때조차 상대가 자신을 조종하려 든다거나 단순히 '조롱'하고 있다고 생각하지요. 이들은 다른 사람이 스스로 생각하는 것보다 자신을 훨씬 더 긍정적으로 평가한다는 사실을 못 믿어요. 그런 일이 막상 실제로 일어나면 상대방이 언젠가 자신의 '진짜' 모습을 눈치챌까 봐 끊임없이 두려움에 떨어요. 이들이 자신의 부정적 신념에 의문을 품고 오해하는 쪽은 자신일지도 모른다고 생각하는 일은 보통 일어나지 않아요.

세상과 인간관계를 미화하여 바라보는 다소 '순진하다'고 할 만한 사람도 있습니다. 이들은 대부분 보호 전략으로 조화 추구를 선택하고 "나는 어린아이로 남을 거야"라는 신념을 가져요. 자신을 적극적으로 방어해야 하는 불편한 상황을 가져올 수도 있는 진실을 매우 두려워하기 때문에 뭐든 좋게 이야기하지요. 조화를 추구하는 사람의 특징은 갈등을 피할 뿐 아니라 갈등의 존재를 깨닫지도 못한다는 거예요. 당신이 선의가 지나치고 순진한 사람이라면 소통하는 상대방의 행동을 어떻게 하면 좀 더 엄격한 잣대로 판단할 수 있을지 잘 생각해보세요. 특히 비판적인 태도를 취하도록 노력하세요. 내면 어른의 도움을 받아 상황을 냉정하게 바라보세요. 또다시 다른 사람들을 위한 변명을 찾고, 실제로 당신을 불쾌하게 했던 문제를 이해해주려고 하는 순간, 즉시 알아차려야 해요.

연습 ☞ 현실을 제대로 인식하고 해석하기

이어지는 연습은 현실에 대한 당신의 해석을 파악하고 변화시킬 수 있도록 도와줍니다. 다음 사례를 참고하되, 실제로는 당신의 이야기로 적용해보세요.

구체적 상황(트리거): 상사가 내 실수를 지적했다.

그림자 아이의 생각(신념): 나는 부족해. 나는 완벽해야 해! 나는 실수해서는 안 돼!

내 해석: 상사는 내가 이 일을 수행할 능력이 없다고 생각하고 다른 직원에게 맡기려고 해.

내 감정: 나는 창피하고 불안해.

내 보호 전략: 완벽과 통제 추구. 나는 더 많이 노력하고 모든 것을 꼼꼼하게 통제하며 야근도 마다하지 않는다.

태양 아이의 생각(긍정적 신념): 나는 실수해도 돼! 나는 이대로 충분해!

상황에 대한 내 해석: 내가 실수해도 상사는 내 업무 수행 능력에 만족하고 있어.

내면 어른의 말(근거): 너는 맡은 업무 분야에 대해 충분히 많이 알고 있어. 너는 꾸준히 노력하고 있잖아. 네 상사와 동료들도 실수할 때가 있어. 네 그림자 아이는 비판에 너무 예민해.

내 감정: 나는 침착함을 유지한다.

내 보호 전략: 나는 실수에서 배우고, 나처럼 완벽하지 않은 다른 사람들을 자비와 이해심으로 대한다.

자기 자신을 솔직하게 인정하고
자비롭게 대해주세요

이제 현실에 대한 해석이 우리가 무엇을 느끼고 어떻게 행동할지에 막대한 영향을 끼친다는 사실을 이해했어요. 그래도 제때 알아차리고, 인지 왜곡을 수정하고, 그림자 아이 모드에서 태양 아이 모드로 전환하는 데 항상 성공하지는 못해요. 그러면 그림자 아이의 부정적인 감정에 빠져버릴 수 있지요. 그럴 때 보통 비슷한 보호 전략을 더 강화하는데, 오히려 문제가 더 심각해져요. 보호 전략으로 후퇴하는 경향을 보이는 경우, 자신만의 동굴 속에 숨어요. 섣불리 까칠하게 반응하는 경우, 공격적인 태도를 보여요. 완벽을 추구하는 경우, 더 많은 노력을 기울이지요. 이런 식으로 악순환이 반복되며 상황은 점점 나빠져요. 자신을 지나치게 그림자 아이와 동일시한 나머지 더 이상 빠져나올 방법을 못 찾게 돼버려요.

당신이 해묵은 패턴에 빠졌다는 것을 제때 알아채고 인식을 바로잡지 못한다면 다른 전략이 이 상태에서 빠져나오는 데 도움이 될 수 있어요. 바로 주의 전환입니다. 주의 전환은 내 감정이나 문제가 아닌 외부 세계에 집중하는 거예요. 외부에서 일어나는 일이나 활동에 온전히 관심을 기울이면 자기 자신을 인식하지 않게 되어 무감각해져요. 이 상태에서는 신체적으로나 정신적으로 고통을 느끼지 않아요. 그래서 주의 전환은 만성 통증으로 고생하는 환자를 위한 심리 치료에서 핵심이 되는 치료 방법이에요. 열정적으로 춤을 추면 아픈 발을 못 느끼는 것과 같은 이치예요. 완전히 주의를 집중하면 스스로를 망각하는 상태에 도달할 수 있어요. 그러면 스트레스에서 벗어날 수 있지요. 주의를 전환하면 자연스레 기분이 더 좋아져서 문제로부터 내적인 거리도 생기고요.

분명 다음과 같은 상황을 한 번쯤은 겪어봤을 거예요. 당신은 X라는 사람에게 너무 화가 나요. 그가 당신을 오해하고 부당하게 대한다고 느끼기 때문이지요. 생각은 이 문제 주변을 끊임없이 맴돌고, 이 생각에 점점 더 빠져들어 분노가 쌓여요. 그러다가 업무에 온전히 집중해야 해서 한동안 주의가 다른 곳으로 전환돼요. 주의 전환을 통해 분노는 점점 뒤로 물러나고 진정됩니다. 이제 당신은 X와의 문제를 훨씬 차분하게 바라볼 수 있어요. 내면의 거리를 확보한 거지요. 거리를 두면 당신의 상황 해석도 달라져요. 이제 이 사건에서 자신의 역할을 알아차릴 수 있어요. 아마 사소한 일을 너무 크게 부풀렸다는 걸 깨달을지도 모르지요. 또는 X와의 문제를 해결할 방법을 찾아낼 수도 있어요. 이 모든 일이 더 이상 그리 중요하게 여겨지지 않으면 '괜찮아, 이제 잊어버려'라고 생각할 수도 있고요.

　'이제 어떻게 해야 할까? 나 자신을 주의 깊게 관찰해야 할까 아니면 주의를 전환해야 할까?'라고 자문할지도 몰라요. 제 대답은 다음과 같아요. 스스로를 멀리서 관찰하여 자기 성찰을 하고 때로는 제때 알아챌 수 있는 것과, 혼자만의 감정에 빠져 끊임없이 자기 생각 주변을 공연히 맴도는 것에는 큰 차이가 있어요. 스스로 부정적인 생각에 점점 더 깊이 빠져드는 건 전혀 도움이 안 돼요. 그래서 자기 관찰이 중요해요. 하지만 그림자 아이의 감정과 신념에 사로잡힐 위험이 있다면 당장은 주의 전환이 도움이 됩니다. 약간 거리를 둘 때 내 감정과 문제를 가장 잘 성찰할 수 있거든요.

　그러니 가끔 잠시 멈춰서 내면에서 일어나는 일을 느껴보고, 다시 외부 세계로 주의를 전환해 주변에서 일어나는 일을 알아차린 뒤, 지금 하고 있는 행동에 집중해봅니다. 자기 자신과 주변 상황에 주의를 기울이며 그 사이에서 적절한 균형을 찾아보세요. 계속 집중해야 하는 아주 심각한 문제로 고통받고 있다면 매일 30분씩 그 문제에 초점을 맞춰 글을 써보세요. 그러면 그 문제로 불안할 때 내면 어른이 모두 다 종이에 적혀 있으니 나머지 시간에 다른 일을 해도 좋다고 다독여줄 거예요. 마음속에서 자꾸만 문제가 떠오르지 않도록, 손목에 고무줄을 끼고 다니는 방법도 있어요. 당신이 그 문제에 사로잡혀 있음을 알아차릴 때마다 고무줄을 튕기며 주의를 전환하는 거지요.

자기 성찰이 고통스럽다고
눈감아버리지 말라

앞서 말했듯 자신을 받아들인다는 건 자신의 모든 것을 훌륭하다고 생각한다는 뜻이 아니에요. 자신의 강점은 물론 약점도 받아들인다는 뜻이지요. 그리고 자기애까지 갈 필요도 없어요. 사랑은 너무 큰 개념이에요. 기꺼이 살아가기만 해도 충분해요. 왜냐하면 그 자체만으로 존재의 이유가 있으니까요.

자신을 어느 정도로 받아들일 수 있을지는 자기 인식의 정도에 달려 있어요. 결국 내가 인식하는 것, 의식하는 것만 받아들일 수 있으니까요. 그런데 내가 스스로 좋다고 생각하는 부분만 받아들일 수 있다면 나는 내 일부만 받아들일 수 있는 셈이에요. 그렇지 않은 부분은 어떻게든 제쳐놓거나 잊어야 하지요. 그래서 많은 사람이 자기 인식에 우회로를 만들어 비교적 무해하거나 전혀 무해한 약점에만 초점을 맞추고, 실제로 자세히 들여다볼 만한 가치가 있는 약점은 의식의 가장자리로 밀어냅니다.

그림처럼 아름다운 여성을 상담한 적이 있는데, 자신이 너무 못생겼다며 조금의 보탬이나 거짓 없이 첫 상담 내내 한 시간 동안 울기만 했어요. 너무나도 극단적인 인지 왜곡 사례이긴 하지만, 이 내담자의 약점이 외모가 아니라 극심하게 히스테릭한 성향, 즉 지나치게 예민한 반응임을 보여주는 적절한 사례예요. 이 여성처럼 우리도 심하든 덜하든 문제의 원인을 잘못 짚는 경우가 많아요.

자기 성찰이 고통스러워 눈을 감아버리면 지금 당장은 자신을 보호할 수 있겠지만 더 이상 발전은 없습니다. 예를 들어 실패가 두려워 중요한 결정을 미룬다는 사실을 스스로 인정하지 않으면 항상 제자리에 머무를 수밖에 없어요. 특정 인물을 끔찍이 질투한다는 사실을 스스로 인정하지 않으면 그 감정을 건전한 방식으로 풀수 없어요. 재능의 한계를 스스로 인정하지 않으면 절대 자신이 이룬 것에 만족할 수 없어요.

당신이 자기 자신에게 최대한 솔직해지기를 바랍니다. 자신을 객관적으로 인식하기란 쉽지 않으므로 친한 친구에게 솔직히 평가해달라고 부탁하는 것도 도움이 돼요. 자기 자신을 솔직하게 인식하면 불안이 줄어들어 엄청난 해방감을 느낄 수 있어요. 예를 들어 내 재능이 꿈을 이루기엔 부족하다는 사실을 인정하는 순간 더 이상 불안해할 필요가 없어지지요. 긴장을 풀고 '그래, 그런 거야' 하고 인정할 수 있어요. 그러면 미래를 더욱 현실적으로 계획할 수 있고요.

종종 우리 내면에는 특정한 진실에 대한 막연한 불안이 무의식적으로 생겨납니다. 그러나 이 진실, 이 인식으로부터 도망치는 한 불안은 사라지지 않고 더 이상 발전할 수 없어요. 그러나 내가 잠시 멈춰서 '그래, 그런 거야'라고 인정하면 불안은 사라지고 슬픔으로 변할지도 몰라요. 그러면 새로운 뭔가를 위한 공간이 생기지요. 욕구의 방향을 설정하거나, 다시 말해 적성에 더 잘 맞는 다른 활동에 몰두하거나, 아니면 엄청나게 성공하기엔 재능이 좀 부족하지만 어느 정도 만족스러운 결과를 얻을 수는 있겠다는 사실을 받아들이거나 할 수 있어요. 또는 부족한 재능을 노력으로 보완하겠다고 결심할 수도 있지요. 어쨌든 현실적인 자기 평가를 통해 목표와 행동을 조정하면 자기 인식이 두려워서 계속 잘못된 방향으로 나아가는 것보다는 훨씬 더 만족스러운 결과를 얻을 수 있어요.

약점을 파악하는 과정에서 받아들여야 하는 가장 끔찍한 것이 바로 죄책감입니다. 죄책감은 견디기 힘든 감정이에요. 하지만 뭘 잘못했는지 인정하면 엄청난 해방감을 느낄 수 있어요. 그냥 "그래, 그건 잘못했어!", "그래, 그때 내가 실수했어!", "그래, 다시는 그런 일 없을 거야!"라고 말해보세요. 자신의 행동을 책임져야 내가 피해를 입은 부분에 대한 정의도 바로 세울 수 있으니까요. 자신의 잘못을 시인해야 피해자에게 용서를 구할 수 있으니까요. 피해자는 대부분 가까운 주변인이에요. 당신의 말이나 행동 또는 미처 하지 못한 일에 대해 미안하다는 생각이 든다면 당사자에게 사과하는 것을 진지하게 고려해보세요. 부모가 "정말 미안해. 그땐 우리가 너무 부족해서 그랬어. 지금이라면 그렇게 행동하진 않았을 텐데"라고 인정하기만 해도 성인 자녀는 상당히 마음이 풀린답니다. 그런데 부모가 절대 자신의 잘못을 책임지려 하지 않고 스스로를 정당화하거나 잘못 자체를 부정해서 그림자 아이의 해묵은 상처가 영원히 치유되지 않는 경우가 꽤 있어요. 아마 당신도 부모님 두 분 다 또는 부모님 중 한 분이 그간 잘못한 일에 대해 사과해주기를 간절히 바랄지도 모르겠네요.

혹시 당신에게 성인 자녀가 있고 솔직한 자기 비판을 통해 스스로에게 잘못이 있다는 결론에 이르렀다면 자녀에게 사과하세요. 사과하면 자녀와의 관계를 새롭게 시작할 수 있어요. 자녀가 아직

미성년자라면 당신의 그림자 아이가 어떤 식의 자녀 교육에 영향을 미칠 수 있는지 면밀히 진단해보고 최대한 주의 깊게 성찰하여 행동하세요.

오랜 친구나 동료에게 잘못을 저질렀다는 사실을 뒤늦게 깨달았을 때에도 사과하세요. 이미 몇 년이나 지난 일이어도 말이에요. 왜냐하면 당신은 반대로 자신이 피해자였던 상황, 누군가가 당신에게 잘못을 저질렀던 상황도 겪어봤잖아요. 그 사람이 당신에게 마침내 사과한다고 생각하면 얼마나 좋겠어요!

연습 ☞ 심호흡하며 현실을 긍정하기

이 연습은 내적 태도에 관한 것으로, 꼭 시도해보면 좋겠어요. 불교의 명상법에서 비롯한 것인데, 저는 불교를 깊게 알진 못하지만 명상 수행의 기본 바탕이 있는 그대로를 긍정하고 받아들이는 자세라는 점은 알아요. 불교적 가르침을 깊이 파고들지 않더라도 이 단순한 아이디어를 일상에 적용할 수 있을 것 같아요. "그래"라고 말한다는 생각은 심리적으로 매우 매력적이에요. 앞서 언급했듯 자기 성찰이 고통스러워 피해버리면 잠재적 불안이 만성적으로 함께해요. 불안을 막는 것이 불안을 받아들이는 것보다 더 많은 에너지를 필요로 해요. 슬픔, 무력감, 분노, 수치심 같은 다른 모든 부정적 감정도 마찬가지예요. 내가 받아들이면 그 감정은 매우 빠르게 해소됩니다.

저에게 불안이란 곧 그림자 아이를 뜻합니다. 그림자 아이를 받아들이고 불안, 열등감, 수치심, 슬픔, 무력감도 함께 받아들이면 그림자 아이는 이해받았다고 느끼고 차츰 진정을 되찾아요. 그러니 일상에서, 이를테면 치과에 갈 때, 다툰 친구를 떠올릴 때, 교통 체증에 갇혀 있을 때, 아이가 짜증 나게 할 때, 기차를 놓쳤을 때 등등의 상황에서 "그래, 그런 거야. 괜찮아"라고 계속 되뇌기만 해도 충분해요. 가장 좋은 방법은 숨을 깊게 들이마시고 내쉬면서 "그래, 그런 거야. 괜찮아"라고 스스로에게 말해주는 거예요. 이걸 몇 번이고 반복하다 보면 마음이 얼마나 진정되고 편안해지는지 느낄 수 있을 거예요.

감정이란 언제나 순간적인 상태입니다. 행복감을 느낄 때에도 그 사실을 잘 알고 있어요. 정말 행복할 때 그 행복이 영원하지 않다는 사실을 미리 알고 있지요. 그런데 너무 스트레스받을 때에는 그 스트레스가 영원히 사라지지 않을 거라고 생각해요. 상심했거나 불안할 때 으레 그렇지요.

그래서 97~98쪽에서 설명했던 감정 다리 연습을 다시 한번 상기시켜드릴게요. 감정이 신체적으로 어떻게 느껴지는지 집중해보세요. 예를 들어 슬프다면 당신의 몸이 슬픔을 어떻게 느끼는지 살펴보세요. 목에 뭔가가 걸린 것 같나요? 아니면 가슴이 답답한가요? 이 감각에만 집중하고 슬픔과 관련된 모든 이미지를 머릿속에서 몰아내세요. 여자 친구가 헤어지자고 해서 슬프다면 그녀의 모든 모습을 머릿속에서 지워버리고 오직 슬픔이라는 신체 감각에만 집중하세요. 이런 식으로 당신을 힘들게 하는 모든 감정을 다룰 수 있어요. 이 연습은 레스터 레븐슨Lester Levenson이 창시한, 감정을 다루는 아주 실용적인 방법 '세도나 메서드Sedona Method©'를 기반으로 합니다.

나에게도, 타인에게도
자비를 베풀어야 하는 이유

내면의 그림자 아이가 자주 느끼는 결핍은 우리 마음의 평화뿐 아니라 타인을 대하는 태도와 행동에도 영향을 끼칩니다. 그림자 아이의 관점에서 다른 사람은 쉽게 적으로 돌변해요. 저는 《나만 모른다, 내가 잘하고 있다는 걸》이라는 책에서 자기 자신에 대해 불안해하는 사람이 대부분 방어적으로 살아간다는 점, 즉 열등한 위치에서 공격당할까 봐 끊임없이 걱정한다는 점을 자세히 설명했어요. 게다가 자기 방어에 몰두하는 사람은 공격자에게 측은한 마음을 품을 여유도 없지요. 그 결과 겉으로 보기에 강해 보이는 사람에 대한 자비가 사라져요. 자비는 내가 주변 사람들과 눈높이가 동등할 때에만 베풀 수 있어요. 반대로 스스로 열등하다고 느끼면 자신뿐 아니라 다른 사람들에게도 가혹해져요. 강해 보이는 주변인의 특정 자질에 감탄하면서 스스로에게만 엄격하다고 생각하는 사람이 많은데, 엄밀히 말해 그건 사실이 아니에요. 질투와 시기심은 지극히 인간적인 특성이며, 보통 우리가 우월하다고 여기는 사람을 향하기 마련이에요.

그림자 아이는 끔찍이 편협하고 불신에 빠져 있을 수 있어요.

그래서 가능한 한 자주 태양 아이나 내면 어른 상태에 있는 편이 공동체에는 이롭지요. 그러면 기분이 좋아지고 주변 사람들을 너그럽게 받아들이게 돼요. 인식과 감정은 끊임없이 상호 작용을 합니다. 내가 기분이 좋고 주변 사람들을 너그럽게 대하면 그들도 나와 함께 있을 때 기분이 좋아져요. 긍정적인 역학 관계가 형성되는 거지요. 다음에 있을 공격에 대비해 정신을 곤두세우고 몸을 숨기는 것보다, 다른 사람들을 너그럽게 바라보는 것이 훨씬 마음 편해요. 반면 긴장하고 스트레스를 많이 받을수록 이 기분을 쉽사리 주변 사람들에게 투사하여 부정적인 역학 관계가 생길 가능성이 높아져요.

다른 사람에 대한 자비는 태양 아이 모드에서 더 쉽게 베풀 수 있어요. 반면 자신에게 까다롭고 공격적으로 굴면 다른 사람들에게도 관대해지기가 훨씬 더 어렵지요. 따라서 스스로를 돌보고 자신의 행복을 책임지는 것이 매우 중요해요. 이를 위해 그림자 아이를 이해하고 계속 위로하는 연습을 해야 해요. 동시에 적극적으로 태양 아이 모드로 전환하는 연습을 하며 기분 좋아지도록 애쓰세요. 살면서 최대한 많은 즐거움을 누리고 삶을 즐기는 것을 의무라고 생각해야 합니다.

그러나 자비는 스스로 채택하기로 결정할 수 있는 내면의 태도이기도 해요. 자신을 그림자 아이와 동일시하는 많은 사람은 타인을 의심하는 태도를 고집해요. 불신과 의심은 이들의 보호 전략이며, 이들은 그림자 아이와 강하게 동일시되어 있어 세상과 사람들이 이기적이고 사악하다는 인식과 생각을 굳게 믿어요. 노파심에 말하자면 저는 사람이 근본적으로 선하다고 주장하는 건 아니에요. 인간을 제대로 성찰하지 않고 그저 순진해빠진 관점은 습관적인 불신만큼이나 문제가 많아요. 그러나 자비가 부족한, 기본적으로 불신하는 태도를 취하면 세상을 악화하는 데 기여하는 셈이에요. 또한 인간은 근본적으로 이기적이라는 염세주의적이고 의심하는 태도는 학문적으로도 근거가 없어요. 최신 뇌 과학 연구에 따르면 인간은 협력을 지향하며, 베푸는 행위가 우리를 행복하게 만든다는 사실이 밝혀졌어요. 따라서 자비로운 태도에는 합리적 이유가 있는 거지요.

친구, 동료, 친척 또는 파트너를 편협하고 부정적으로 평가하고 있다는 사실을 알아채면 의식적으로 한 걸음 물러나 그 상황을 자비로운 관점에서 분석해보세요. 부정적인 사건에 더욱 신경 쓰고 이를 더 높게 평가하기도 하는 특성이 유감스럽게도 우리 유전자에 존재한다는 사실을 앞서 언급했는데요, 한 번의 부정적인 상호 작용이 100번의 긍정적인 상호 작용을 이길 수 있다는 사실도 다시 한번 상기시켜드릴게요.

X라는 사람이 나쁜 의도로 행동한다는 결론을 내리기 전에 어른 자아의 도움을 받아 정말로 그런지 살펴보고 X와 함께 좋은 경험도 많이 했다는 사실을 떠올려보세요. 상황에 대한 당신의 해석이 설득력 있는지 잘 생각해보세요. 아주 오래 사귄 친구인데도 그 사람에게 나쁜 의도가 있다고 섣불리 단정하는 사람들이 종종 있어요. 생일을 깜박했다거나 사소한 비판을 했다거나 '잘못된' 반응을 보였다거나 하는 일이 우정을 의심할 정도로 큰 실망감을 불러일으키는 거예요. 반면 자비로운 태도를 취하면 자신을 포함해 다

른 사람의 다음과 같은 행동도 받아들일 수 있어요.

* 기본적으로 악의보다는 호의를 베풀고자 한다
* 그럼에도 불구하고 가끔 실수한다
* 가장 친한 친구의 생일을 깜박하곤 한다
* 불안해서 솔직해지지 못할 때가 있다
* 내 행동의 결과를 항상 정확하게 예측할 수 없다
* 가끔 그냥 어떤 일을 하고 싶지 않다
* 때로 생각 없이 행동한다
* 이따금 기분이 나쁘다
* 그림자 아이 모드에 너무 자주 빠진다

명심하세요, 당신이 대하기 어려워하는 사람들 내면에도 깊이 상처받은 그림자 아이가 존재한다는 사실을요.

어떤 인간관계도 완벽하진 않아요. 우리는 모두 실수하고 잘못할 때가 있어요. 그러니까 자신과 타인의 부족함에 최대한 자비를 베푸세요. 공격하고 옹졸하게 굴면 무엇보다 스스로에게 해로워요. 이런 태도는 자신의 기분을 나쁘게 만들고 인간관계에도 부담을 주지요. 덧붙이자면, 유머는 유쾌하고 자비로운 인간관계를 형성하는 데 도움이 됩니다. 이런 의미에서 자신은 결점이 없는 사람이라고 말하는 건 현실에선 존재할 수 없는 일종의 특수 효과 같은 거랍니다!

인정받기를 기다리지만 말라

자비에는 주변 사람들을 좋게 평가하거나 칭찬하는 것도 포함 돼요. 그림자 아이에 동일시된 사람은 이것도 힘들어합니다. 그림 자 아이 모드에서는 시기와 질투를 하는 경향이 나타나며 칭찬에 매우 인색해요.

칭찬을 입에 올리는 것 자체를 너무 거북해하는 사람도 있어 요. 칭찬하거나 칭찬받는 것을 모두 부끄러워하지요. 이들은 어린 시절부터 칭찬에 익숙하지 않아서 그래요. 많은 사람이 "칭찬은 무 슨, 혼나지 않는 것만 해도 다행인 줄 알아"라는 말을 들으며 자라 요. 타인은 물론 자기 자신에게도 굉장히 높은 기준을 적용하기에 칭찬에 인색하다는 식으로 독선적으로 생각하는 사람도 있고요.

다른 사람을 칭찬하거나 진심 어린 찬사를 보내는 것을 어려워 하는 이유가 뭐든, 칭찬에 관대해지는 편이 좋아요. 스스로 칭찬을 어려워하는 유형이라고 생각하면 자신과 주변 사람들에게 좀 더 너그러워지도록 노력하세요. 자신이 잘한 일에 더 자주 어깨를 두 드리며 칭찬하고, 자신이 가진 아름다운 외모와 물건에 자축하고, 자신이 한 선행을 추켜세워주세요. 가능한 한 자주 자기 자신을 칭 찬하세요. 이렇게 하면 기분이 좋아지고, 질투심에 시달리고 있다 면 그런 감정도 줄어들어요.

일단 감사하는 마음을 가져보는 것도 좋아요. 인생에서 잘되고 있는 모든 것에 감사하는 거예요. 당신이 가지고 있는 것과 당신에 게 너무 당연하게 여겨지는 것, 모두에 대해 감사하세요. 자신의 좋은 점과 삶에서 좋은 점에 의식적으로 집중하는 연습을 해보세요. 스스로 약점과 결핍이라 생각하는 것에 대해 불평만 하다 보면 감사하는 마음을 품을 수 없어요. 스스로를 칭찬하고 감사하는 마음을 품어서 자신에 대한 인정을 충전해야 다시 다른 사람에게 베풀 수 있답니다.

배우자와 자녀, 직장 동료와 상사, 친구와 행인을 칭찬하세요. 미국인은 낯선 사람 칭찬을 힘들어하지 않아요. 예를 들어 슈퍼마켓 계산원이 손님에게 "옷이 정말 예쁘네요!"라고 말하는 장면을 쉽게 볼 수 있어요. 저는 이런 친절하고 개방적인 태도가 좋아요. 최근 몇 년 동안 많이 나아지기는 했지만 독일인은 여전히 비교적 낯을 가리고 경직되어 있는 편이에요. (제발 이 시점에서 "미국인은 너무 가식적이에요"이라는 반론을 제기하지 마세요. 독일 슈퍼마켓 직원이 칭찬하지 않는다고 해서 훨씬 깊이 있는 사람이란 뜻은 아니니까요.)

우리는 모두 인정받기를 원해요. 인정받기를 수동적으로 기다리지만 말고 적극적으로 인정을 베풀어보세요! '베풀다'라는 말과 관련해, 마음뿐 아니라 경제적으로도 너그러워져야 해요. 인색함은 유감스럽게도 너무 많은 사람을 고통스럽게 하는 끔찍한 성격 특성이에요. 당신이 인심 좋게 베풀기 어려워하는 유형이라면 자신의 신념을 자세히 살펴보고 인색함을 보호 전략으로 분석해보세요. 장담하건대 인색하다고 해서 행복해지거나 인생이 안정되진 않아요. 오히려 더 많이 베풀수록 더 많은 걸 얻을 수 있지요. 모든 면에서 다른 사람들에게 자비로우면 기분이 좋아지고 인간관계가 개선되는 것을 느낄 수 있을 거예요.

완벽해지기 위해 전전긍긍하느라
놓치고 있는 것들

대부분의 사람은 부정적 신념을 가진 그림자 아이를 어떻게든 침묵시키려고 엄청난 에너지를 씁니다. 많은 사람이 완벽을 추구하며 그림자 아이를 입 다물게 하려 해요. 다시 한번 강조하자면, 신념은 부정적 착각에 지나지 않아요. 신념은 진실이 아니며, 부모가 무엇을 부분적으로 과도하게 요구했는지만 알려줄 뿐이에요. 그런데 보호 전략을 선택하는 바람에 실수를 저질러요. 만약 완벽을 추구한다면 어떤 인상을 남기는가 하는 질문에만 너무 집중한 나머지 정말로 의미 있는 것은 무엇인가 하는 질문에는 소홀해지지요.

내면 어른을 강화하기 위해 자기 비판적인 질문을 던져보세요. 당신은 왜 완벽해지고 싶어 하나요? 진정으로 완벽해지는 데 관심이 있나요? 아니면 비판을 최대한 피하고 싶은 건가요? 아니면 남들에게 칭찬받고 싶나요? 한 걸음 물러서서 외부에서 자신의 태도를 바라보세요. 일을 완벽하게 처리하고, 외모를 완벽하게 가꾸고, 손님을 완벽하게 접대하는 것이 스스로를 제외하고 누구를 위해 중요한가요? 궁극적으로 스스로를 위한 비중은 몇 퍼센트나 되나요? 완벽에 대한 요구에서 한발 물러나 '단지' 잘하기만 해도 충분하다고 생각한다면 남는 에너지와 시간으로 뭘 할 수 있을까요? 남는 시간에 뭘 하겠어요? 혹시 지루해질까 봐 걱정하거나 고통스러운 기억이 떠오를까 봐 두려운가요? 아니면 일로 도피해 심각한 문제를 외면하고 있나요? 많은 사람이 가능한 한 바쁘게 지내면서 자신의 문제들을 회피하려 합니다. 여유가 찾아오는 즉시 두려움과 걱정이 문을 두드리니까요.

어떤 문제들로부터 도피하려 하는지 잘 생각해보면서 어른 자아를 강화해보세요. 보호 전략이 문제를 해결하는 게 아니라 오히려 일으키는 건 아닌지 스스로에게 물어보세요. 완벽주의자는 자주 스트레스를 받아요. 스트레스 때문에 자신을 괴롭힐 뿐 아니라 인간관계도 망가뜨려요. 스스로에 대한 높은 기준으로 혹시 주변 사람들도 너무 엄격하게 대하고 있는 건 아닌지 생각해보세요. 게다가 야망이 크면 삶의 기쁨이 차지할 자리가 거의 없어져요. 좀 더 여유롭게 일을 처리하는 사람보다 완벽주의자가 번아웃 증후군에 걸릴 위험이 더 높다는 점을 항상 염두에 두세요.

그리고 완벽에 투자하는 시간을 줄이면 누가 이득을 볼지 자문해보세요. 당신의 가족, 친구, 구호 단체인가요 아니면 삶에서 더 많은 기쁨과 즐거움을 누리게 된 자기 자신인가요?

의미를 찾는 질문을 던지며 완벽 추구 성향을 상대화하려고 노력해보세요. 그림자 아이의 손을 잡은 채, 지금 있는 그대로 충분하며 실수해도 괜찮다고, 다정하고 참을성 있게 계속 설명해주세요. 일을 좀 덜 열심히 한다고 해서 정말로 회사에서 잘릴까? 같은 불안에 대한 시나리오를 생각해보며 내면 어른을 강화하세요. 그 모든 스트레스를 감당할 가치가 있는지, 이직의 기회가 있는지 잘 생각해보세요.

만약 완벽한 친구 또는 완벽한 파트너가 되면 관계가 정말로 좋아질지 잘 생각해보세요. 여기서 완벽하다는 건 무슨 뜻일까요? 기준이 뭔지 곰곰이 고민해보세요. 가장 아름다운 사람, 가장 뛰어난 사람, 가장 멋진 사람이 되는 것보다는 최대한 솔직하고 열린 마음을 가지고 있는 것이 훨씬 '더 완벽한' 것 아닐까요? 저는 완벽이란 스스로 어떤 사람인지 알고 자기 자신을 신뢰할 수 있다고 생각하는 상태라 믿어요. 성공 가능성이 아니라 스스로 옳다고 생각하는 것을 기준으로 행동할 수 있다면 더할 나위 없겠지요. 완벽해지려 하기보다는 그냥 있는 모습 그대로 보여주기로 결심하면 어떨까요? 가능한 한 자주 태양 아이 모드에 머물기로 결정한다면요? 최대한 느긋해지기로 한다면요?

내면 어른에게 다음과 같은 두 가지를 분명히 알려주세요.

1   세상은 그림자 아이의 안경을 통해 투사된다. 그러므로 현실이 부정적으로 왜곡되었을 뿐이다.
2   올바른 행동을 한다거나 삶을 즐기는 것처럼, 완벽해지는 것보다 훨씬 더 의미 있는 일이 많다.

당신에게는 삶을 즐길 자격이 충분하다

그림자 아이의 보호 전략에 붙잡혀 있는 많은 사람은 삶을 즐길 엄두를 내지 못합니다. 그들은 자신에게 너무 인색한 경향이 있어요. 일과 의무에 온 힘을 쏟고, 모든 것을 다 끝낸 후에야 즐겨도 된다고 생각해요. 그러나 어떤 식으로든 언제나 할 일은 있어요. 그들의 그림자 아이는 기본적으로 '자신이 부족하다'라는 죄책감을 느껴요. 그 결과 삶의 기쁨을 누릴 자격이 없다고 확신하거나 그럴 시간이 없을 정도로 고단하게 살아갑니다. 그들은 일을 안 하면 죄책감을 느껴요. 특히 '통제에 대한 추구'와 '완벽에 대한 추구' 같은 보호 전략을 가진 사람은 잠깐이라도 뭔가를 놓아버리는 걸 너무 힘겨워해요.

하지만 내면 어른의 관점에서 보면 삶을 즐기지 못할 합리적 근거가 하나도 없어요. 제 아버지는 "인생이 불행하면 누가 이득이야?"라고 항상 말씀하셨는데, 저는 이 문구를 정말 좋아해요. 삶의 기쁨과 즐거움이 기분을 좋게 만들어준다는 사실을 유념하세요. 이것이 태양 아이를 이끌어냅니다. 그러므로 최대한 기분 좋게 자주 삶을 즐기는 것은 당신의 의무예요. 하지만 그러려면 시간 관리를 잘해야 해요. 왜냐하면 즐거움에는 시간이 필요하거든요. 예를 들어 중요한 일을 자꾸 미루는 사람, 그러니까 '미루는 습관'으로 고통받는 사람은 통제광처럼 죄책감을 느껴서 인생을 즐기는 데 서툴러요. 일을 자꾸 미루는 사람의 경우 꼭 필요한 일을 미루기 때문에 정당하게 양심의 가책을 느끼는 반면, 통제광은 그다지 중요하지 않은 일도 가능한 한 완벽하게 처리하려 하여 쓸데없는 죄책감을 질질 끌고 다닌다는 점이 둘의 차이예요.

좋은 음식과 훌륭한 와인은 우리를 엄청나게 행복하게 만들어줍니다. 자연 속에서 걷기, 음악 감상, 만족스러운 성생활도 마찬가지예요. 즐거움은 당연히 개인 취향과도 관련이 있어요. 하지만 즐기지 않는 건 해결책이 아니에요. 그러니까 삶을 최대한 즐기세요.

　어떤 사람은 삶을 즐기는 방법조차 모를 정도로 경험이 부족해요. 그들은 스스로를 지나치게 혹사시키며 대개 스트레스받거나 기분 나쁜 상태예요. 두통 같은 '정당한' 이유가 있어야 잠시 휴식을 취할 수 있을 지경이에요. 그들의 태양 아이가 너무 안타까워하는데도 그의 의견은 고려되지 않아요. 태양 아이에게는 즐거워지는 방법에 대한 아이디어가 넘쳐나는데도 말이에요. 태양 아이에게 귀 기울여보세요. 태양 아이가 자신의 아이디어를 자유롭게 펼칠 수 있다면 진정한 기쁨을 어디에서 얻을지 곧바로 해결책을 알 거예요.

　끊임없이 전력을 다하는 경향이 있다면 그림자 아이에게 이렇게 설명해주세요. "불쌍한 아이야, 항상 스스로 가치 있다고 느끼기 위해 그렇게까지 널 괴롭힐 필요 없어. 쉬고 있는 시간에도 너는 충분히 가치 있는 존재야. 새로운 에너지를 얻으려면 휴식이 필요해. 힘을 다 소진해서 아무것도 못 하게 되면 아무에게도 도움이 안 돼. 우리는 여가 활동을 해도 되고 휴식을 취해도 돼. 정말 즐거운 시간을 보내며 삶을 즐겨. 제대로 충전하고 나서 일상으로 돌아가면 돼."

　재미와 즐거움은 아름다움과도 관련이 있어요. 주변을 돌아보고 집이나 직장에 눈을 충분히 즐겁게 해줄 만한 뭔가가 있는지 스스로에게 물어보세요. 보기만 해도 행복해지는 아름다운 주변 환경을 만들어보세요. 독자 여러분이 이 책을 읽으며 내면을 가꾸듯, 마찬가지로 주변 환경에도 같은 방법을 적용할 수 있어요. 때로는 책상 위에 올려둔 아름다운 꽃 한 송이처럼 사소한 물건이 기쁨을 선사할 수도 있지요. 향기도 기분을 좋게 만들어줘요. 예를 들어 저는 장미 오일이 들어 있는 작은 병을 가지고 다니면서 기분 전환이 필요할 때 뿌려요. 스스로 잘 지낼 수 있도록 책임지고 당신 자신을 돌보세요.

정신 신체 의학 클리닉에서는 몇 년 전부터 이른바 즐거움 치료를 실시하고 있어요. 왜냐하면 많은 사람이 일단 즐기는 법부터 배워야 하기 때문이에요. 즐거움은 인식과 밀접하게 관련되어 있어요. 즐기려면 결국 오감을 다 작동시켜야 하니까요. 반대로 주의를 기울이지 않으면 즐거워질 수가 없어요. 음식을 제대로 씹지도 않고 그냥 허겁지겁 삼키기만 하면 뭘 먹고 있는지 제대로 알 수가 없잖아요. 따라서 즐거움 치료에서는 감각을 연마합니다. 참가자들은 초콜릿을 한 조각 먹거나 장미를 감상할 때, 무엇을 지각하는지 정확하게 묘사하도록 지도받아요. 이를 통해 즐거움을 의식적으로 배울 수 있어요. 즐거움 치료는 일상생활에 아주 쉽게 접목할 수 있어요. 이를 위해 딱 두 가지만 하면 됩니다.

1   자신에게 이로운 일을 자주 하면서 즐거움을 확보한다.
2   주의와 오감을 온전히 그 행위에만 집중한다. 지금 그리고 여기에만 집중한다.

아름다움과 즐거움을 더 잘 인식하는 좋은 방법은 바로 산책이에요. 걸으면서 아름다움에 세심하게 주의를 기울이는 거예요. 카메라를 가지고 있다고 상상하거나, 실제로 카메라를 가지고 가서 아름다움의 모티브를 찾아보세요. 외부 환경에 집중하세요. 그리 쉬운 일은 아니지만 자기 자신으로부터 완전히 관심을 돌릴 수 있어서 마음이 굉장히 편해져요. 저도 내면의 사유 세계에 빠지면 주변에서 무슨 일이 일어나는지 전혀 알아차리지 못하는 사람 가운데 하나여서, 산책하며 의식적으로 한눈팔기 연습을 합니다. 그리고 아름다운 꽃이나 자연을 보면 정말 행복해진답니다.

착한 아이가 되는 대신
진정한 자아를 찾을 것

조화 추구를 보호 전략으로 쓰는 사람은 모든 사람을 만족시키려 합니다. 이들은 어릴 때부터 부모의 인정을 받기 위해 또는 최소한 벌받지 않기 위해 이런 방법을 연습해왔어요. 주변 사람들의 소망이나 욕구에 선 긋기를 매우 어려워하며 그들의 행복을 책임져야 한다고 느껴요. 상대방 기분이 나쁘면 죄책감을 느끼며 자신이 뭘 잘못했는지 자문하거나 상대방의 기분이 다시 좋아질 수 있도록 뭘 할 수 있을지 고민해요. 이들은 상대방의 실제 욕구 또는 욕구라고 여기는 것에 끊임없이 관심을 기울이느라 정작 자신의 욕구는 소홀히 합니다. 하지만 결국 이들도 자기가 원하는 걸 얻고 싶어 하기 때문에 장기적으로는 잘 풀리지 않아요. 게다가 자신의 욕구를 거의 표현하지 않고, 한다고 해도 알 듯 말 듯 전달하기에 이들은 항상 소외되었다고 느껴요. 자신이 잘못한 걸 알면서도 겉으로 보기에 우월한 상대방에게 더 큰 책임을 미룹니다. 타인이 뭘 원하는지 알아내기 위해 자신이 노력하듯 타인도 자신의 욕구를 알아주기를 기대하기 때문이에요. 상대방이 그렇게 하지 않으면 이들은 순식간에 마음이 상해요.

조화를 추구하는 사람은 항상 상대방이 괜찮은지 신경 쓰느라 정작 자기 자신은 거의 돌보지 않아요. 모든 것을 제대로 해내려고 하며 그 누구도 상처 주려 하지 않지요. 그러나 이들이 자신에게 솔직해진다면 다른 사람이 문제가 아니라 거절당할까 봐 두려워하는 자신의 그림자 아이가 문제라는 걸 알게 될 거예요. 결국 이들이 자신의 욕구를 좀 더 적나라하게 드러내면 다른 사람과 부딪힐지도 모르니까요. 이를 피하기 위해 상대방이 기대한다고 생각하는 것에 부응하고 반대로 상대방도 자신에게 '고마워하며' 자신의 욕구를 알아채주기를 원해요.

당신이 이 유형에 속한다면 일단 내면 어른의 도움을 받아 어린 시절의 영화에 갇혀 있다는 점을 분명히 깨달아야 해요. 당신은 부모의 마음에 들려고 최선을 다해 순응했어요. 아마 부모가 너무 엄격했거나 냉정했을 수도 있고, 매우 다정하지만 조화를 중시하고 갈등을 피하는 성향이었을 수도 있어요. 그래서 당신에게는 자기주장을 펼치는 방법을 알려주는 본보기가 없었던 거지요.

어렸을 때 당신은 부모에게 의존해야 했어요. 그림자 아이에게 그런 시절은 지나갔고 지금은 자신의 행복을 스스로 책임져야 한다는 사실을 다정하게 설명해주세요. 당신은 자기 자신을 훨씬 더 잘 돌보는 법을 배워야 해요. 당신이 원하는 것과 원하지 않는 것을 말해보세요. 이렇게 한다고 이기주의자가 되는 건 절대 아니에요. 오히려 스스로와 자신의 욕구에 솔직해지면 당신이 어떤 사람인지 다른 사람들이 알 수 있고 그리하여 서로 공정하게 협의할 수 있어요. 상대방이 당신의 욕구를 파악하지 못했다는 이유로 토라지는 것보다는 훨씬 더 낫지요. 당신의 소극적인 행동 때문에 그간 다른 사람들이 당신이 무슨 생각을 하고 뭘 원하는지 알기 위해 당신의 머릿속을 들여다보려 무던히도 노력했다는 사실을 알아차려야 해요. 이는 장기적으로 다른 사람들을 아주 피곤하게 만들어요. 더구나 그들은 당신이 어떤 사람인지 잘 모르겠다는 느낌을 받아요. 당신이 좀 더 솔직하고 진정성 있게 자신을 드러내면 다른 사람들이 덜 부담스러울 거예요. 당신이 스스로를 책임지면, 다른 사람들이 걱정하며 지금 하는 일을 이렇게 처리해도 당신이 괜찮은지 알아보려고 끊임없이 확인하지 않아도 되니까요.

좀 더 적극적으로 자신의 견해를 밝히는 것도 중요해요. 모든 사람을 만족시키려 하다 보면 결국 아무도 만족시킬 수 없어요. 아무것도 제대로 책임지지 않게 되어 사람들이 당신을 신뢰하기 어려워질 테니까요. 모두에게 사랑받을 필요 없어요. 자신의 기반을 튼튼히 다지고 정말 중요한 일이나 가치와 관련된 일에는 반대 의견을 밀어붙이는 게 중요해요. 사람들이 당신을 싫어할까 봐 걱정하기 전에, 의심스러운 상황에서 도덕적 용기, 정직함, 정의를 내세우는 게 더 중요하다는 사실을 깨달아야 해요. 자기 의견을 옹호하면 사람들이 비호감으로 볼 거라고 생각할 수 있지만, 자기 의견을 드러내지 않아도 당신을 비호감으로 보는 사람들이 있어요. 당신이 어떤 사람인지 잘 모르겠고 심지어 좀 지루하다고 생각할지도 몰라요. 그러니까 그냥 마음을 편하게 먹어도 괜찮아요. 어차피 모든 사람 마음에 들 수는 없으니까요. 자신만의 의견을 정하고 자신만의 기준을 세우세요. 사랑받는 게 중요한 게 아니라 자신의 가치관에 따라 올바르게 행동하는 게 중요하다는 사실을 항상 명심하세요.

'어차피 다 소용없어!'라고 생각하는 사람도 있어요. 갈등을 회피하는 사람이 가장 좋아하는 문장이지요. 그러나 첫째, 입을 열면 생각보다 훨씬 더 많은 걸 얻을 수 있어요. 둘째, 성공 가능성만을 보고 어떻게 행동할지 결정하면 안 돼요. 예를 들어 친한 친구의 특정한 행동 때문에 상처받았다고 털어놓았다면, 당신은 우정을 지키기 위해 그에게 한 번 더 기회를 준 거예요. 대화로 오해를 풀고 다시 가까워질 기회를 만든 거지요. 이로써 당신은 친구와의 관계를 개선하기 위해 당신이 책임져야 하는 모든 행동을 했고요. 반대로 상대방이 이를 어떻게 받아들이고 행동할지는 당신 책임이 아니에요.

스스로 뭘 원하는지, 무슨 생각을 하는지 잘 몰라서 문제인 사람이 있나요? 혹시 다른 사람들을 끊임없이 신경 쓰도록 훈련된 바람에 정작 자기 내면의 삶과는 단절된 건 아닐까요? 그렇다면 계속 내면의 목소리에 귀 기울이며 "내가 원하는 건 뭐지?", "내 의견은 뭐지?"라는 질문을 스스로에게 던져보세요. 가상의 누군가와 토론하고 논쟁하며 자기 의견을 표현하는 연습을 할 수도 있지요. 물론 실제 상황에서도 연습할 수 있고요. 사랑받기 위해 자신의 의견 그리고/또는 자신의 욕구를 반사적으로 억제하고 있는 스스로를 알아채야 합니다. 그러고 나서 태양 아이 모드로 전환해 이야기해보세요. 당신이 솔직하고 열린 태도를 취하면 삶이 얼마나 편해지는지 놀랄 거예요. 그 결과 인간관계도 훨씬 덜 복잡해질 거고요. 당신이 솔직해지고 스스로를 책임져야 **진짜** 조화와 친밀감을 얻을 수 있답니다.

자기 성찰과 자기 돌봄,
경청과 공감을 연습하세요

순응하고 조화를 추구함으로써 그림자 아이를 보호하려는 사람은 목표를 세우고 장애물을 제거하기보다는 뜻밖에 일어나는 사건이나 우연에 휘둘리는 경향이 있어요. 목표를 정하려면 명확한 비전이 필요한데 이들은 살면서 자신이 아닌 남에게 맞춰왔기 때문에 그런 비전이 대부분 없습니다. 이들이 삶과 관계를 형성하는 데 수동적인 또 다른 이유는 갈등을 두려워해서예요. 스스로 인간관계를 만들어갈 수 있는 게 아니라 주어진 상황을 견뎌야 한다는 그림자 아이의 착각에 빠져 있거든요. 이들은 행동하지 않고 반응할 뿐이에요. 건강하게 자기주장을 하는 대신 순응하지요. 종종 이들은 상대방에게 얌전히 순응하는 데 너무 익숙해져서 자신의 견해나 욕구를 표현할 수 있다는 생각조차 하지 못해요. 많은 사람이 한 번쯤 저항하고 싶다는 충동마저 거의 느끼지 않는다는 사실이 항상 놀라울 따름이에요. 갈등을 회피하는 사람의 자기주장은 기본적으로 수동 저항이며 후퇴, 도피, 연락 두절로 이어지는 경우가 흔합니다.

이들이 자기 입장을 내세우기를 망설이는 데에는 또 다른 이유가 있는데, 자신의 의견이나 욕구에 대한 권리가 있는지 확신하지 못하기 때문이에요. 이들은 특히 논쟁에 익숙하지 않아요. 보통 다른 사람들이 더 우월하다고 인식하므로 근본적으로 자신이 아닌 타인이 더 옳고 더 능력 있다고 생각해요. 그래서 이들은 반드시 자기 입장을 확신하도록 노력해야 해요.

열세에 몰릴까 봐 걱정하느라 논쟁할 엄두조차 내지 못하고 차라리 입을 닫아버리는 사람이 많아요. 대부분의 사람이 '이기다-지다' 또는 '우월하다-열등하다' 같은 범주에서 사고하지요. 이들의 보호 전략은 그림자 아이를 보호한다는 명분으로 방어적이에요. 그런데 열세에 몰릴까 봐 걱정하는 상황에서는 조화를 추구하는 사람뿐 아니라 '침해와 공격'이란 보호 전략을 쓰는 까칠한 사람도 불안해요. 이들은 대포로 참새를 맞히려 하며 도망 다닐 따름이지요.

천성적으로 갈등을 두려워한다면 내면 어른의 관점에서 사안을 바라보세요. 이기고 지는 문제가 아니라는 사실을 확실히 깨달아야 해요. 상대의 근거가 더 나아 보인다고 해서 당신이 열세에 몰리는 건 아니에요. 그럴 땐 "당신 말이 맞네요"라고 대꾸하며 당당한 태도를 유지하세요. 핵심은 사안 그 자체일 뿐 당신의 행동에는 아무런 문제가 없다는 내적 태도를 취하세요. 무엇보다도 어른 자아 입장에서 당신의 희망 사항과 의견을 말해도 아무런 문제가 일어나지 않는다는 걸 알아차리세요. 대부분의 경우 갈등은 발생하지 않아요. 당신이 반대한다고 당신을 나쁘게 생각하는 사람도 거의 없어요. 지금부터는 일단 갈등을 해결할 수 있는 몇 가지 규칙을 알려드릴게요.

연습 ☞ 갈등에 대처하는 훈련

이 연습을 위해 누군가와 갈등을 겪은 상황을 떠올려보세요. 그 사람과 다퉈서 생긴 갈등일 수도 있고, 그 사람에게 솔직한 의견을 단 한 번도 말하지 못해서 생긴 갈등일 수도 있어요.

1   의식적으로 태양 아이 모드로 들어가세요. 새로운 신념, 강점, 가치를 떠올리고, 이로 인한 좋은 감정을 의식적으로 느껴보세요. 최대한 기분이 좋아지도록 노력해보세요. 이게 잘 안 된다면 되도록 감정을 배제한 상태에서 상황을 바라볼 수 있도록 어른 자아 모드로 전환하세요.

2   갈등하는 상대방도 내면에 그림자 아이가 있고, 당신과 상대방이 동등한 위치에 서 있다는 사실을 분명히 인식하세요. 그리고 상대방에게 자비를 베풀도록 노력해보세요.

3   갈등하는 상대방과의 관계를 솔직하게 성찰해보세요. 당신은 상대방보다 열등하다고 느끼나요? 아니면 우월하다고 생각하나요? 가끔 질투와 시기를 느끼나요? 상대방을 깔보고 있나요? 내면

에 있는 어떤 이유로 상대방을 부정적으로 왜곡하여 인식하고 있진 않은지 살펴보세요. 그 상황에서 당신의 역할이 무엇인지 주의 깊게 살펴보세요. 이때 173~177쪽과 231~232쪽에 나와 있는 연습을 다시 해보는 것도 도움이 된답니다.

4 태양 아이나 내면 어른 상태를 유지한 채 당신의 주장을 뒷받침해줄 근거를 생각해봅니다. 가장 좋은 건 글로 써보는 거예요. 갈등하는 상대방이 어떤 근거를 내세우는지도 생각해보세요. 이 과정에서 제3자에게 조언을 구해도 좋아요. 당신의 입장과 상대방의 입장에는 각각 어떤 근거가 있나요? 모든 근거를 수집한 다음, 상대방의 주장이 옳은 건 아닌지 따져보세요. 만약 그렇다면 상대방에게 당신이 옳다고 이야기하세요. 그러면 갈등이 해결됩니다. 만약 그렇지 않다면 5번으로 넘어가세요.

5 상대방과 이야기할 만한 상황을 적극적으로 만들어보세요. 갈등이 '저절로' 해결되기를 기다리지 마세요. 친절한 태도로 뭐가 문제인지 설명하고 근거를 제시하세요.

6 상대방의 말을 경청하세요. 그의 주장에 집중하고 진지하게 받아들이세요. 이기고 지는 게 중요하지 않고 이 문제를 해결하는 게 중요하다는 사실을 명심하세요. 상대방이 더 나은 근거를 대고 납득된다면 그(녀)의 견해가 옳다고 인정하세요. 그러면 당당한 태도를 유지하면서 문제를 해결할 수 있어요. 반면 상대방이 인정할 만한 근거를 대지 못한다면 당신은 자신의 주장을 고수할 수 있고, 또는 타협안을 제시할 수 있습니다.

반드시 이 순서를 따를 필요는 없어요. 꼭 필요한 대화나 논쟁에 대비하는 방법을 알려주는 예시일 뿐이니까요. 이제 일상생활에서 어떻게 실천할 수 있을지 구체적인 사례를 보여드릴게요.

기분이 좋거나 태양 아이 모드일 때에는 모든 문제를, 심지어 까다로운 문제도 해결할 수 있다는 점을 명심하세요. 다정하게 표현한다고 손해를 보는 건 아니에요. 상대방에게 기본적으로 자비와 존중을 보인다면 무슨 이야기든 할 수 있어요. 그리고 이걸 꼭 기억하세요. 상대방이 옳은 주장을 펼칠 때 동의하면 당당하고 호감 가는 사람이 될 수 있어요. 반대로 잘못된 주장을 고수한다면 치사하고 옹졸한 사람이 될 뿐이에요. 논리적인 근거, 친절한 태도, 이해심은 모든 소통의 기본이랍니다.

다음은 성공적인 갈등 해소 사례예요. 라라와 외르크는 직장 동료입니다. 라라는 외르크가 회의 중에 자주 그녀의 말을 가로막는다고 생각해요. 그러나 그녀는 소심하고 갈등을 피하는 성향 탓에 즉각적으로 반발하지 못해요. 외르크가 최근에 다시 그녀의 말을 끊었을 때, 라라는 뭔가 조치를 취해야겠다고 느꼈어요. 정말 화가 났거든요.

1   라라는 일단 마음을 가라앉히려고 주의를 딴 데로 돌렸어요. 그래서 고도로 집중해야 하는 업무를 골랐지요. 이를 통해 내면 어른 모드로 전환하기 위한 충분한 거리를 확보했어요(이론적으로 태

양 아이 모드로 전환할 수도 있지만 그러기엔 너무 화가 난 상태였어요).

2   마음을 진정시킨 다음 라라는 그 상황에서 자신의 역할을 분석해봅니다. 자신이 아무런 저항을 하지 않고 책임을 회피했기 때문에 외르크와 대화할 때 스스로 손해 보게 내버려둔다는 사실을 인정해요. 외르크가 그녀의 말을 끊을 때 "나는 멍청해", "나는 부족해", "나는 착하고 얌전하게 행동해야 해" 같은 신념이 작동하여 그림자 아이와 동일시된다는 것을 알아챕니다. 자신의 신념 때문에 외르크가 자신을 무시하고 존중하지 않는다고 생각한다는 점도 성찰했어요.

3   이제 라라는 의식적으로 태양 아이 모드로 전환할 수 있을 정도로 충분히 진정됐어요. 태양 아이 모드에서 그녀는 외르크의 행동을 자비롭게 분석하려 노력합니다. 그 순간 외르크가 자신뿐 아니라 다른 동료들의 말도 가로막는다는 사실을 깨달아요. 그 점만 빼면 외르크가 좋은 동료라는 사실도 떠올리지요. 이를 통해 그녀는 외르크가 자신을 존중하지 않아서가 아니라 충동적이고 다혈질이라서 그렇다는 결론에 이르러요. 그래서 외르크의 행동을 그녀 자신이나 열등감 비슷한 것과 연관시키지 않고 그의 책임에 맡기기로 합니다(새롭고 긍정적인 현실 해석).

4   이 통찰을 통해 라라는 외르크와 동등한 위치에 서게 되었어요. 그녀는 이제 외르크에게 뭐라고 할 권리가 자신에게 있는지, 그것이 소심하고 트집 잡는 행동인지 따져봅니다. 곰곰이 생각해보니 외르크에게 악의는 없었던 것 같아요. 그녀가 좀 더 용기를 내서 말을 끊든 말든 할 말을 끝까지 강력하게 해볼 수도 있겠지요. 하지만

결국 외르크와 **함께** 대화해보는 게 좋겠다는 생각에 이르러요.

5   라라는 솔직하게 문제 제기하는 것에 대한 찬성과 반대 근거를 생각해봅니다.

찬성: 외르크에게 허심탄회하게 이야기하는 편이 좋겠지. 그래야 그가 어떻게 생각하는지 제대로 알 수 있을 테니까. 외르크도 자신의 행동이 아마 나뿐만 아니라 다른 사람들도 불쾌하게 만든다는 걸 알고 있는 게 나아. 서둘러 이야기할수록 마음의 평화를 빨리 얻을 수 있어.

반대: 내가 비판하면 외르크가 기분 나빠할지도 몰라. 자신의 행동이 별로라는 사실을 인정하지 않겠지.

찬성: 나는 아주 구체적인 예를 들며 비판의 근거를 댈 수 있어. 외르크가 받아들이지 않으면 그에게 문제가 있는 거야. 그건 내 잘못은 아니지. 시도해볼 만한 가치가 있는 일이야.

6   라라는 외르크와 대화해보기로 결심하고 다음 날 같이 점심을 먹자고 제안해요. 그는 기분 좋게 수락하지요. 식사하면서 그녀는 그가 회의 도중 말을 끊으면 기분이 어떤지 친절하게 설명합니다. 그는 그녀의 말을 곧장 이해하고 사과했으며 그런 버릇을 고치겠다고 굳게 약속해요. 자신이 가끔 너무 충동적이라는 약점을 스스로 잘 안다면서요. 그러나 절대 악의가 있거나 무례하게 행동하려고 한 건 아니라고 덧붙입니다. 외르크는 앞으로 조심하겠다고 다짐해요. 그리고 그가 또다시 성급하게 말을 끊을 경우 라라는 개의치 않고 하던 말을 이어가는 것으로 합의하지요.

외르크가 즉시 받아들인 덕분에 둘은 논쟁을 벌일 필요가 없었네요. 라라가 문제를 제기했기에 외르크는 자신의 입장을 설명할 기회를 얻었고, 이를 통해 그녀가 추측한 대로 그가 자신을 무시해서가 아니라 열정이 과했다는 사실을 확인했어요. 이 대화로 라라와 외르크는 서로를 좀 더 잘 알게 되었지요.

라라와 외크르 사이에 발생했을지도 모르는 잠재적 갈등은 라라의 신중한 태도와 자기 성찰, 외르크의 솔직한 자기 비판 덕분에 해소됐어요. 그러나 상대방이 자기 성찰을 하지 못하고 스스로의 보호 전략에 깊이 빠져 있다면 아마 대화는 실패했을 거예요.

도망치는 게 도움이 될 때도
분명 존재한다

상대방이 정당한 근거를 가지고 있지 않은데도, 당신이 합리적 근거를 제시했는데도, 유감스럽지만 진전을 이루지 못하는 논쟁 상황도 있어요. 인지 왜곡과 투사를 덮어씌우는 상대는 아무도 못 이기거든요. 하지만 바로 그래서 논리적인 근거를 잘 생각하는 연습이 중요해요. 그래야 두 사람 중 누가 근거 없는 주장을 펼치는지 제대로 구별할 수 있거든요.

그런데 문제는 상황을 제대로 인식하고 있는지 종종 확신이 안 드는 거예요. 빌어먹을 천사와 쓸데없이 엮이지 않으려면 반드시 뚜렷한 견해를 갖고 있어야 해요. 그런 상황에서는 대화 자체가 의미 없거든요. 오로지 외적으로 또는 최소한 내적으로 거리를 두는 게 상책입니다. 분위기가 좋은 상태에서도 충분히 거리 두기를 할 수 있어요. 이 대목에서 옌스 코르센이 제안한 이별 공식을 인용하고 싶네요. "당신은 빛나는 별입니다. 그러나 당신의 행동은 옳지 않아요. 당신이 유감스럽게도 자신의 행동에 집착하고 있기 때문에 전 이제 당신과 헤어져야 해요."

그런데 우호적인 거리 두기 역시 상황을 정확하게 인식해야 성공할 수 있어요. 그러니까 논쟁이 무의미해지는 순간을 알아차려야 한다는 거지요. 어떻게 그걸 알아챌 수 있는지 궁금할 거예요. 결정적인 기준은 상대방이 당신의 주장을 진지하게 받아들일 자세가 되어 있느냐 하는 겁니다. 그(녀)가 당신의 말에 정말로 귀 기울이고 있나요? 당신은 이해받고 있다고 느끼나요?

가장 중요한 건, 갈등하는 상대방의 주장이 얼마나 구체적인가 하는 점이에요. 예컨대 상대방이 당신을 비판할 때, 당신의 구체적인 행동을 거론할 수 있어야 해요. 당신이 언제나 권위적으로 행동한다고 비판한다면 구체적인 사례를 들어 판단 근거를 밝혀야 하지요. 상대방이 자신의 열등감 때문에 당신에게 우월성을 투사하고 있을지도 모르니까요. 그렇다면 당신은 자기 탓을 할 필요가 없어요. 상대방이 구체적이고 납득할 만한 근거 사례를 대지 못한다면 그는 틀린 거예요. 반면 당신도 그 비판 사항을 익히 알고 있었다면 상대방의 말이 옳은 거예요. 이때 취할 수 있는 조치는 딱 하나예요. 사과하고 고치겠다고 약속하는 거지요! 당신이 할 수 있는 가장 멍청한 행동은 정당한 비판을 받아들이지 않는 거예요. 그러면 상대방은 정당한 비판을 거부하는 당신과 솔직한 대화를 나누는 게 의미 없다고 판단할 수 있어요. 잘못은 부끄러워할 필요 없다는 사실을 항상 명심하세요. 부끄러운 건 잘못을 인정하지 않는 거예요.

그런데 상대방이 사실이 아니라 현실의 해석을 토대로 당신을 비판할 수도 있어요. 이때 당신이 해석과 사실을 구별하는 과정이 매우 중요해요. 라라와 외르크의 사례를 다시 한번 살펴볼까요. 외르크가 라라의 말을 자주 끊고 중간에 끼어든 건 사실이에요. 이건 제3자가 관찰할 수 있는 구체적인 행동이지요. 이에 대해 라라는 외르크가 남을 무시하는 꼰대라고 해석할 수 있었어요. 그녀가 이 상황을 정확하게 성찰하지 않았다면 외르크의 이런 태도를 비판했겠지요. 만약 소리 내어 문제를 제기했다면 외르크는 적어도 변명할 기회는 얻었을 거예요. 한편 라라가 외르크에게 변명할 기회조차 주지 않고 그저 마음속으로만 화를 삭였을 수도 있어요. 그러면 그녀는 그와 거리를 두면서 그에 대한 불만을 다른 동료들에게 털어놓았을지도 몰라요. 라라의 그릇된 해석과 갈등 회피 성향 때문에 최악의 경우 외르크는 왕따가 됐을 수도 있어요. '우세한 가해자'로 몰린 외르크는 이로써 피해자가 되었겠지요.

상대방이 가정과 추측을 넘어서는, 그러니까 현실에 대한 주관적인 해석을 넘어서는 납득할 만한 근거를 제시하지 못한다면 뭔가 문제가 있는 거예요. 특히 상대방이 자신의 잘못된 평가를 고집한다면 더더욱 그래요. 외르크가 라라에게 일부러 무례하게 행동한 게 아니라 단순히 '주제넘게 나서는 입'을 통제하지 못한 거라고 확인해주면 그녀는 그 말을 믿는 편이 좋아요. 더구나 그녀가 자신의 해석에 대한 다른 근거를 내놓지 못한다면 말이에요. 그러니 항상 당신뿐 아니라 상대방이 현실을 어떻게 해석하는지 주의하길 바라요.

그리고 어떤 관계에 문제가 있을 경우, 흔히 생각하듯 언제나 두 사람 모두에게 책임이 있는 건 아니에요. 비유적으로 설명하자면 정신적으로 건강한 사람이 심각한 나르시시스트와 한 보트를 탔다면 보트가 뒤집히고 말 거예요. 이는 심리학적 자연법칙이에요. 정신적으로 건강한 사람이라고 해서 그 관계를 구할 순 없어요. 나르시시스트의 인지 왜곡 때문에 실패할 수밖에 없거든요. 심리학을 잘 모르는 사람은 대화의 힘을 과대평가하곤 해요. 그러나 대화 주체 가운데 한 사람이 그림자 아이의 심각한 인지 왜곡에 빠져 있다면 그 어떤 좋은 말도 도움이 안 돼요. 무도한 권력자로부터 자신을 보호하려면 최대한 그를 피하거나 아예 혁명을 일으키나 둘 중 하나밖에 방법이 없어요.

상대방이 납득할 만한 근거 없이, 그저 '직감'만으로 잘못된 판단을 내리고 그런 인식을 고집한다면 당신은 그가 틀렸다는 걸 알아차릴 거예요. 상대방에게 그 사실을 일깨워주려고 노력할 순 있겠지만, 너무 자주 시도하지는 마세요. 변명의 늪에 빠지지 않도록 조심하세요. 언젠가는 끝을 내야 하는데, 상대방이 고집부리고 전혀 성찰하지 않는 바람에 당신이 가망 없는 상황에 빠져버릴 수 있어요. 상대방은 권력을 추구하면서 그림자 아이를 보호하려 들 거예요. 다시 말해 자신이 옳다는 걸 기어코 증명하기 위해 당신의 말을 아예 듣지 않고 제대로 소통하지 않는다는 뜻이에요. 적어도 그 상황에서 그의 공감 능력은 보호 전략 때문에 막혀 있어요. 여기에서 우리는 인간관계에서 가장 가치 있는 보물 전략 가운데 하나에 이르렀습니다. 바로 공감 능력이에요.

공감 능력은 편안하고
안전한 상태에서 극대화된다

공감이란 내가 타인의 감정에 이입할 수 있음을 뜻합니다. 그런데 내가 자기 자신과 스스로의 문제에 너무 몰두하면 다른 사람의 욕구를 놓치기 쉬워요. 누구나 알고 있듯, 신체적 또는 정신적 고통에 시달리는 상황에서 다른 대상에 집중하기란 쉽지 않아요. 모든 생명체는 일단 고통에서 벗어나는 게 급선무이니까요. 따라서 우리는 자신의 욕구가 어느 정도 충족되어 주의를 요하지 않을 경우에 상대방에게 가장 잘 공감할 수 있어요.

이런 이유로 많은 연인이 계속 싸워요. 내가 상대의 욕구에 공감하기 전에 상대가 먼저 관심과 이해를 받고 싶은 내 욕구를 채워주기를 바라거든요. 자신을 이해해달라고 다투다가 상대에 대한 공감은 잊히기 십상이에요. 바로 그래서 내면 어른이 우리를 잘 돌봐줘야 해요. 행복에 대한 주도권을 스스로 거머쥐고 있어야 파트너와 다른 사람들에게 마음 편히 관심을 기울일 수 있으니까요.

잠재적으로, 실제로 나를 공격하는 사람에게 공감하기란 무척 어려워요. 그건 자연법칙이기도 해요. 내 목숨을 지켜야 하는 상황에서 적을 동정해선 안 되지요. 그러나 현대 문명 세계에서는 적으로 보이는 사람이 적이 아닐 수도 있다는 게 문제예요. 자신의 파트너를 적으로 보는 경우가 딱 그래요. 두려움이나 불안에 빠져 있으면, 그러니까 그림자 아이와 동일시되어 있으면 적이 아닌 사람을 적으로 상상하곤 해요. 내가 안전하다고 느낄 때 가장 잘 공감할 수 있어요. 안전한 상태에서는 상대방에게 마음을 열고 감정 이입을 할 수 있지요.

그런데 많은 사람이 타인에게 공감하지 못하는 데에는 또 다른 이유가 있어요. 바로 스스로의 감정에 접촉하는 걸 어려워하기 때문이에요. 이들은 이성적 사고에 강하게 사로잡힌 남자일 확률이 높아요. 하지만 이렇게 공감 능력이 부족한 사람은 자비와 관심을 품고 상대방에게 다가가기만 해도 유익한 대화가 성사돼요. 왜냐하면 이 사람은 상대가 뭘 원하는지 적어도 머리로는 이해할 수 있거든요. 공감 능력이 부족해도 자비로우면 이성적인 접근 방식으로 문제를 해결할 수 있답니다.

이성적인 사고에 매몰되어 있어도 타인에게 관심은 표현할 줄 아는 사람보다 문제가 더 심각한 사람은 앞서 언급한, 그림자 아이와 동일시된 강자가 자신을 피해자로 착각하는 경우예요. 이런 인지 왜곡은 자칭 피해자가 자기 연민만 품은 채 무자비하게 행동하는 결과로 이어질 수 있거든요.

이는 특히 연인이나 부부 간 갈등에서 극단적인 양상으로 나타납니다. 이와 관련해 제가 실제로 심리 상담에서 만난 사례를 들어볼게요. 린다와 요나탄은 20년을 함께한 부부입니다. 그들은 성생활에 문제가 있다며 저를 찾아왔어요. 요나탄은 몇 년 전부터 린다와의 잠자리를 피했고, 린다는 그런 그에게 몹시 상처받았어요. 그 전에도 요나탄이 원치 않아서 성생활이 원만하지 못했던 시기가 있었어요. 심리 치료 상담을 하면서 저는 요나탄이 이 주제만 나오면 그림자 아이 모드에 완전히 빠진다는 사실을 알아차렸답니다. 요나탄의 성욕 감퇴 이야기만 꺼내면 그는 린다를 순식간에 적으로 보면서 매우 완고하고 옹졸해졌어요. 린다에 대한 적대적 인지 왜곡은 "나는 너의 행복을 책임져야 해", "내 잘못이야", "나는 너의 기대를 채워줘야 해" 같은 그의 신념에서 비롯되었어요. 그의 그림자 아이는 린다를 우월한 존재로 인식하더군요. 린다에게 냉정하고 매몰찬 자신의 엄마를 투사한 거예요. 그래서 요나탄은 린다를 모든 면에서 행복하게 해줘야 한다고 스스로를 엄청나게 압박했어요. 여기에는 그가 실은 "싫어"라고 말하고 싶은 상황에서 "좋아"라고 대답하는 것도 포함되어 있었지요.

그의 보호 전략은 조화 추구, 순응, 역할 놀이였어요. 결과적으로 그는 자신의 행복을 거의 돌보지 않은 거예요. 자신의 욕구는 언제나 뒷전이었어요. 이런 경우에 종종 그렇듯 요나탄은 자신 때문이 아니라 상대적 강자로 보이는 아내 때문에 이런 일이 벌어졌다고 여겼어요. 그리하여 후퇴와 성적 거부를 통해 그녀를 수동 공격으로 벌했지요. 그 이면에는 "침대에서만이라도 내가 하고 싶은 대로 할 거야!"라는 (무의식적) 방어적 태도가 숨어 있었어요. 요나탄의 그림자 아이가 린다의 성적 기대를 충족시켜주는 걸 반대한 거예요. 아내와 잠자리를 가지는 건 그에게 또 다른 의무일 뿐이었어요. 아내의 행복을 책임져야 한다고 생각했기에 그녀의 욕구 충족을 거부했어요. 이건 자주 나타나는 역설적 상황이랍니다. 린다가 그에게 가까이 다가가려 하면 요나탄은 가까워지려는 그녀의 욕구를 보지 않고, 강요하고 간섭하고 모든 걸 독차지하려는 존재로 그녀를 인식했어요. 친밀해지고 싶고 인정받고 싶은 린다의 욕구에 전혀 공감하지 못했지요. 그래서 자신이 린다를 거부하면 그녀가 속상하고 상처받는다는 것도 전혀 공감하지 못했고요.

다행히도 요나탄은 아내가 무력감에 빠졌다는 사실은 알아차렸어요. 그녀가 뭘 하든 그가 곁을 내주지 않았다는 사실을요. 그런데도 그는 자비를 베풀지 않았더군요. 요나탄이 관점을 바꿔서 피해자의 태도에서 벗어난 뒤에야 린다에게 공감하게 되었답니다. 이를 통해 둘은 다시 가까워졌고 성생활 문제도 긍정적인 방향으로 해결됐어요.

다른 사람과의 문제에서 자신의 관점에만 너무 사로잡혀 있다면 의식적으로 자신의 감정에 거리를 두고 어른 자아로 전환하도록 노력하세요. 이를테면 연극 무대에 서 있다고 상상할 수 있겠지요(또는 188~192쪽에서 설명한 '세 가지 인지 위치' 연습을 해도 좋아요). 내적 거리를 둔 상태에서 문제의 작동 방식을 파악하려고 노력해보세요. 정확히 뭐가 문제인가요? 인정(상대방이 자신을 과소평가한다고 느끼는 경우), 정당성(상대방이 자신을 부당하게 대한다고 느끼는 경우), 결과적으로 느끼는 모욕감이 문제인 경우가 많아요. 그런데 자신이 느낀 모욕감만 생각하지 말고 상대방이 느꼈을 모욕감도 함께 생각해보려고 의식적으로 노력하세요. 상대방 입장에서 그 사람이 당신을 어떻게 볼지 생각해보세요. 당신의 행동이 그 사람에게 어떤 걱정, 두려움, 모욕을 불러일으키나요? 상대방의 그림자 아이를 이해하려고 노력해보세요. 공감하고 이해하는 행위를 통해 문제에 전혀 다르게 접근할 수 있을지도 몰라요.

당신이 통제할 수 있는 모든 것을 가장 쉽게 바꿀 수 있다는 사실을 항상 명심하세요. 반면 다른 사람은 바꾸기가 힘들어요. 공감의 다리를 통해 상대방에게 다가갈 기회가 보이면 그렇게 해보세요. 상대방이 먼저 움직일 때까지 기다리지 마세요. 다른 사람에게 다가가는 건 언제나 대단하다는 표시이지 나약하다는 표시가 아니랍니다.

귀 기울여 듣고
다르게 표현하는 것의 중요성

우리가 가진 가장 큰 덕목 가운데 하나는 다른 사람들에게 경청하는 능력입니다. 경청은 공감으로 향하는 다리예요. 하지만 많은 사람이 이걸 어려워해요. 금세 대화 주제에서 벗어나 자기 생각에 빠져들곤 해요. 게다가 요즘은 경청 문화가 점점 더 후퇴하고 있다는 인상을 받아요. 부모 세대만 해도 최대 열두 명이 한 탁자에 둘러앉아 대화를 나눠도 아무런 문제가 없었어요. 지금은 네 명만 모여도 제대로 된 대화가 힘들어요. 남이 말하는 중간에 끼어들고, 옆사람과 따로 잡담하고, 휴대폰을 만지작거리니까요.

경청 능력은 적극적으로 연습하면 키울 수 있습니다. 이는 대화 기술뿐 아니라 내면의 태도와도 관련 있어요. 경청이란 다른 사람 이야기에 정말로 관심을 갖는 거예요. 그러기 위해 일단 첫 번째로 자신의 걱정이나 생각을 한동안 옆으로 밀어둬야 해요. 걱정과 생각을 금고에 넣고 잠근다고 상상해볼 수 있겠지요. 열쇠의 주인은 당신이므로 언제든 금고를 열 수 있다고 확신할 수 있어요. 당신의 걱정과 생각은 거기 안전하게 보관되어 있어요. 끊임없이 당신 주변을 맴도는 생각은 대부분 문제를 통제하려는 시도임을 상기시켜드리고 싶네요. 하지만 경청하는 동안 문제가 안전하게 금고에 보관돼 있으면 긴장을 풀고 온전히 상대방에게 주의를 기울일 수 있지요. 상대방에게 집중하다 보면 유익한 자기 망각 상태에 이를 수도 있고요.

대부분의 사람은 특정 키워드에서 (머릿속으로든 직접 말로 하든) 결국 자기 자신에게 돌아가는 경향이 있어요. 그래서 1번 규칙은 상대방에게 계속 집중해야 한다는 거예요. 자신과 관련된 생각이 떠오르면 곧장 다시 금고에 넣은 뒤 상대방에게 주의를 기울이세요. 그런데 자기 이야기를 하고 싶어서 초조해하는 사람이 참 많아요. 누군가가 이탈리아 여행 이야기를 꺼내면 재빨리 말을 가로채서 자신의 여행을 회상하는 식이에요. 너무 짜증 나지 않나요? (간단한 팁을 드리자면 이런 사소한 상황에도 개입하여 주도권과 관심을 되찾아올 수 있어요. 차분하게 "일단 내 말부터 들어줘. 내가 먼저 얘기를 꺼냈잖아!"라고 말하세요.)

두 번째로 상대방의 말을 당신의 언어로 간결하게 요약해보세요. 이를 통해 그가 하고자 했던 말을 당신이 정말 이해했는지 알 수 있어요. 이 과정을 다르게 표현하기라고 합니다. 상대방의 이야기를 새롭게 말해보는 거지요. 예를 들어 다음과 같이요.

아니타: "그러니까 최근에, 글쎄… 정말 완전 지쳐 쓰러질 때가 많아. 아침에는 회사 가야지, 저녁에는 애들 봐야지. 주변에 날 도와주는 사람도 없잖아. 게다가 상사는 계속 스트레스 주고. 신경이 날카로워서 애들한테도 그렇고 마주치는 모든 사람에게 짜증을 내. 그냥 푹 쉬고 싶어."
베른트: "너 정말로 많이 지쳤구나."
아니타: "응, 정말이야."

다르게 표현하기를 통해 아니타는 이해받았다고 느끼고 다시 나아갈 기운을 냅니다. 베른트가 아니타의 말을 잘못 이해했다면 곧장 다시 설명해줄 수도 있어요. 이 방법이 너무 평범해 보일지 몰라도 우리는 주로 사소한 이유로 오해하곤 한답니다. 우리는 들은 내용을 너무 빨리 해석하려는 경향이 있어요. 특히 그림자 아이의 귀로 들으면 순식간에 착각할 수 있다는 점을 명심하세요. 예를 들어 베른트가 아니타의 좋은 친구나 직장 동료가 아니라 배우자라면 그녀의 말을 개인적인 비판으로 받아들일 확률이 높아요. 그는 "내가 아니타에게 충분히 헌신하지 않는구나!"라는 내면의 목소리를 '들을' 수 있어요.
이상적인 경우, 베른트는 아니타에게 "당신, 내가 좀 더 많이 도와주면 좋겠어?"라고 친절하게 물으며 자신의 해석을 확인하겠지요. 이 질문을 통해 아니타는 베른트의 해석을 확인하거나 수정해줄 기회를 얻을 수 있어요. 무엇보다도 베른트가 간접적으로 비판받는다고 느꼈다는 사실을 눈치채고 적절히 대응할 수 있지요. 반면 최악의 경우에는 베른트가 자신의 해석을 혼자서만 속에 담아둔 채 자신도 얼마나 피곤한지 일일이 나열하며 상대방을 직접 공격할 수 있어요. 이렇게 되면 아니타는 비난받고 무시당한다고 느끼고, 싸움이 더욱 격렬해질 테고요.

다르게 표현하기는 어려우면서도 쉬워요. 쉬운 이유는 매우 간단한 방법으로 소통의 질을 크게 향상시킬 수 있기 때문이고, 어려운 이유는 상대방 이야기의 핵심을 파악하기가 쉽지 않기 때문이에요. 다음 사례를 같이 살펴봅시다.

야나: "내 생일 파티에 케이터링을 누가 했는지 알고 싶다며 얼마 전에 산드라가 메일을 보냈더라. 파티를 열 계획이냐고 물었더니 아니라는 거야. 그런데 오늘 페터가 나한테 산드라의 여름 파티에 초대받았는지 묻는 거 있지."
리하르트: "완전 뒤통수 맞은 기분이었겠네!"
야나: "내 말이!"

다르게 표현하기를 통해 핵심을 정확하게 짚어내면 화자가 작은 통찰을 할 수 있어요. 야나도 리하르트의 요약을 듣고 나서야 자신이 산드라의 꼼수에 진짜 '뒤통수 맞은' 기분이 들었다는 걸 제대로 깨달았어요. 하지만 예상에서 벗어난 다르게 표현하기도 화자에게 도움이 된답니다. 왜냐하면 다르게 표현하기 내용이 틀렸을 경우 화자는 원래 말하고 싶었던 내용을 다시 생각해보며 자신의 생각과 감정을 정리해서 새롭게 표현할 수 있거든요. 어떤 경우든 화자는 상대방이 자신을 정말로 이해하고 싶어 한다는 느낌을 받아요.

"내가 네 말을 제대로 이해했는지 모르겠지만…"이라고 말을 시작하면 상대를 매우 존중하는 느낌을 줍니다. 예컨대 "내가 네 말을 제대로 이해했는지 모르겠지만 XY 때문에 네가 너무 화났다는 거지?"라고 말하는 거예요. 이렇게 말을 꺼내면 화자는 청자가 오해했다는 느낌을 받았을 때 언제든 바로잡아도 괜찮겠다고 생각하게 돼요. 또한 상대방이 진심으로 대화에 참여하고 있다는 느낌을 한층 강하게 받을 수 있어요.

상대방이 자기 입장만 고수해서 당신의 말을 전혀 이해하지 못한다는 느낌을 받아본 경험이 분명 있을 거예요. 아마도 상대방에게 당신이 원하는 바를 설명하려고 끈질기게 노력했지만 소용없었겠지요. "내가 네 말을 제대로 이해했는지 모르겠지만…"으로 시작하는 다르게 표현하기는 짜증만 유발하는 말다툼과는 정반대라고 할 수 있어요.

다르게 표현하기는 미국 심리 치료사 칼 로저스가 창안한 대화 치료에서 나온 방법입니다. 저도 대화 치료 교육을 받았으며 제가 하는 심리 상담 치료의 핵심이 다르게 표현하기예요. 일상 속 모든 대화에서 다르게 표현하기를 연습할 수 있어요. '적극적 경청'에 대해 좀 더 자세히 알고 싶다면 시중에 이를 다룬 책이 많으니 참고하세요.

나부터 잘 돌보는 게
언제나 최우선

조화를 추구하고 주변 사람들의 요구에 순응하는 사람은 대부분 언제나 남을 잘 도와줍니다. 하지만 보호 전략으로 조력자 증후군을 쓰는 경우, 다른 사람을 어려운 상황에서 꺼내주기 위해 자신의 정신적·신체적 한계를 넘어서곤 해요. 때로는 다른 사람에게 자신의 도움을 받을 것을 강요하기도 하지요. 이들은 자존감을 안정시키기 위해 (겉으로 보기에) 어려움을 겪는 사람을 필요로 합니다. 그런데 자신을 돌보는 대신 다른 사람을 보살피느라 정작 스스로의 욕구는 소홀히 해요. 그리고 그 대가로 상대방이 고마워하고 인정해주기를 기대하지요. 이들의 그림자 아이는 쓸모 있는 존재가 되어야 인정받을 자격이 있다고 생각해요.

비행기를 타본 적 있다면 이륙 전에 비상 상황에 대비한 안전수칙이 안내된다는 사실을 알고 있을 거예요. 객실 내 기압이 떨어지는 비상 상황이 벌어지면 천장에서 산소마스크가 떨어지지요. 이때 누가 먼저 산소마스크를 써야 할까요? 맞아요, 바로 본인입니다! 스스로 호흡할 산소가 충분히 있어야 다른 승객을 도울 수 있으니까요. 자기 자신을 돌보지 못하면 다른 사람도 책임질 수 없어요.

만약 당신이 조력자 증후군이라면 다른 사람을 위해 자신을 희생해야만 자신의 가치가 높아지는 건 아니라고 그림자 아이에게 확실히 알려줘야 해요. 내면 어른은 자신의 감정과 욕구가 충족될 수 있게 적극적으로 나서서 책임질 필요가 있어요. 주변 사람들이나 당신의 도움을 받는 이들이 당신을 돌봐줄 때까지 기다리지 마세요. 스스로를 직접 돌보는 게 더 중요해요. 그렇다고 남을 신경 쓰지 않고 이기적으로 행동해야 한다는 뜻은 아니에요. 남을 기꺼이 돕는 태도는 당연히 좋은 자질이에요. 그런 자질은 얼마든지 지켜도 좋아요. 하지만 자신감이 강해질수록 누가 정말 도움을 필요로 하고 누가 그렇지 않은지를 더 잘 구별할 수 있답니다.

자신을 돌보는 것과 타인을 돌보는 것 사이에서 균형을 잘 잡아야 해요. 이를 위해 일단 자신을 돌보고 자기주장을 할 권리가 있다는 사실을 인식하는 게 중요해요. 왜냐하면 많은 불안정한 사람이 끊임없이 자신의 '정당한 상황'에 의구심을 품거든요. 그림자 아이를 무릎에 앉히고 그 애가 존재해서 정말 행복하다고 설명해주세요. 환영받기 위해 투쟁할 필요가 없다고 말해주세요. 그림자 아이에게 당신은 이제 훌륭한 어른이 되었고 바깥세상에는 더 이상 엄마 아빠가 없다는 사실을 거듭 알려주세요. 이제부터 내면 어른이 그림자 아이를 더 잘 돌봐주고 이끌어줄 거라는 사실을 이야기해주세요.

언제나 자신의 욕구보다 타인의 욕구에 더 신경 써왔기에 자신이 정말 원하는 게 뭔지 아마도 잘 모를 거예요. 102~104쪽에서 설명했던 방법을 활용해 자신의 욕구에 집중하는 연습을 하세요. 당신의 지각에 더욱 강하게 초점을 맞추세요. 당신의 몸에도 주의를 기울이세요. 그림자 아이가 매우 불안정한 사람은 자신의 몸이 무엇을 느끼는지 잘 모르는 경우가 많아요. 그래서 뒷부분에서 이 문제를 해결하기 위한 연습도 구체적으로 알려드릴게요.

다른 사람과 접촉할 때 어떤 기분이 드는지 의식적으로 느끼려고 노력해보세요. 상대방의 소망과 욕구를 추측하려는 충동을 억제하세요. 무엇보다도 스스로 입을 열어 원하는 것과 원하지 않는 것을 말하세요! 자신을 책임지려는 마음을 먹어야 해요. 상대방이 당신의 생각을 눈치채야 한다는 기대를 하지 마세요.

아무리 도와주려 해도 바뀌지 않는 사람에게 의존하고 있다는 느낌이 든다면 겉으로만 다른 사람에게 문제가 있는 상황처럼 보인다는 사실을 명심하세요. 그 사람은 기어코 인정받고 싶은 당신의 그림자 아이가 투사된 존재일 뿐이에요! 그림자 아이는 그 사람을 통해 자신이 가치 있는 존재라는 걸 필사적으로 증명하려 해요. 파트너의 행동에 따라 당신의 가치가 좌지우지되지 않는다는 사실을 기억하세요. 51쪽에서 설명한 '거울 자아'에서 벗어나세요. 이미 오래전부터 파트너에게 인정받으려고 노력해왔다면 그가 마침내 변하리라는 희망을 버리고 자기 자신을 인정하는 것부터 시작하세요. 이를 위해 파트너와 관계없이 당신이 스스로를 어떻게 만족시킬 수 있을지 궁리해보세요. 당신의 행복을 당신 손에 맡기는 게 매우 중요해요. 새로운 취미를 시작해도 좋고 오래된 취미를 더욱 파고들어도 좋아요. 친구들과 더 자주 만나고 직업 관련 교육을 받아봐도 좋아요. 행복하고 건강한 삶을 즐기세요. 파트너가 달라지기를 기다리는 대신, 당신을 더 행복하게 만들어주고 더 만족스럽게 만들어주는 활동을 뭐든 다 해보세요.

어쩌면 당신은 소극적인 애착 불안에 시달리고 있을지도 몰라요. 이를테면 100퍼센트 좋아하는 상대가 아닌데도 사귀거나 상대가 당신을 좋아한다고 하는 순간 마음이 식어버리는 상황이지요. 이런 주제를 다룬 책이나 자료를 찾아 살펴보세요. 에너지와 관심을 스스로에게 집중하세요. 그러면 불행한 관계로부터 건강하게 거리 두기를 할 수 있고 당신이 직접 영향을 미칠 수 있는 단 한 사람만 돌보게 돼요. 기본적으로 내면 어른은 자기 자신, 그러니까 그림자 아이만 돌봐주면 됩니다. 자기 자신을 더 잘 돌볼수록 당신의 배터리도 더 많이 충전될 거예요. 그리하여 궁극적으로 훨씬 더 나은 방식으로 세상에 기여할 수 있겠지요.

번아웃을 겪는 사람의
그림자 아이는 어떤 모습일까

엄청나게 노력했는데도 성공을 거두지 못했을 때 번아웃은 언제나 발생할 수 있어요. 다시 말해 상사나 동료에게 충분히 인정받지 못하고 그리고/또는 노력했지만 원하는 결과를 얻지 못했을 때 그런 일이 벌어지지요. 그래서 서비스직은 특히 번아웃에 취약해요. 예를 들어 간호나 간병 관련 일을 하는 사람은 빽빽하게 짜인 업무 일정표에 따라 쉴 새 없이 일하며, 열심히 했는데도 언제나 환자들을 제대로 돌보지 못한다는 느낌을 받아요. 관리자, 운동선수, 공무원, 회사원, 심지어 학생도 소진되고 완전히 지쳤다는 느낌을 호소하는 경우가 점점 늘어나고 있어요. 최근 들어 번아웃 진단이 부쩍 많아졌는데 한편으로는 의사와 심리학자가 그 증상에 더욱 민감해졌기 때문이에요. 그러나 다른 한편으로는 지난 수십 년 동안 업무에 대한 압박이 엄청나게 심해졌기 때문이기도 해요. 많은 산업군에서 노동자는 점점 더 짧은 시간에 점점 더 많은 일을 해야 하거든요.

번아웃은 소진 증후군이라고 불리는 우울증의 일종이에요. 하지만 사회적으로 널리 받아들여진 번아웃이라는 용어가 자리를 잡았지요. 우울증보다는 번아웃이라고 하는 편이 당사자가 받아들이기도 더 쉬워요. 대부분의 사람이 머릿속에서 우울증을 '정신병' 그리고 '개인적 실패'와 연관시키거든요. 따라서 번아웃이라는 말이 좀 더 낫게 들리는 거예요.

힘든 근무 조건 말고도 번아웃을 유발하는 개인적 요인도 있어요. 번아웃을 겪는 사람의 그림자 아이는 보호 전략으로 '완벽을 추구'합니다. 이들은 일을 잘하는 것을 넘어 완벽하게 하려 하기 때문에 디테일에 집착하는 경향이 있어요. 번아웃에 걸리기 쉬운 사람 중에는 일중독자가 적지 않아요. 일중독의 전형적인 증상은 중요한 일과 중요하지 않은 일을 구별하지 못한다는 거예요. 어느 순간 이들의 눈에는 저녁에 다음 날 입을 옷을 꺼내 놓는 일이 연말 결산 보고서를 준비하는 일만큼이나 중요해 보여요. 완벽에 대한 추구와 통제에 대한 추구가 일종의 남매 같은 사이라는 걸 다시 한번 상기시켜드릴게요.

그러나 힘든 근무 조건과 완벽에 대한 추구 외에 번아웃에 빠지기 쉽게 하는 두 가지 특성이 더 있어요. 첫째는 자신의 회복력 한계가 실제로 어디인지 잘 모른다는 것이고, 둘째는 주변 사람들의 요구에 선을 잘 긋지 못한다는 거예요.

번아웃으로 고통받는 사람의 그림자 아이는 순응이라는 자기보호 전략에 빠져 있어요. 즉 칭찬과 인정을 받거나 적어도 벌을 피하기 위해 모든 것을 제대로 잘하고자 엄청나게 노력한 끝에 결국 자기 자신에 대한 감각을 완전히 잃어버렸어요. 따라서 번아웃에 시달리는 사람을 치료할 때 가장 중요한 부분은 당사자가 스스로를 다시 느끼기 시작해야 한다는 점이에요. 이는 자기 지각을 촉진하는 연습을 통해 가능해요. 이미 여러 차례 강조했듯 자기 보호 전략에 순응이 포함되어 있는 사람은 주변의 요구에 너무 집중하느라 자신의 욕구는 놓쳐요. 따라서 당사자가 자신의 욕구를 인식하는 법을 배우는 게 매우 중요해요.

두 번째 단계는 내담자가 스스로를 적절히 돌보는 방법을 배워서 자신의 욕구를 책임지는 거예요. 이를 위해 자기주장을 펼치는 법을 배워야 해요. 당사자가 처음부터 주변의 요구를 거절했다면 번아웃을 겪지 않았겠지요. 직장에서도 사생활에서도 거절할 권리가 있음을 명심하세요.

그러니까 번아웃을 피하고 싶다면 스스로에게 관심 갖는 연습을 하고 회복력 한계를 파악하고 자기주장을 펼치는 법을 배우세요. 이 책에서 설명한 여러 가지 연습이 도움이 될 거예요. 또한 비판적인 어른 자아의 눈으로 자신의 근무 환경을 면밀히 살펴보세요. 뭘 위해 그토록 끊임없이 애쓰는지 자문해보세요. 그게 정말로 필요한 일인지 자신에게 물어보는 겁니다. 의심스러운 경우에는 차라리 회사를 옮기는 편이 나을지 자문해보세요.

그림자 아이와 그의 보호 전략에서 한 발짝 물러나 외부에서 자신의 상황을 관찰하는 게 아주 중요해요. 이미 눈치챘겠지만 저는 논쟁을 좋아하는데, 논리적인 근거를 찾아가며 상황을 조망해보라고 권하고 싶네요. 당신의 업무 능력을 최대한 현실적으로 파악하고 강점과 약점을 정확히 살펴보세요. 그리고 개인적 업무 능력이 한계에 다다르는 시점이 언제인지 확인해보세요. 이를 위해 동료나 상사와 함께 당신의 업무 성과와 객관적인 요구 사항에 대해 대화를 나눠보는 게 도움이 될 거예요. 내적 동기도 면밀히 들여다보세요. 무엇이 당신을 이런 식으로 움직이게 하나요? 정말로 외부의 요구 때문인가요 아니면 실패하고 거절당할까 봐 두려워하는 그림자 아이가 크게 관여한 결과인가요? 아마도 후자일 가능성이 높습니다.

이성적인 분석을 마치고 나면 그림자 아이를 무릎에 앉히고 이렇게 설명해주세요. "그래, 가여운 아이야, 모든 일을 제대로 잘해내려고 항상 너무 힘들게 애쓰고 있구나. 하지만 머지않아 넌 아무것도 할 수 없는 상태가 될 거야. 그런데 생각해봐, 그냥 일을 잘하기만 해도 충분해. 스스로에게 끊임없이 뭔가를 증명하려 하지 않아도 괜찮아. 예전에 엄마 아빠와 지내는 게 쉽지 않았지. 부모님을 만족시키고 기쁘게 해드리려고 언제나 최선을 다했어. 그렇지만 지금은 다 지난 일이야. 우린 다 컸고 스스로를 돌볼 수 있어. 그리고 넌 이대로 충분해! 네 모습 있는 그대로 충분히 괜찮은 존재야. 한 번쯤 푹 쉬면서 휴식기를 가져도 돼. 우리의 가치는 업무 능력에 달려 있지 않아. 이제 우리는 더 자주 '아니요'라고 말하고 감당할 수 있는 만큼만 일을 할 거야. 너의 내면 어른인 내가 앞으로 널 책임질게. 나는 앞으로 더 이상 모든 업무를 떠맡지 않고 네가 과로하지 않도록 돌봐줄 거야. 언젠가 쓰러지기라도 하면 아무에게도 도움이 안 돼. 가여운 아이야, 쓰러지기 전에 충분히 쉬어도 된다는 사실을 명심해. 우리를 잘 돌보는 건 우리 의무이기도 해. 그래야 더 오랫동안 일하고 가족 곁에 머무를 수 있을 테니…."

다음의 연습은 자기 자신을 더 강하게 느끼는 데 도움이 될 거예요. 번아웃에 걸리기 쉬운 사람뿐 아니라 자신의 몸을 더 잘 챙기고 싶은 사람에게도 유용한 연습이랍니다.

연습 ☞ 신체 감각을 활용해 감정 해소하기

이 연습은 서거나 앉아서 할 수 있고 누워서도 할 수 있어요. 레븐슨이 창안한 세도나 메서드를 차용해 수정한 버전임을 참고하세요.

1 눈을 감고 지금 기분이 어떤지 … 몸이 어떻게 느껴지는지 … 호흡에 주의를 기울여보세요 … 내면의 주의력을 몸 전체로 보내세요 … 몸이 기분을 어떻게 느끼는지 그저 알아차립니다 … 경직되

고 뻣뻣한 신체 부위에 집중해봅니다 … 호흡을 그쪽으로 보내고 의식적으로 이완하면서 긴장을 풀어줍니다.

2   벗어나고 싶은 문제를 떠올려보세요 … 몸에서 어떤 느낌이 드는지 감지해보세요 … 내리누르는 느낌인가요? 어딘가 당기는 느낌인가요? 심장이 뛰나요? 숨이 잘 안 쉬어지나요? 이를 알아차리고 환영해주세요.

3   보호 전략을 강화하는 방법을 상상하여 문제에 대한 느낌을 강화해보세요. 완벽을 추구하는 보호 전략이라면 모든 것을 더 완벽하고 더 좋게 만드는 방법을 상상해보세요 … 후퇴와 외면을 통해 문제를 해결하려 한다면 완전히 뒤로 물러나 아무것도 하지 않는 상상을 해보세요 … 비판과 공격을 통해 문제를 해결하려 한다면 더 공격적으로 변하는 상상을 해보세요 … 보호 전략을 강화할 때 몸에서 어떤 느낌이 드는지 감지해보세요. 가슴이 더 답답한가요? 배 부분이 더 심하게 당기나요? 땀이 나기 시작하나요?

4   이제 이 느낌과 함께 깊이 숨을 쉬면서 문제와 관련된 이미지를 머릿속에서 지워버리세요. 그것을 쫓아내세요. 오로지 신체 감각에만 집중하세요. 신체 감각이 사라질 때까지 그 느낌이 자리 잡고 있는 신체 부위로 숨을 보냅니다. 그러고 나서 어떤 느낌이 드는지 살펴보세요.

일상생활에서 당신의 몸에 주의를 기울여 그림자 아이 모드나 문제 상태로 돌아가려는 순간을 감지해보세요. 깊이 숨을 쉬면서 순전히 신체적인 차원에서 그 느낌을 해소하세요. 그러고 나면

193~218쪽에서 배운 대로 의식적으로 태양 아이로 전환할 수 있답니다.

기꺼이 "아니요"라고 말할 용기

스스로 부족하다고 생각하는 그림자 아이를 지닌 사람의 가장 큰 문제 중 하나는 거절이 서툴다는 거예요. 이들은 다른 사람을 실망시키는 걸 두려워하고 모두를 만족시키려 합니다. 거절당하는 상황에 대한 그림자 아이의 두려움이 행동으로 이어지지요. 그림자 아이는 모든 일을 제대로 해내면 자신이 충분한 존재가 될지도 모른다고 생각해요. 그런데 순응 전략을 쓰는 모든 상황과 마찬가지로, 무엇이 옳고 그른지에 대한 판단이 어른 자아의 균형 잡힌 논리적 근거가 아니라 다른 사람이 나를 생각하는 방식에 따라 이루어진다는 사실이 문제예요.

이런 경우에 자주 일어나는 투사에 대해 한 번 더 이야기해볼게요. 우리는 내가 거절하면 상대방이 실망하리라 상상하곤 해요. 그래서 그런 일을 막기 위해 자발적으로 뭔가를 해야 할 때 서둘러 순종하며 "네"라고 말하지요. 어떤 단체나 동네, 아이가 다니는 학교에서 자원봉사자가 필요하다고 하면 곧장 신청해요. 이미 너무 바쁜데도 자원봉사까지 하겠다고 하는 거예요. 불쌍한 그림자 아이를 진정시키기 위해 모든 노력을 합니다.

문제는 그림자 아이의 현실에서 "아니요"라고 하면 제재를 받거나 사회에서 배제될 수 있다는 거예요. 하지만 이는 사실이 아니에요. "아니요"라는 말을 더 자주 하라고 배운 제 내담자들은 자신이 "아니요"라고 하거나 자발적으로 나서지 않아도 아무런 문제가 되지 않는다며 너무 놀라워해요. 그리고 타인의 부탁을 거절하며 자신의 욕구를 더 많이 책임진 후부터 에너지 수준이 훨씬 더 올라갔다고 고백하지요. 그러면 결과적으로 기분이 더 좋아지고요. 이미 배웠듯이 좋은 기분은 좋은 사람이 되기 위한 최고의 전제 조건입니다. 기분이 좋고 에너지 수준이 높으면 다른 사람에게 자비를 베풀 수 있어요. 이기적인 사람이 되라는 뜻이 아니라 자기 자신을 더 잘 돌보아야 한다는 뜻임을 한 번 더 강조하고 싶네요. 자기 보호에 사로잡힌 사람들은 보통 스트레스받고 피곤하고 기분 나쁜 상태예요. 즉 기분 좋게 "네"라고 할 수도 없고 기분 좋게 "아니요"라고 할 수도 없어요.

부탁을 거절할 권리가 있는지 확신하기 어렵거나 거절하면 부탁한 사람이 너무 실망하지 않을까 두렵다면 내면 어른의 도움을 받아 논리적인 근거를 생각해보세요. 당신에게 "아니요"라고 말할 권리가 있는지에 대해서만 매번 고민하지 말고, 반대로 부탁한 사람에게 화내거나 실망할 권리가 있는가 하는 질문을 던져보세요. 이웃이 바비큐 파티에 케이크를 구워서 가져와달라고 부탁했는데 만약 당신이 케이크를 구울 시간이 없거나 그럴 마음이 들지 않는다면, 이웃에게 그냥 솔직히 털어놓은 뒤 다른 일을 할 수 있는지 물어보세요. 그 이웃에게 무슨 권리가 있어서 화를 내겠으며 그럴 만한 근거가 있기는 한가요? 당신의 소망과 욕구를 솔직하게 털어놓는다고 해서 파트너에게 화낼 권리가 있나요? 마지못해 원치 않는 자비를 베풀 경우, 오히려 부탁한 쪽이 분노하여 두 사람 사이가 더 어려워진다는 사실을 명심하세요. 항상 타협할 수 있다는 사실을 염두에 두세요. 그리고 지금 당신은 다 큰 성인이고 스스로 관계를 형성할 수 있다는 점을 기억하세요.

나에게 꼭 맞는
보물 전략을 찾아보세요

통제는 불안에서 나옵니다. 불안은 삶의 기본 요소이기에 우리 모두는 자신과 주변 환경을 통제하려는 강한 욕구를 드러내지요. 통제 욕구가 유달리 심한 사람은 안전하다고 느끼기 위해 많은 통제를 필요로 해요. 이들의 그림자 아이는 자신이 무기력하고 다른 사람 손에 달려 있다고 생각하며 스스로에 대한 확신이 없어서 자신을 자유롭게 풀어주고 믿어주는 것을 엄청나게 두려워해요.

이런 유형에 해당한다고 느낀다면 내면 어른이 스스로에게 최악의 경우 무슨 일이 일어날 수 있을지 질문을 던져보는 게 중요합니다. 이 질문에 대한 해답을 끝까지 생각해보지 않고 그림자 아이의 막연한 두려움에 휩쓸려 행동하는 경우가 대부분이거든요. 그러니 좀 더 긴장을 풀고 자신과 삶의 흐름을 더 믿어준다면 실제로 어떤 일이 일어날지 한번 자문해보세요. 당신이 그토록 두려워하는 시나리오를 끝까지 상상해보세요. 공상의 나래를 끝까지 펼쳐서 '그다음에 무슨 일이 일어나는데?'라고 거듭 자신에게 물어보세요. 가장 끔찍한 악몽을 정면으로 마주하고 그게 정말로 나쁜 상황인지, 그 상황에서 할 수 있는 일이 아예 없는지 따져보는 거예요.

최악의 시나리오를 머릿속에서 체험하고 숙고했다면 불안해하는 그림자 아이와 의식적으로 거리를 두세요. 그리고 내면 어른의 입장에서 이렇게 설명해주세요. "그래, 불쌍한 아이야, 너는 아직도 옛날에 있었던 일들 때문에 상처받은 상태구나. 엄마 아빠와 지낸 시간은 정말 힘들었어. 네 주장을 펼 기회가 전혀 없었고 항상 스스로 부족하다는 느낌을 받았지. 하지만 지금 우리는 어른이고 예전에 네가 두려워했던 일이 일어날 가능성은 매우 희박해. 그리고 우리는 언제든 도움을 청할 수 있어. 스스로 저항할 수도 있고. 많은 것을 배웠고 많은 것을 할 수 있어. 현재 우리는 자유롭고 자신의 의지를 가져도 된다는 사실을 항상 명심해. 무슨 엄청난 일이 일어나기야 하겠어? 최악의 경우 기초 생활 수급비를 받으며 살면 되고, 이 세상에는 그보다 훨씬 힘들게 사는 사람도 정말 많아. 설사 XX(파트너의 이름)와 헤어져도 우리는 멀쩡할 거야."

불안은 그저 투사에 지나지 않는다는 점을 항상 기억하세요. 우리가 불안해하는 일은 대부분 실현되지 않아요. 만약 일어난다 해도 결국 어떻게든 잘 해결될 거예요. 불안해하는 그림자 아이 때문에 너무 괴로운 사람은 머릿속에 떠오르는 모든 것을 그대로 믿는 습관을 버려야 해요. 불안해서 얼마나 자주 길을 잃어버렸는지 생각해보세요. 불안에 떨며 예상했던 상황보다 훨씬 잘 풀린 적이 얼마나 자주 있었나요? 아니면 생각보다 더 나쁘게 흘러간 적도 있었나요? 불안의 목소리, 그러니까 그림자 아이가 당신 회사의 고문이었다면 잘못된 예측을 너무 많이 늘어놔서 오래전에 해고당했을걸요. 핵심은 인생에는 간단히 통제할 수 없는 게 너무 많고, 좋든 나쁘든 예측은 자주 틀린다는 거예요. 그러니까 큰일은 어차피 내 손을 떠난 경우가 많다는 사실을 계속 떠올리세요. 긴장한 채 붙잡고 통제하려 할수록 자신과 주변 사람들이 힘들어질 뿐이에요.

보호 전략으로 통제를 추구하는 사람은 의무감이 너무 강한 경우가 많아요. 이게 지나치면 병적인 강박 행동이나 강박 관념으로 이어질 수 있어요. 가벼운 수준일 경우에는 극도로 규칙적인 일상을 지키느라 자신을 괴롭히곤 해요. 통제를 포기하기란 쉽지 않은데, 그러려면 이들이 가장 하기 어려워하는 행동, 즉 신뢰를 보여줘야 하기 때문이에요.

신뢰하는 법을 어떻게 배울 수 있을까요? 믿는 종교가 없고 운명이 신에게 달려 있다고 생각하지 않는 사람이라면 삶에 맞설 수 있다고 느끼기 위해 더욱 굳건한 자기 신뢰가 필요해요. 스스로를 더 많이 믿을수록 실패를 잘 받아들이고 견딜 수 있다는 내적 확신이 커집니다. 결국 통제 추구는 실수나 잘못을 할 때 생기는 부정적 감정으로부터 자신을 보호하기 위한 전략이거든요. 따라서 자유로워지고 싶다면 부정적 감정을 견디는 법을 배워야 해요. 좌절을 견딜 수 있어야 끝내 성공할 수 있다는 생각, 별다른 나쁜 일이 일어나지 않으리라는 생각이 머릿속에 자리 잡을 수 있어요.

불안은 '어떤 일이 실제로 일어날 확률×재앙 요인'이라는 공식에 따라 생겨납니다. 예를 들어 비행 공포증이 있는 사람은 비행기 사고 발생 확률이 극히 낮다는 사실을 알면서도 일단 비행기 추락이라는 요인으로 대참사가 일어난다는 사실 때문에 비행을 몹시 두려워해요. 실패를 극도로 두려워하는 사람은 실패 발생 확률과 실패 요인을 둘 다 매우 높게 인식해요. 이 사람의 그림자 아이는 '첫째, 나는 아마 실패할 것이다. 둘째, 나는 그 상황을 이겨내지 못할 것이다'라고 생각해요. 이 문제를 해결하려면 양쪽 모두에 적절한 조치를 취해야 해요. 그림자 아이의 부정적 신념에 대한 위로와 지지가 필요하니까요. 따라서 항상 그렇듯 자신의 투사를 해소하는 게 중요합니다. 그림자 아이를 위로해주고 실제 세상이 어떻게 돌아가는지 설명해주세요. 태양 아이와 어른 자아를 강화해주세요. 내면 어른은 언제나 논리적인 근거가 있으면 강해진답니다.

이와 관련해 내면 어른을 위해서라도 자기 자신을 너무 대단하게 생각하지 않는 게 중요해요. 실패에 대한 두려움에 빠지면 스스로를 지나치게 대단한 존재로 생각하는 경향이 나타나요. 그러나 어른 자아가 그림자 아이와 조금이라도 멀어지면, 그러니까 세 번째 인지 위치에 자리 잡으면 세상에서 일어나는 온갖 일에 비하면 내 실패는 전혀 중요하지 않다는 사실을 깨달을 거예요. 문제는 불안이 우리 자신을 세상의 중심으로 생각하게 만든다는 거예요. 역설적으로 들릴 수 있겠지만 이때 사람들은 바로 이 불안 때문에 자신이 아주 겸손하고 조심스럽게 행동한다고 생각합니다. 어느 정도는 맞는 말이지만, 불안하면 끊임없이 자기 자신만 신경 쓰게 되어 결국 자기중심적으로 행동하게 돼요. 그러므로 자기 자신과 자신이 실패할 가능성을 계속 상대화해야 긴장감도 줄어들고 정신 건강에도 이로워요.

혹시 통제에 대한 욕구가 너무 커서 권력 욕구도 커진 상태인가요? 당신이 언제나 우위를 점해야 하고 옳다고 생각하나요? 그렇다면 당신의 행동 뒤에 숨어 있는 동기, 즉 정말로 관심 있는 게 뭔지 잘 살펴보세요. 승패만이 중요하진 않으며 이해, 협력, 우정, 존중 같은 더 중요한 가치가 존재한다는 사실을 명심하세요. 특히 존중이 당신의 아픈 손가락일 수 있어요. 당신이 타인을 존중하는 것보다 더 많이 존중받기를 요구하는 건 아닌지 살펴보세요. 남들이 당신을 존중해주길 바란답시고 다른 사람이 당신 뜻대로 움직이기를 강요하고 있다는 사실을 자각하지 못하는 경우가 많아요. 남들이 항상 당신을 따라주기를 강요하면서 당신의 권리만 주장하기 때문에 다른 사람이 불편해지고 정작 당신이 받고 싶어 하는 존중을 타인에게는 제공하지 못한다는 사실을 깨달아야 해요. 그림자 아이에 사로잡히면 동등한 위치에서 벗어나 기어코 우월해지고 싶어서 더 많은 권리에만 집착하게 돼요. 그러므로 항상 주변 사람들과 같은 눈높이를 유지하도록 노력하세요.

그리고 나서 어른 자아를 활용해 당신은 지금 성인이고 바깥세상은 엄마 아빠와는 무관하다는 사실을 인식하세요. 당신은 자유롭고 아무도 당신을 지배할 수 없어요. 권력 추구는 아무런 도움이 되지 않고 오히려 주변 사람들과 문제만 일으킬 뿐이에요. 이제 당신은 어른이고 독립적 존재입니다. 마음을 내려놓고 통제를 어느 정도 포기해도 괜찮아요. 사실 당신도 마음속 깊은 곳에서는 모든 일이 알아서 흘러가게끔 내버려두고 그래도 괜찮다고 믿고 싶을 거예요.

신뢰와 내려놓기를 배우려면 이완과 명상이 도움이 돼요. 그러나 오랜 시간을 들여 연습해야 하니 인내심을 기르는 게 중요하답니다. 자신에 대한 기대치가 높은 사람은 어떤 일을 단번에 성공하지 못하면 조급해지기 십상이거든요.

감정을 조절하거나
특정 감정을 피하고 싶다면

그림자 아이에 사로잡혀 있을 때 우리를 힘들게 하는 건 신념 자체가 아니라 그 상태에서 나타나는 고통스러운 감정이에요. 대부분의 사람은 마음 한가운데에 그들의 테마라 할 수 있는 특정 감정이 자리 잡고 있으며 계속 수면 위로 떠올라요. 어떤 사람은 쓸쓸함과 외로움이고, 어떤 사람은 불안감과 수치심이지요. 어떤 사람은 지나친 죄책감으로 고통받고, 어떤 사람은 너무 불안해서 힘들어해요. 어떤 사람은 질투에 시달리고, 어떤 사람은 게을러서 괴로워하지요. 정기적으로 찾아오는 우울감 때문에 힘들어하는 사람도 많고요.

이런 감정과 기분이 굉장히 강렬해졌다면 조절하기가 어려워요. 뇌 과학 연구에 따르면 긍정적 감정이든 부정적 감정이든 모든 강렬한 흥분 상태는 해결책 도출을 방해한다는 사실이 밝혀졌어요. 따라서 내면 어른이 개입해야 하는 시기를 최대한 빨리 알아차리는 게 매우 중요해요. 이와 관련한 사례를 들어 설명할게요.

서른두 살 수지는 극도의 불안감과 자기 의심에 시달려요. 어느 날 그녀가 좋아하는 남자가 다른 여자와 춤추는 모습을 저녁 내내 지켜보기만 했다는 이야기를 털어놓더군요. 그러고 나서 주말 내내 침대에 누워 우울해했다고요. 이런 감정에 사로잡히면 도저히 '출구'를 못 찾겠다고 호소했어요. 그녀가 좋아하는 사람이 자기 말고 다른 여자에게 춤을 신청해서 자존감에 큰 상처를 입었고 그리하여 우울해진 거지요.

만약 그녀가 좀 더 일찍 스스로를 돌봤다면 이런 심리적 추락을 피할 수 있었을 거예요. "내 잘못이야!", "나는 거추장스러운 존재야!"라는 신념을 가진 그림자 아이에게 자신이 사로잡혀 있었다는 사실을 제때 알아차렸다면 이런 사태를 막을 수 있었겠지요. 그러면 그녀는 그림자 아이를 위로하고, 그 남자가 누구와 춤추든 자신의 가치는 여전히 그대로라는 점을 설명해줄 수 있었을 거예요. 내면 어른이 그림자 아이에게 '거울 자아'의 함정에 빠졌다는 사실을 설명해줬을 테고요. 게다가 그림자 아이가 변덕스럽고 까칠한 남자에게 계속 반하는데 이런 남자 때문에 저녁을 망칠 필요 없다고 단호하게 충고했을 거예요. 그리고 다른 남자와 춤추며 즐거운 저녁을 보내든 그 클럽을 떠나 다른 즐거운 활동을 찾아보든 뭐라도 하라고 했겠지요. 아마도 다른 여자 친구를 만나거나 단골 술집에 가서 오랜 친구들과 실컷 수다 떨며 기분 전환을 할 수 있었을 거예요. 문제는 수지가 그날 저녁 (또다시) 그림자 아이와 완전히 동일시되었다는 사실을 제때 알아차리지 못하고, 그 상황에 개입하여 자신을 돌보는 대신 그저 그렇게 내버려두었다는 점이에요.

감정을 조절하거나 특정 감정을 피하고 싶다면 미리미리 자신을 돌봐야 해요. 예컨대 그림자 아이가 쓸쓸함과 외로움의 감정을 잘 느끼고 당신이 지금 싱글이라면, 고독의 늪에 빠지지 않게 일요일에 약속을 많이 잡아놓는 등 트리거(감정 유발 요인)를 피하도록 노력하세요.

질투를 잘 느낀다면 이 감정을 조절할 수 있는 방법을 전략적으로 준비하세요. 당신과 파트너가 파티에 초대받은 경우 질투심이 당신을 덮칠 만한 상황에 대비해 그림자 아이를 준비시키는 거지요. 어떤 방식으로 어른 자아가 주도권을 유지할 수 있을지 생각해보세요. 트리거를 미리 파악하고 어떻게 행동하면 좋을지 전략을 짜놓는 겁니다.

대부분의 경우 위험한 상황에 대비해두지 않고 그리고/또는 그림자 아이가 주도권을 잡은 순간을 제때 알아차리지 못해서 고통스러운 감정 상태에 빠져들어요. 트리거를 미리 인식하고 피하면 상당수는 잘 조절할 수 있어요. 이를테면 중독에서 벗어나고 싶을 경우 최대한 그 대상을 피하도록 신경 쓰는 거예요. 그러나 트리거를 피하는 게 불가능해서 이 전략이 쓸모없는 감정 상태도 꽤 있어요. 이런 경우에는 그에 잘 대처할 수 있는 전략을 준비해두는 편이 나아요. 이에 관해서는 '침해와 공격'을 보호 전략으로 활용하는 사람의 사례를 들어 설명해볼게요. 이 유형에 해당하는 사람은 통제 불가능한 분노감에 휩싸이는 경향을 자주 보이기 때문이지요.

일단 분노가 솟구치면
돌이키기 어렵다

충동적인 사람은 자극-반응의 연결이 매우 빠릅니다. 다시 말해 분노를 일으키는 자극과 반응 사이의 시간이 극도로 짧아요. 앞서 언급했던, 아내가 소시지를 깜빡했다고 엄청나게 화를 냈던 미하엘을 기억할 거예요. 미하엘이 이런 보호 전략을 가진 사람의 전형적인 예라고 할 수 있지요.

만약 미하엘과 비슷한 유형이라면 분노를 일으키는 진짜 원인이 뭔지 파악하세요. 미하엘의 경우 겉으로는 소시지 때문에 화난 듯 보였지만 실제로는 "나는 항상 뒷전이야", "내가 뭘 원하는지는 안중에도 없어" 같은 신념을 지닌 그림자 아이가 마음이 상한 결과였어요. 다시 말해 미하엘의 분노는 현실의 해석에서 비롯된 겁니다. 충동적으로 분노를 폭발하는 경향이 있다면 자신의 트리거를 알아두는 게 특히 중요해요. 바로 그것과 관련된 예방 조치를 취해둬야 하거든요. 분노는 초기에 차단하거나 애초에 발생하지 않도록 해야 합니다. 일단 살의가 느껴질 정도로 분노하면 돌이킬 수 없어요. 하지만 트리거를 알고 대비해두면 내면 어른이 침착하게 반응할 수 있는 최고의 기회가 생기지요. 부모, 동료, 사춘기 자녀가 당신을 금방 화나게 한다는 사실을 알고 있다면, 내면 어른의 도움을 받아 분노를 일으키는 지점을 파악하고 어떻게 반응할지 미리 생각하여 대비할 수 있답니다. 트리거를 찾을 때에는 231~232쪽의 연습을 해보세요. 객관적인 사건과 주관적인 인식 사이의 상관관계를 명확하게 의식해보세요. 당신을 화나게 만든 다양한 상황이 결국 부정적 신념이나 그림자 아이의 상처로 환원될 거예요.

서른두 살 마르쿠스는 아주 힘든 어린 시절을 보냈어요. 부모가 알코올 중독에 폭력적이었어요. 그의 어린 시절을 감안하면 그가 삶을 얼마나 잘 꾸려왔는지 놀라울 정도였지요. 다만 충동적인 성격 때문에 자꾸 문제가 생겼어요. 그의 그림자 아이는 어떤 형태로든 자신이 충분히 존중받지 못한다는 생각이 들면 극도로 예민하게 반응했습니다. 술집에서 (아마도) 좀 삐딱한 시선을 받기만 해도 그런 일이 벌어졌어요. 마르쿠스는 즉시 상대방이 시비 걸었다고 느끼고 자신을 조롱했다고 생각했어요. 그는 곧장 폭언을 퍼부었고 주먹다짐으로 끝나는 경우가 적지 않았지요. 자신의 그림자 아이를 알아차리면서 마르쿠스는 많은 부정적 신념도 발견했어요. 가장 중요한 것 중 하나는 "나는 무능해!"였어요. 무능하고 무력하다는 느낌이 충동적 분노의 발원지였지요. 이는 공격성을 보이는 많은 사람에게 해당되는 이야기예요. 결국 공격성이란 바로 무능하고 무력하다고 느껴지는 상태에서 자신을 해방시키기 위한 인생사와 관련이 있습니다.

자신의 분노를 조절하기 위해 마르쿠스는 어른 자아 모드에서 그림자 아이의 손을 다정하게 잡은 채 분노 유발자로 보이는 사람과 같은 눈높이로 서는 법을 배워야 했어요. 이 책에서 소개한 많은 연습이 그에게 도움이 되었지요. 특히 크게 효과적이었던 건 대답 전략이었어요. 대답 전략은 주관적 무력감을 줄여주어 침착함을 유지하는 데 도움이 돼요. 침착함과 관련해, 사람은 열등감을 느낄 때에만 분노하는 게 아니라 우월한 위치에서도 공격성을 드러낼 수 있어요. 그래서 상사가 부하 직원에게, 부모가 아이에게, 교사가 학생에게 매일같이 좌절감을 미친 듯이 표출하는 거예요. 물론 평소 동등한 사이라고 생각했던 사람에게 달려들기도 하고요. 분노는 원하는 대로 일이 안 풀릴 때 솟구치는 법이니까요. 상대를 오해하거나 파트너가 식기세척기에서 그릇을 꺼내 정리해놓지 않았다는 이유만으로 충분히 화를 낼 수 있어요.

분노란 통제를 상실한 상황에 대한 반응입니다. 조급함도 중요한 역할을 하지요. 조급함은 분노의 동생이라 부를 만합니다. 충동적인 사람은 보통 참을성도 부족해요. 그런데 충동성은 단순한 사건도, 자연의 법칙도, 운명적 시련도 아니에요. 이런 성향이라면 자기 비판적으로 자신을 받아들이고 충동성을 충분히 조절할 수 있다고 생각해야 해요. 실제로 화를 잘 내는 사람을 보면 상사 앞에서는 감정을 조절하면서 가족 앞에서는 그러지 않아요. 어떤 내담자가 분노 폭발을 단 한 문장으로 제어한 경험을 말해준 적이 있어요. 분노가 솟구치는 순간 (완전히 무의식적으로) "그러면 그냥 내버려 둬!"라고 말했는데 효과가 있었다고 해요.

화가 나면 멍한 표정을 지어보자

분노는 유머로 훌륭하게 해소될 수 있어요. 어느 날 심리 치료사 친구 헬레나가 저더러 뜬금없이 젖소 같은 눈으로 바라보라고

하는 거예요. 저는 "싫어, 안 해!"라고 말했어요. "아냐, 한번 해봐!"라고 헬레나는 고집을 부리더군요. 정 그렇다면 한번 해주지라는 생각에 몇 초 동안 멍청한 표정을 짓다가 결국 웃음을 터트리고 말았어요. 독일 북서부 오스트프리슬란트에서 심리 치료사로 일하는 헬레나는 내담자와 가끔 '젖소 명상'을 한다고 설명했습니다. 오스트프리슬란트 지역에는 사람보다 젖소가 더 많이 사는데, 헬레나는 내담자에게 그 지역 젖소처럼 자신을 바라보라고 시킨 뒤 그 상태에서 제대로 화를 내보라고 이야기한대요. 내담자가 "못 하겠어요"라고 대답하면 헬레나는 "당연하죠"라고 응수한다더군요. 젖소처럼 바라보면서 동시에 화를 낼 수는 없다고요. 젖소는 완전히 긴장이 풀린 눈으로 우직하게 바라봅니다. 이 상태는 분노와 양립할 수 없어요. 헬레나가 자주 짜증 내고 기분 나빠하는 내담자에게 매일 10분간 젖소 명상을 해보라고 권유하는 이유이지요. 저도 적극적으로 추천하고 싶은 활동이에요.

우리의 자세와 표정이 기분에 영향을 준다는 사실을 내면 어른을 위해 기억하세요. 완전히 긴장이 풀린 (젖소 같은) 표정은 생리적으로 분노와 연결될 수 없답니다.

연습 ☞ 센스 있는 대답 준비해두기

어떤 공격이든 완전히 편히 스쳐 지나가게 둘 정도로 젖소 명상을 능숙하게 해내지 못한다면, 대답 전략이 자신감 유지에 도움이 돼요. 언제 어디서든 써먹을 수 있는 대답을 미리 준비해두는 거지요.

마티아스 닐케는 《센스 있는 문장Schlagfertigkeit》에서 인스턴트 수프나 인스턴트 커피에서 차용한 인스턴트 문장이라는 개념을 이야기했어요. 이 문장은 미리 완성되어 있어 그저 활용하기만 하면 되고 머리 쓸 일이 전혀 없어요. 센스 있는 대답이 필요해진 순간에 고민하면 타이밍을 놓쳐요.

센스 있는 대답이 필요한 상황에는 두 가지 정도가 있어요.

1 친구나 동료에게 사소하지만 악의 없이 비꼬는 말을 듣는 경우. 전혀 해롭지 않아서 웃어 넘길 수 있다.

2 대놓고 혹은 은근히 공격하는 말을 듣는 경우. 확실히 화를 불러일으키고 그리고/또는 상처를 준다.

다음과 같은 인스턴트 문장으로 실제로 아니면 겉으로 보기에 뻔뻔하고 무례한 거의 모든 언행에 대처할 수 있어요.

* 방금 무슨 말 했어? (못 들었다는 식으로)
* 조금 전에 한 말 거꾸로 다시 해볼래?
* 나는 주변 상황에 따라 행동하는 편이거든.
* 네 의견이 궁금할 때 내가 요청할게.
* 네가 그렇게 말할 줄 알았어.

당신이 다루기 힘든 상황을 상상해보세요. 이럴 때 즉각 활용할 수 있는 센스 있는 대답을 몇 개 생각해놓으세요. 의구심이 들 때 쓸 수 있는 적절한 대답을 알고 있으면 훨씬 더 강해진 기분이 들고 불확실성도 줄어들 거예요.

"그건 네 말이 맞아"는 훌륭한 인스턴트 문장이에요. 이 문장은 모욕당했을 때에도 쓸 수 있는데, 이렇게 답하면 당신에게 자신감이 넘친다는 걸 공격한 사람에게 알려줄 수 있어요. 또한 당당한 태도로 그 사람의 공격을 전혀 진지하게 받아들이지 않는 거고요.

실망시켜도 괜찮다!

어린아이처럼 행동하는 보호 전략을 사용하는 사람은 살면서 결정을 내릴 때 책임질 용기를 내지 못합니다. 이들이 뭔가 잘못할지도 모른다고 걱정하는 이유는 사실 자신이 뭘 원하는지 잘 모르고 기껏해야 막연하게만 상상하기 때문이에요. 평생 순응하도록 스스로를 훈련시켰기에 자유 의지로 결정하는 것을 포함한 자율적 능력이 거의 발달하지 못했어요. 그래서 독립적인 삶에 익숙하지 않지요. 이들의 그림자 아이는 자신의 삶을 이끌어줄 강인한 누군가가 필요하다고 생각해요. 발언권이 거의 없는 이들의 어른 자아는 좀 더 강해져야 해요. 그림자 아이는 부모와 타인의 인정에 매우 의존해요. 되도록 모든 기대를 충족하고 싶어 하지요. 실망시킬까 봐 두려워하고요. 이에 대한 해결책은 실망시켜도 괜찮다!예요.

부모로부터 독립하려면 옳고 그름에 대한 자신만의 잣대가 필요합니다. 스스로 결정하고 그 선택을 지킬 자신감이 있어야 해요. 이는 잘못된 결정을 내렸을 때에도 책임진다는 뜻이에요. 이런 상황에서는 어느 정도 좌절을 감내하는 인내심이 필요해요. 실패를 견딜 수 있어야 합니다. 그게 바로 자유로운 결정의 대가예요. 실패를 끊임없이 두려워하며 결정권을 부모나 파트너에게 넘겨주면 영원히 의존적으로 살 수밖에 없어요.

당신이 이런 유형에 해당된다고 느낀다면 그림자 아이에게 실패를 극복할 수 있고 부정적인 감정도 사라질 거라는 사실을 확실히 알려주세요. 실패는 삶의 일부입니다. 그렇지만 살면서 성공할 확률이 아마 더 높을 거라고 설명해주세요. 진짜 실패는 시도해보지도 않고 의존적인 상태로 머무르는 것뿐이에요. 그림자 아이를 무릎에 앉히고 실수해도 괜찮다고 말해주세요. 실수는 최고의 스승입니다. 우리는 어느 정도 고통이 있어야 발전할 수 있어요. 모든 일이 잘 풀리는 동안에는 숙고하고 변화를 시도할 이유가 없어요.

그리고 어른 자아와 함께 대부분의 결정은 되돌릴 수 있다는 사실을 가슴에 새기세요. 어떤 결정이 잘못된 것으로 판명되면 다시 바꿀 수 있어요. 이때에도 다음과 같은 질문이 중요합니다. 최악의 경우 무슨 일이 생길 수 있나요? 현재 상황을 계속 고수하면 수많은 부정적인 감정을 견뎌내야 한다는 생각이 도움이 될 거예요.

그림자 아이에게 실망해도 된다는 점도 설명해주세요. 그림자 아이의 부모는 어른이고 자신을 알아서 돌볼 수 있다고 말해주세요. 그림자 아이가 부모에게서 분리되어도 괜찮다고요. 이는 당신이 부모를 더 이상 사랑하지 않는다는 뜻이 아니라 자신의 삶을 스스로 생각한 대로 만들어가겠다는 뜻일 뿐이에요. 필요할 경우, 마찬가지로 파트너와 헤어질 권리도 있어요.

많은 사람이 부모 그리고/또는 파트너가 끊임없이 영향력을 행사하려 하고 때로는 심지어 협박하기까지 하는 바람에 고통받아요. 이런 상황에 처해 있다면 좋게 포장하려는 시도를 제발 그만두세요. 상황의 심각성을 외면하면 안 돼요. 부모나 파트너가 언젠가 달라지리라는 희망을 계속 품고 있진 않나요? 내면 어른의 도움을 받아 상황을 객관적으로 살펴보고 개선 가능성이 있는지 현실적으로 예측해보세요. 당신이 잘못해서 사랑하는 사람과의 관계가 어려워진 것 같다는 생각이 드나요? 상대가 항상 그렇다고 주장하는 건 아닌가요? 논리적인 근거를 토대로 입장을 점검해보세요. 260~265쪽에서 설명한 '갈등에 대처하는 훈련'이 도움이 될 거예요.

한꺼번에 모든 단계를 밟을 필요는 없습니다. 중요한 건 자립을 향한 길을 가는 거예요. 예를 들어 갑자기 파트너와 이별하기보다는 열심히 반대 의견을 내놓고 당신의 입장을 설명하는 연습을 해볼 수 있어요. 일단 혼자서 사소한 결정을 내리고 실행하는 것부터 해보세요.

중독에 맞서는 보물 전략

익숙한 사고나 행동 패턴은 신경 세포들을 연결하여 자동적이고 무의식적으로 행동하게 하는 신경 회로를 만들어요. 이런 자동화는 매우 합리적이고 경제적이에요. 그렇지 않으면 양치질, 운전, 전화 통화 같은 일상적인 행동을 할 때에도 우리 뇌는 끊임없이 온전히 주의를 기울이며 존재감을 드러내야 할 테니까요. 그러면 삶이 매우 고단해질 거예요. 단점은 나쁜 습관도 뇌에 깊숙이 각인된다는 점이에요. 어떤 습관을 하지 않으면 안 되는 상태를 중독이라 하지요.

중독의 영역은 매우 광범위하며, 다양한 중독과 그 중독에서 벗어나는 방법에 대한 책이 많아요. 그래서 이 책에서는 중독을 떨쳐버리는 데 도움이 되는 몇 가지 보물 전략만 다루려고 합니다.

중독은 감정을 지배함으로써 우리를 강하게 통제합니다. 특정 약물을 복용하거나 중독적인 행위를 하면 처음에는 쾌감이 느껴져요. 금단 증상 같은 불쾌감을 막아주기도 하고요. 강한 쾌감에는 무모할 정도로 활기찬 태양 아이도 어느 정도 관여되어 있는데, 불쾌감에는 대부분 그림자 아이만 연관됩니다. 특정 약물을 못 먹는다고 상상하면 잠재적으로 불안이 유발돼요. 그림자 아이는 중독 물질이 없으면 내면의 안정을 잃을까 봐 두려워합니다. 무엇보다도 음주, 흡연, 음식처럼 구강을 통한 중독은 그림자 아이의 안정과 안전에 대한 욕구와 밀접하게 관련되어 있어요. 무의식 깊숙한 곳에서 입으로 중독 물질이 들어오는 행위는 누군가가 밥을 먹여주고 관심을 주는 느낌과 연관됩니다. 그림자 아이에게는 위로와 애정이 필요한데, 중독 물질이 잠시나마 고통을 줄여줘요.

그림자 아이의 욕구에서 비롯한 중독 외에 신진대사와 관련된 체질의 영향으로 중독에 빠지는 경우도 있어요. 이를테면 도파민 분비 패턴이 중독에 훨씬 취약한 사람이 있어요. 니코틴을 빨리 분해하는 사람이 있는가 하면 천천히 분해하는 사람도 있지요. 전자에 해당하는 사람은 후자보다 담배에 중독될 가능성이 높아요. 중독은 슬퍼하는 그림자 아이만의 문제는 아니며 여러 요인과 관련되어 있어요. 여기에는 특히 중독될 만한 기회와 습관도 포함되지요.

중독에서 빠져나오려면 확고한 의지가 필요합니다. 즉 내면 어른이 강해야 해요. 의지는 내면 어른의 영역에 속하거든요. 그러나 중독자의 의지는 대부분 중독의 지배를 받으므로 언제나 문제가 원점으로 돌아가버리곤 해요. 여기서 이런 질문이 떠오르네요. 내면 어른은 자신의 의지에 어떻게 영향을 끼칠 수 있을까요? 잘 생각해보면 우리는 자신의 의지를 일종의 저항으로 경험합니다. 예를 들어 아침에 일어나서 (음식, 흡연, 음주, 연애 등등에 대해) "이제 그만!"이라고 결심하는 거지요. 그런데 이 의지는 갑자기 어디서 오는 걸까요? 왜 예전에는 이 의지가 생겨나지 않았을까요? 그리고 가장 어려운 질문인데, 이 의지는 얼마나 오래갈까요? 마지막 질문에 대한 답은 수많은 심리학 연구를 통해 밝혀졌습니다. 의지는 일종의 근육처럼 작용하여 많이 쓸수록 지칩니다. 그러니까 하루 종일 금욕을 실천하며 보상을 미뤘다면 저녁에는 의지가 약해져요. 다이어트를 해본 사람이라면 십분 공감하겠지만, 대부분의 좋은 결심이 저녁에 무너지는 이유가 바로 여기에 있어요.

중독에 대한 태도는 보상으로 좌지우지됩니다. 어떤 행동을 계속했을 때 받는 보상이 중단했을 때 받는 보상보다 훨씬 크면 행동하려는 의지가 커져요. 바로 이 지점에 변화의 지렛대를 설치할 수 있어요. 중독은 상당한 수준의 억압을 통해 작동하거든요. 내면 어른은 중독이 나쁘다는 걸 알지만 이 사실을 감정의 일부로 받아들이지 않아요. 즉 자신의 행동이 불러일으킬 불안을 억압하는 거지요. 중독이 건강에 미치는 영향은 대부분 장기간에 걸쳐 서서히 나타나고 먼 미래의 일로 미뤄둘 수 있어서 이렇게 행동하기가 쉬워요. 게다가 중독으로 인한 단기적 쾌감은 즉각적이고 가시적이지요. 담배를 입에 무는 순간, 초콜릿을 먹는 순간 바로 쾌감을 느끼잖아요. 반면 행동으로 인한 장기적 보상을 이론적으로만 상상하면 사실상 아무것도 느껴지지 않아요.

감정에는 삶의 기쁨도 포함되어 있으며, 이런 의미에서 모든 중독에는 중독자가 사랑하는 특정한 삶의 기쁨이 포함되어 있어요. 중독이 오래 지속될수록 이 삶의 기쁨을 위한 신경 회로는 넓어져요. 반면 중독된 뇌에는 중독을 대체할 수 있는 행동과 관련된 신경 회로는 거의 없다시피 해요. 우리 뇌에 중독 행동과 관련해서는 드넓은 데이터 고속 도로가 생기는데 비중독 행동과 관련해서는 작은 오솔길 정도만 있는 셈이지요. 그래서 중독자는 중독 물질 없이 산다는 것을 상상조차 못 해요.

중독에서 벗어나기가 어려운 또 다른 이유는 특정 행동을 중단해야 하기 때문이에요. 뭔가를 하는 것보다 중단하는 것이 훨씬 더 어려워요. 왜냐하면 중단은 하루에 24시간, 일주일에 7일을 해야 하니까요. 결론적으로 뭔가를 하는 것보다 안 하는 데 훨씬 더 많은 의지가 필요해요. 하루에 30분 조깅하기로 마음먹으면 그 30분에 그 전에 옷 갈아입는 데 필요한 5분만 더해서 그만큼의 의지만 있으면 돼요. 하지만 뭔가를 중단하려면 하루치의 의지가 있어야 하지요.

중독을 떨쳐내고 싶다면 내면 깊숙한 곳의 불안을 진정시키기 위해 지렛대를 여러 군데에 설치해야 합니다. 그림자 아이를 위로하고, 그림자 아이와 태양 아이의 도움을 받아 삶의 태도를 바꾸고, 내면 어른의 의지도 강화해야 해요. 오솔길을 고속 도로로 확장하는 데 다음 조치가 도움이 될 거예요.

1   내면을 들여다보며 그림자 아이에게 중독이 필요한 이유를 물어보세요. 중독은 안전과 안정 또는 불안과 관련이 깊어요. 실패에 대한 두려움, 버림받을지 모른다는 불안, 사고나 죽음에 대한 걱정 말이에요. 어떤 부정적 신념이 중독에 주된 영향을 주는지 자세히 살펴보세요. 예를 들어 "나는 부족해", "나는 가치 없는 존재야"처럼 이미 찾아낸 신념뿐 아니라 "그 일은 절대 못해!", "담배를 안 피우면 불행해!", "단것을 먹어야 해!"처럼 중독과 직결된 신념도 있겠지요. 이 모든 것이 어떻게 느껴지는지 내면을 관찰해보세요. 당신을 중독 물질로 몰아가는 부정적 감정을 찾아내세요. 그리고 그림자 아이와 중독에 관해 밝혀낸 내용을 모두 기록하세요.

2   그러고 나서 그림자 아이를 무릎에 앉히고 위로해주세요. 그림자 아이가 얼마나 불안한지 이해하지만 과식, 흡연, 일탈을 한다고 해서 그 불안이 줄어들진 않는다는 사실을 설명해주세요. 다정한 내면 어른 모드에서 그림자 아이에게는 당신이 있다고,

절대 혼자가 아니라고 말해주세요. 함께 중독을 탈출할 수 있을 거라고 용기를 북돋아주세요. 성공하면 그림자 아이가 얼마나 뿌듯하고 행복할지 알려주세요. 그의 삶이 얼마나 아름다워질지 눈앞에 그려주세요.

3 지금까지 해왔던 대로 계속할 경우 일어날 수 있는 일에 대한 불안을 허용하세요. 현실을 직시하세요. 당신의 행동이 정말 해롭다는 사실을 의식하세요. 불안이 도사리고 있는 공포의 방으로 가서 평소 억압했던, 중독 때문에 일어날 수 있는 끔찍한 장면을 모두 꺼내보세요. 외면하지 마세요. 내면의 불안을 허용하세요. 불안은 우리에게 경고하는 기능이 있어요. 정당한 경고이니 받아들이세요. 언제나 내일이 있다는 걸 명심하세요. '내일/다음 주/내년에 그만둘 거야'라고 생각하면 죽을 때까지 중독 탈출을 미룰 수 있다는 점을 깨달으세요.

4 태양 아이에게 왜 중독 물질을 사랑하는지 물어보세요. 태양 아이도 놀이, 재미, 파티, 광란 같은 것을 좋아하거든요. 태양 아이는 이런 삶의 기쁨을 사랑한답니다. 내면으로 들어가 중독적이면서도 긍정적인 삶의 기쁨이 어떻게 느껴지는지, 어느 신체 부위에서 느낄 수 있는지 파악하세요. "나는 강해", "인생은 황홀해", "나는 언제가 끊을 수 있어" 같은 중독과 관련된 긍정적 신념도 찾아보세요. 태양 아이와 중독에 대해 경험한 것을 모두 적어두세요.

5 그림자 아이와 태양 아이가 모두 좋아하는 새로운 삶의 기쁨을 찾아보세요. 예를 들어 과식으로 그림자 아이에게 안정감과 편안함을 제공하면 머릿속에 완전히 새로운 장면을 떠올려보세요.

남태평양 어느 섬에 살면서 과일, 채소, 신선한 생선만 먹고 산다고 상상해보세요. 모든 감각을 이용해 따뜻함, 색감, 담백한 음식이 선사하는 아름다운 삶의 기쁨을 느껴보세요. 몸이 가볍고 활기가 넘치면 어떤 기분인지도 느껴보세요. 상상에는 한계가 없어요. 새로운 식습관을 포함한 완전히 새로운 이미지를 머릿속에 그려보세요. 이게 얼마나 좋은지 느끼는 것이 매우 중요합니다. 상상 속에서 새로운 삶의 기쁨에 빠져보는 거지요. 우리 뇌는 현실과 상상을 잘 구별하지 못해요. 새로운 삶의 기쁨에 몰입할 수 있는 정말 멋진 장면을 만들면 이미 뇌에는 새로운 데이터 고속 도로의 초석이 깔린 셈이에요.

담배를 끊고 싶다면 아름다운 숲속에 있는 자기 자신을 상상할 수 있습니다. 당신은 숲과 완전히 연결돼 있어요. 신선한 공기를 들이마셔보세요. 바닷속에서 열심히 수영한 후 따뜻한 해변에 누워 태양 아래서 에너지를 충전하는 상상도 너무 멋지지요. 이 장면 속에서 당신은 숨이 너무 찬 나머지 담배를 피울 수 없어요. 담배를 피우지 않는 상태가 얼마나 깨끗하고 쾌적한지 계속 그려보고, 좋은 냄새를 내면 깊숙이 들이마셔봅니다.

그런 느낌이 필요할 때마다 찾아갈 수 있는 깊은 내면의 평화로운 장소를 시각화해볼 수도 있습니다. 이 이미지를 통해 그림자 아이를 진정시키고 태양 아이의 욕구를 충족시켜줄 수 있어요.

6 새로운 삶의 기쁨에 맞는 새롭고 유익한 신념을 만들어보세요. 그리고 이 신념을 당신이 상상하는 장면에 넣어봅니다. 이 신념이 몸에서 어떻게 느껴지는지도 살펴보세요. 가장 좋아하는 색으

로 신념 문장을 종이에 쓴 다음 집에 걸어두세요. 하루에 적어도 열다섯 번씩 이 신념 문장을 소리 내어 읽고 느껴보세요.

7　단순히 뭔가를 하지 않기란 어려워요. 그러므로 그 대신에 할 수 있는 다른 뭔가를 생각해보세요. 상상만 하지 말고 행동도 대체할 수 있는 프로그램을 고안해보세요. 운동은 중독에 대한 최고의 대체 프로그램 중 하나예요. 완전히 새로운 삶의 기쁨을 느끼게 해주니까요. 아직 운동을 시작하지 않았다면 꼭 규칙적으로 운동해보라고 권하고 싶네요.

중독 물질을 포기한 뒤에 생겨날 수 있는 공허함을 채우기 위해 할 수 있는 이로운 일이 뭘까 생각해보세요. 새로운 취미를 가질 수도 있고 경력에 도움이 되는 교육을 받거나 공부를 할 수도 있겠지요. 당신에게 도움이 되고 삶의 기쁨과 의미를 채워주는 거라면 뭐든 해보세요. 그리고 중독에서 벗어나는 여러 단계에서 스스로에게 보상을 주세요.

8　중독 물질이 떠오를 때마다 새로운 삶의 기쁨을 느끼는 활동을 하고 주의를 전환하세요. 중독에 절대 빠져들지 마세요. 주의 전환이 무엇보다 중요해요. 진부한 말이지만, 최대한 유혹을 피하세요.

그 밖에도 중독에 대한 압박을 아예 느끼지 않도록 하루 일과를 잘 짜는 게 큰 도움이 돼요. 대부분 스트레스받거나 시간이 남아돌 때 중독이 재발하거든요. 일과를 꼼꼼하게 계획해두면 이 두 가지 문제를 모두 막을 수 있어요.

간 합니다. 오전에는 원고를 쓰지요. 점심시간에는 잠깐 쉬다가 피아노를 연습합니다. 오후에는 심리 상담 치료사로 일을 합니다. 저녁 6시에 퇴근하고요. 정말 고루하지만 효과적인 일상이지요. 이는 대학 시절 경험에서 교훈을 얻은 결과로 볼 수도 있어요. 뭘 원하는지, 뭐가 중요한지 잘 생각한 다음 하루 계획과 주간 계획을 짜보세요. 일을 체계적으로 처리하는 데 할 일 목록만큼이나 큰 도움이 될 거예요. 과부하도 막을 수 있고요. 시간 관리가 안 되는 사람은 스트레스를 받고 과부하에 걸려요. 그러면 막판에 많은 일을 처리하고 그 결과 항상 시간에 쫓기고 압박감을 느끼지요.

정해진 계획이 중요한 이유는 매번 새로운 결정을 내릴 필요가 없어지기 때문이에요. 의지와 결정력은 서로 밀접하게 연결되어 있어 여기에 과부하가 걸리면 둘 다 완전히 마비될 수 있습니다. 이는 다양한 심리 실험을 통해 증명되었답니다. 한 실험에서 독일인 자동차 운전자의 의사 결정 행동을 조사한 적이 있어요. 이들은 새로운 차에 들어갈 옵션을 컴퓨터에 입력해야 하는 상황에서 색상, 내부 인테리어, 엔진 등 결정해야 할 옵션이 많을수록 더 큰 부담을 느끼고 표준 모델을 골랐어요. 표준 모델이 평균 1500유로나 더 비쌌는데도요. 일과가 정해져 있다면 단 하나의 결정만 내리면 됩니다. 지킬 것인가 말 것인가 하는 결정 말이에요. 물론 여기에도 예외는 있을 수 있지요. 계획한 일과를 완벽하게 지키며 사는 건 저도 불가능해요. 그러나 큰 계획이 확실히 서 있으면 언제나 좋은 일과로 돌아가는 길을 찾을 수 있어요.

가장 어려운 건 일단 시작하는 거예요. 여기에 꽤 많은 추진력이 필요하지요. 일단 시작하고 나면 뭐든 수월해져요. 특히 정기적으로 꾸준히 하면 확실히 그래요. 하지 않으면 못 하게 되고요. 심지어 섹스도 그래요. 꽤나 열정이 식은 오래된 관계라면 더더욱요.

열정이라는 말이 나왔으니 말인데, 열정이 규칙의 대안이 될 수는 있어요. 하지만 개인적으로 순전히 열정만으로 무슨 일이든 할 수 있는 사람은 보지 못했습니다. 자유로운 예술가도 보통 일정한 작업 시간을 지키려고 노력해요. 어떤 활동이든, 어떤 전문 지식을 습득하는 일이든 고비가 있기 마련이에요. 바로 이때 지구력이 필요합니다. 지구력이 없는 사람은 많은 일을 벌여놓고 수습을 못하는 경우가 많아요. 그래서 능력과 지식이 수박 겉 핥기 수준에 머무르곤 하지요. 이들은 한 주제를 깊이 파고들지 못해요. 그래서 장기적인 결과가 아쉬워요. 이들은 어떤 활동에 헌신적으로 몰두하지 못합니다. 그런데 우리는 무언가에 깊이 헌신하고 깊이 파고들면 더 깊은 수준에서 충만해지고 행복해져요. 건강한 방식으로 자존감이 높아지지요.

나태함을 극복하고 싶다면 어떻게 하면 추진력과 지구력을 높일 수 있을지 자문해봐야 해요. 특히 중요한 일을 자꾸 미루는 습관이 있는 사람은 반드시 명심하길 바랍니다. 자꾸 미루는 사람은 보통 에너지 절약 프로그램의 영향을 받을 뿐 아니라 그림자 아이가 스스로를 강하게 의심하는 바람에 골머리를 앓아요. 그림자 아이가 실패할지도 모른다는 불안에 자꾸만 사로잡히거든요. 어떤 일을 감당 못 하겠고 제대로 못 해내겠다는 잠재적 불안 때문에 점점 더 미룹니다. 내면 어른이 전혀 다른 견해를 갖고 있어도 소용없어요. 예컨대 내면 어른은 소득 신고서 작성이나 창고 정리를 아무런 문제 없이 할 수 있다고 확신해요. 그런데 실패할까 봐 불안한 그림자 아이가 기어코 자기 의견을 관철해요. 그의 신념은 "나는 그런 건 못 해!", "나는 무능해!", "나는 멍청해!" 같은 거예요. 따라서 일을 미루는 습성은 도피와 회피라는 보호 전략이 만들어낸 특별한 각인입니다. 이렇게 그림자 아이가 관여하지 않은 경우라면 나태함의 함정에 빠져 있는 거예요.

그러나 미루는 습관이 있는 사람은 그림자 아이가 고집이 굉장히 센 경우가 많아요. 이때 그림자 아이는 주변 사람들의 기대를 다루는 과정에서 어려움을 겪어요. 자율성과 의존성의 갈등에 사로잡힌 사람은 타인의 요구를 개인적 자유에 대한 침해로 여겨 거부하곤 합니다. 즉 남들이 자신에게 기대하는 일을 절대 하지 않아요. 미루는 습관 이면에는 수동 공격이 보호 전략으로 숨어 있을 수 있어요. 이제 미루는 습관을 어떻게 극복할 수 있을지 몇 가지 팁을 드릴게요.

연습 ☞ 미루는 습관을 고치는 7단계

1   그림자 아이에게 왜 그리 시작이 어려운지 물어보세요. 실패할까 봐 불안한가요? 기대에 저항하고 싶나요? 아니면 단순히 게으른 건가요? "나는 그런 건 못 해!"나 "나 좀 그냥 내버려둬!" 같은 당신을 마비시키는 신념을 찾아보세요. 마비 그리고/또는 저항에 계속 굴복하면 어떤 기분이 들지 내면에서 느껴보세요. 모든 일을

끊임없이 미루기만 하면 오늘 저녁, 내일, 다음 주, 다음 달에 어떤 기분이 들지 느껴보세요. 아마 심한 죄책감이 들고 불안할 거예요. 이런 감정을 허용하세요.

2 의식적으로 내면의 그림자 아이와 내면 어른을 완전히 분리하세요. 이 책에서 배운 대로 내면 아이를 위로하고, 근거를 제시하며 내면 어른을 강화하고, 투사를 없애는 등의 작업을 해보세요.

3 199~202쪽에서 배운 대로 부정적 신념을 긍정적 신념으로 전환하세요. 예컨대 "나는 그런 건 못 해"라는 신념이 있으면 "나는 할 수 있어!"로 바꾸는 겁니다. 태양 아이 그림에 그런 신념이 적혀 있지 않다면 가장 좋아하는 색깔로 기존의 그림이나 여분의 종이에 써넣으세요.

4 목표 의식: 세금 신고처럼 시간 제한이 있는 과제를 미루고 있다면 모든 감각을 이용해 그 과제를 끝마쳤을 때 어떤 기분이 들지 느껴보세요. 반면 운동처럼 규칙적인 활동을 시작조차 하지 않고 있다면 모든 감각을 이용해 그 활동을 시작하고 규칙적으로 하고 있다면 어떤 기분이 들지 느껴보세요. 좋은 기분에 푹 빠져보세요. 즉 태양 아이를 활성화하는 거예요.

5 과제가 너무 거대해 보인다면 중간 목표를 설정해보세요. 조깅을 시작하고 싶다면 일단 30분 동안 번갈아가며 걷고 뛰기를 계획해보는 거예요. 너무 힘들지 않은 계획을 세우면 초반의 어려움이 줄어들어요. 창고 정리를 하고 싶다고 일주일 휴가를 다 쓸 필요는 없지요. 그래야 한다고 생각하면 절대 계획을 실행할 수 없어요. 그 대신 매일 퇴근 후 한 시간씩 정리하겠다고 마음먹어보세요. 실행

하기 쉬운 현실적인 목표를 세워보세요.

6 하루 계획 그리고/또는 주간 계획에 계획을 써넣으세요.

7 보상을 함께 계획하세요. 한 주 동안 매일 저녁 한 시간씩 창고를 정리했다면 소원을 하나 들어주는 거예요. 아니면 타인에게 보상을 받을 수도 있겠지요. 파트너 없이 혼자 힘들게 집안일을 했다면 파트너에게 등 마사지를 해달라고 부탁하는 식으로요.

항상 기억하세요. 어떤 일을 미루는 데에는 하루 중 24시간, 일주일 중 7일의 에너지를 쓸 수 있어요. 반면 그 일을 처리하는 데에는 훨씬 더 적은 시간과 에너지가 필요하답니다.

자신을 입증하기 위해
반대부터 하고 보는 사람들

내면의 아이가 저항심에 사로잡혀 있는 사람이 굉장히 많습니다. 이들의 그림자 아이는 최대한 자율적이고 독립적으로 행동하려는 욕구가 너무 강해요. 대부분 어린 시절 부모가 지나치게 통제한 결과이지요. 이들의 그림자 아이는 반항 단계에 머물러 있어요. 기대를 받으면 반사적으로 저항하지요. 자율성을 증명하려고 다른 사람의 요구는 들어주지 않아요. 주변의 요구와 기대에 저항함으로써 불필요하게 먼 길로 돌아가거나 중간에 포기하곤 해요. 그림자 아이가 부모의 기대를 충족시키지 않으려고 저항하기 때문에 직업적인 면에서 잠재력에 훨씬 못 미치는 성과를 거두는 사람도 적지 않아요.

이들 가운데 다수가 애착 불안에 시달리는데, 연인 관계에서 비롯한 친밀감이 자율에 대한 욕구를 위협하기 때문이에요. 누군가와 사귈 때 감옥에 갇히기라도 한 것처럼 개인적 자유를 빼앗길까 봐 걱정해요. 내면의 그림자 아이가 사랑받으려면 파트너의 기대에 반드시 굴복해야 한다고 생각하거든요. 그래서 다른 사람과 가까워질 때 스스로를 잃어버린 듯한 기분을 쉽게 느껴요. 이들이 친밀해졌다가도 다시 거리를 두는 이유이지요. 혼자 있을 때에만 진정한 자기 자신이 될 수 있다고 생각해요.

이 유형에 해당된다고 느낀다면 당신은 이미 다 자랐고 어른이 되었다는 사실을 그림자 아이에게 거듭 알려주세요. 저항하면서 자신에게 권력이 있음을 끊임없이 입증할 필요 없어요. 자꾸만 저항심이 생겨나는 구체적인 상황을 살펴보며 당신의 저항심을 분석해보세요. 그 배후에 있는 신념을 찾아보세요. 이런 패턴 뒤에는 "나는 네 행복을 책임져야 해!", "나는 순응해야 해!", "나는 저항하면 안 돼!", "나는 있는 그대로의 나 자신으로는 안 돼!" 같은 신념이 숨어 있는 경우가 많아요. 내면의 그림자 아이가 능동적이고 수동적인 저항을 통해 이 신념에 맞서면서 보상받으려는 거예요. 내면 어른의 도움을 받아, 이런 식으로 행동하면 타인의 기대를 모조리 충족시키는 것과 마찬가지로 의존적이게 된다는 점을 분명히 하세요. 내가 원하지 않는 것을 알아내기 위해 타인이 원하는 것을 항상 알아야 한다면 이건 당당한 태도라고 보기 어려워요.

당신의 문제는 주변 사람들의 기대에 선을 긋지 못하고 스스로 뭘 원하는지 잘 모른다는 거예요. 자기주장을 잘 펼치지 못하니까 타인의 진짜 기대나 기대라고 추측되는 것을 단호하게 반대하지요. 말하자면 오히려 상황을 더 악화하는 선택을 하는 셈이에요. 이런 패턴에서 벗어나고 싶다면 그림자 아이가 당신이 이제는 자유로운 성인이라는 점을 이해하는 게 매우 중요해요. 그림자 아이가 엄마와 아빠가 명령하던 과거에 아직도 갇혀 있으니까요.

현재 자유로운 인간이라는 사실을 내면 깊숙이에서 느껴야 스스로 원하는 것과 원하지 않는 것을 진정 자율적으로 결정할 수 있어요. 그러면 자신이 그것을 원한다고, 주변 사람들 기대에 휘둘리지 않는다고 느끼기 때문에 좋은 기분으로 "네"라고 말할 수 있지요. 그래서 우선 자신의 소망과 욕구를 잘 파악하고, 그다음에 적절한 방식으로 자기주장을 펴는 법을 배워서 쓸데없는 저항에 빠지지 않도록 하는 게 중요해요.

다른 사람과 관계를 맺을 때 언제나 자신의 내면을 느껴보세요. 현재 기분이 어떤지, 무엇을 말하거나 행동하고 싶은지 스스로에게 물어보세요. 다른 사람과 함께 있을 때 그들의 장단을 맞춰주기 위한 체계가 얼마나 강하게 작동하는지 의식해보세요. 바로 이것이 당신이 저항하는 이유예요. 당신의 그림자 아이는 열등한 위치에 놓일까 봐 항상 걱정해요. 그래서 자유와 자율, 궁극적으로 권력을 지나치게 요구해요. 저항심에 사로잡힌 스스로를 포착하면 의식적으로 어른 자아 모드로 들어가 명료한 이성으로 상황을 분석하세요. 상대방과 항상 같은 눈높이에서 동등한 위치에 있다는 점을 계속 떠올리세요. 당신은 동등한 권리를 가지고 있고 자유로 워요. 소통하는 상대방의 의사를 거부하는 것이 정말 공정하고 옳은지 생각해보세요. 자신의 경계선을 지키는 데 신경 쓰느라 상대 방에 대한 공감 능력을 잃어버리는 경우가 많거든요. 저항심에 가 득 찬 그림자 아이와 동일시되어 있다면 상대방을 쉽게 적으로 보게 돼요. 왜 그렇게 인식하는지 그 배경을 묻고 인식을 수정하는 연습을 최대한 자주 해보세요. 이때 이 책에서 설명한 많은 연습이 도움이 될 거예요.

취미에 몰입하는 것은
어떻게 인생을 윤택하게 만드는가

일work과 활동activity은 우리를 행복하게 만듭니다. 반면 나태함은 우리를 슬프게 만들지요. 이는 13세기 스콜라 철학자이자 신학 자였던 토마스 아퀴나스가 한 말입니다. 활동은 항우울 효과가 있으며, 우리를 자기 망각 상태로 이끌어 정신생활에 도움이 됩니다. 이는 행복감에 대한 방대한 연구에서도 입증되었어요. 이 분야의 선구자인 심리학자 미하이 칙센트미하이는 몰입flow이라는 개념을 도입했어요. 이는 어떤 활동에 완전히 빠져든 내면 상태를 가리켜요. 몰입 상태에서는 자기 자신을 잊어버려요. 정원 가꾸기, 스키 타기, 손으로 뭔가를 만들기, 음악 만들기 등등 집중해서 하는 모든 활동에서 몰입 상태에 도달할 수 있어요. 어떤 활동에 이렇게 몰두하면 유능감이 촉진되고 성취감이 들지요.

관심사가 별로 없고 취미 활동도 하고 있지 않다면 반드시 이 영역을 확장해보라고 권하고 싶어요. 언제 기쁨을 느끼는지 잘 생각해보고 그 활동을 시작하세요. 새로운 도전을 하기에 나이가 너무 많다는 생각은 절대 하지 마세요. 나이 들고 나서 특히 더 잘 배울 수 있는 일도 많은데, 어른이 어린아이보다 학습 노하우를 더 많이 가지고 있기 때문이에요. 널리 퍼진 통념과 달리 어른이 어린아이보다 악기 연주를 훨씬 더 빨리 배운답니다. 저도 마흔두 살에 피아노를 배우기 시작했고 굉장히 빠르게 실력이 늘었어요.

취미와 관심사는 나 이외의 것에 집중하는 데 도움이 됩니다. 자기중심적인 걱정에서 벗어날 수 있게 해주지요. 그리고 뭔가를 점점 더 잘하게 되고 그리고/또는 점점 더 많은 지식을 습득할수록 기쁨과 자부심으로 충만해져요. 그러면 건강한 방식으로 자존감을 높일 수 있어요. 집중력과 열정을 품은 채 어떤 활동에 전념하면 그림자 아이는 안정되고 태양 아이는 기뻐한답니다.

취미와 관심사는 충만한 삶을 살 수 있도록 도와줍니다. 관심사를 찾고 구체화하는 건 당신 손에 달려 있어요. 다른 사람이 당신을 행복하게 만들어주거나 기분 좋게 만들어주기를 기다리지 마세요. 다만 뭐든 배우다 보면 정체기가 있을 수 있다는 사실을 명심하세요. 일단 시작은 잘하는데 꾸준히 못 하는 유형이라면 313~319쪽을 한 번 더 읽고 생각을 정리해보면 좋겠네요.

취미와 관심사에 집중하다 보면 자신의 마음을 책임지게 됩니다. 정기적으로 하는 활동이 아니어도 똑같은 효과가 있어요. 예를 들어 친구를 식사에 초대한다거나 영화관에 간다거나 여름에 야외 수영장에 가거나 하는 활동 말이에요. 어떤 일이 벌어지길 기다리지 말고 모든 면에서 스스로 삶을 설계하세요.

지금까지 가장 중요한 보물 전략들을 살펴보았습니다. 몇 가지는 이미 오래전부터 활용했던 것일 수도 있고, 몇 가지는 익숙하지 않은 것일 수도 있어요. 모든 보물 전략은 결국 인간관계 형성과 관련이 있어요. 나 자신과 사이가 좋아질수록 다른 사람과도 즐거운 관계를 맺을 수 있어요. 그림자 아이를 있는 그대로 자세히 바라볼수록 자신의 불안과 불만족을 타인에게 투사하는 일이 줄어들고 인간관계에 도움이 되기는커녕 오히려 부담을 주는 보호 전략에 의존하는 일도 감소합니다. 태양 아이 모드에 더 자주 머물수록 자기 자신과 타인을 자비로 대하기도 더 쉬워져요.

인생에서 정말 중요한 주제는 애착 대 자기주장, 통제 대 신뢰, 쾌감과 불쾌감, 자존감 정도예요. 이때 자존감이 모든 것의 기본입니다. 애착 욕구와 자기주장 사이에서 균형을 찾는 과정에서 결정적 역할을 하는 것이 바로 자존감이니까요. 안전감이나 신뢰를 느끼기 위해 필요한 통제력도 자존감에 달려 있어요. 쾌감을 느끼고 불쾌감을 피하려는 욕구에도 자존감이 영향을 미치지요. 자존감이 온전한 사람은 그렇지 않은 사람보다 쾌감을 느끼고 불쾌감을 피하려는 욕구를 훨씬 잘 조절할 수 있어요. 스스로를 강박적으로 옭아매지도 않고 무절제하게 풀어놓지도 않지요.

그림자 아이와 태양 아이는 자존감에서 약하고 아픈 부분과 강하고 건강한 부분을 상징하는 표현이에요. 그림자 아이에게 끌려 다니지 않으면서도 그림자 아이를 받아들이는 것이 중요해요. 그리고 태양 아이를 강화하여 삶에서 태양 아이가 활동할 공간을 더 많이 마련해주는 것도 중요해요. 집중해서 다뤄야 하는 주제는 당연히 사람마다 달라요. 그래서 저는 한 사람 한 사람의 독자가 그림자 아이와 태양 아이에 대해 저마다의 내용을 채우도록 제안했어요. 그리고 이제부터는 당신에게 특히 중요하고 일상에서 집중하여 발전시키고 싶은 보물 전략을 써봅시다.

연습 ☞ 나만의 보물 전략 찾기

지금까지 소개한 보물 전략 가운데 당신에게 가장 도움이 될 만한 것을 골라보세요. 보호 전략과 마찬가지로 제가 언급하지 않은 보물 전략을 추가하거나 자신만의 개별적인 보물 전략을 작성해봐도 좋아요. "나는 색소폰을 배운다", "나는 남편과 동등한 사이이다", "나는 매일 아침 태양 아이 모드로 들어간다", "나는 새로운 일을 찾는다", "나는 매일 30분 동안 내 (진짜) 아이들과 놀아준다" 같은 전략을 기록하는 거예요. 개인적인 보물 전략을 태양 아이 그림에서 발 아래쪽에 써넣으세요.

이제 잠재력이 충만한 태양 아이가 당신 눈앞에 있어요. 이 잠재력은 당신이 규칙적으로 태양 아이와 놀아주고 새로운 신념, 가치, 보물 전략을 실천해야, 즉 새로운 지식을 일상생활에 적용해야 완전히 날개를 펼칠 수 있어요. 다시 말해 그림자 아이 모드가 되었을 때 최대한 자주 알아채야 한다는 뜻입니다. 그림자 아이를 어른 자아로부터 분리해 진정시켜주세요. 계속 의식적으로 태양 아이나 내면 어른 모드로 전환하세요. 이를 위해 새로운 신념을 거듭 인식하세요. 당신의 가치관을 끊임없이 생각하고 최대한 자주 실천하세요. 보물 전략을 연습하세요. 특히 제가 소개한 연습들을 계속 시도해보세요. 스스로의 발전을 책임지세요.

일상에서 언제나 새로운 지식을 기억하기 위해 태양 아이 그림을 그냥 서랍에 넣어두지 말고 집에 걸어두세요. 그리고 그림을 휴대폰으로 찍어 밖을 돌아다닐 때에도 가지고 다니면 좋아요.

연습 ☞ 그림자 아이와 태양 아이 통합하기

이제부터 당신의 그림자 아이와 태양 아이를 연결하고 성격에 통합하는 연습을 해보겠습니다. '8을 따라 걷기'는 미국 심리학자이자 연구자인 데버라 선벅Deborah Sunbeck이 개발했어요. 이는 좌뇌와 우뇌의 협업을 촉진하고 복잡한 신경 회로를 개발하는 방법이지요. 제 친구이자 동료인 율리아 토무샤트가 데버라 선벅의 원안을 바탕으로 고안한 이 연습은 태양 아이와 그림자 아이의 의식을 운동 감각적으로 통합시켜줍니다. 제가 개최하는 세미나에서 계속 이 연습을 하는데 효과가 너무 탁월해서 매번 놀라요. 이 연습의 목적은 내면의 그림자 아이와 태양 아이를 받아들이고 통합하여 스스로 둘 중 하나를 선택할 수 있다는 점을 다시 한번 확실히 느끼는 거예요.

두 조력자와 함께 이 연습을 할 수 있다면 가장 이상적이겠지만,

그렇지 않다면 혼자서도 충분히 할 수 있어요.

1 그림자 아이의 부정적인 핵심 신념과 감정을 색인 카드에 쓰세요. 원한다면 그 상태에 어울리는 색(예를 들어 회색)을 활용할 수 있어요. 어두운 색도 괜찮고 좀 더 밝은 색도 괜찮아요. 색과 빛은 우리 내면과 깊이 연관되어 있으니, 이를 활용하면 연습에 도움이 됩니다.

그리고 다른 색인 카드에 긍정적인 핵심 신념과 감정, 색상, 내면의 이미지 키워드(예를 들어 바다), 태양 아이의 가치를 쓰세요.

2 그림자 아이와 태양 아이 그림을 바닥에 놓습니다. 이때 두 그림 주변으로 8을 그리면서 걸을 수 있어야 해요. 그러니까 그림자 아이 그림은 8의 한쪽 동그라미 안에 놓고 태양 아이 그림은 다른 쪽 동그라미 안에 놓는 겁니다.

3 조력자 두 명이 있다면 한 명씩 8의 동그라미 곁에 서 있도록 합니다. 조력자 A는 그림자 아이에 대한 색인 카드를 받고 조력자 B는 태양 아이를 위한 색인 카드를 받습니다.

4 당신은 8 한가운데에 서서 선을 따라 걷기 시작합니다. 한쪽 동그라미를 돌 때 그쪽 조력자 A가 색인 카드에 적힌 내용을 크게 소리 내어 읽습니다. 두 동그라미가 만나는 지점을 지나 다른 쪽 동그라미를 돌 때 그쪽 조력자 B가 색인 카드에 적힌 내용을 크게 소리 내어 읽습니다. 다시 만나는 지점을 통과하는 순간 조력자 A가 카드 읽기를 시작하고, 이런 식으로 계속 바꿔가며 반복합니다. 조력자가 없다면 스스로 카드를 번갈아가며 읽습니다. 아니면 걷는 속

도와 읽는 속도를 감안하여 두 색인 카드의 내용을 각각 10회 정도 녹음해둡니다.

5　당신이나 조력자가 색인 카드를 번갈아가며 읽는 동안 당신은 8을 따라 총 10회 정도 걷게 됩니다. 마지막에는 8의 한가운데에 서서 내면의 변화를 느껴봅니다. 어떤 상태에 더 끌렸나요? 태양 아이보다 그림자 아이에게 더 끌린다면, 평온하고 조화로운 기분이 들 때까지 이 연습을 반복합니다.

이 연습은 인생에서 부딪히는 모든 문제에 활용할 수 있어요. 내면에서 다른 두 가지 욕구나 동기가 상충할 때 유용하지요. 즉 모든 결정을 둘러싼 갈등 상황에 적용 가능해요. 한 카드에는 장점을, 다른 카드에는 단점을 쓰세요.

여기까지 따라오느라 모두 고생 많았습니다. 이제 이 책을 마무리하며 마지막 보물 전략을 소개하겠습니다. 이 보물 전략은 매우 근본적이고 보편적이어서 이 책의 목표라도 해도 과언이 아니랍니다.

나가며:
나를 있는 그대로 받아들이기

우리의 모든 보호 전략은 공격으로부터 자신을 보호하고 최대한 인정받는 쪽으로 흘러갑니다. 여기에는 어린 시절의 좋지 않은 각인뿐 아니라 유전적 체계도 관련되어 있어요. 유전자는 수치심이라는 압박 수단을 이용해 우리가 사회적으로 살아남을 수 있도록 행동하게 만듭니다. 수치심은 우리를 공동체에 순응시키는 생물사적 의미가 있지요. 심하게 수치심을 느끼면 트라우마가 생길 수도 있어요. 그만큼 수치심은 매우 강력하고 극도의 스트레스가 되는 감정입니다. 그러나 수치심을 느끼는 정도는 사람마다 천차만별이에요. 그림자 아이가 매우 부정적이고 자기 비하적인 신념을 가진 사람은 대체로 긍정적인 신념을 가진 사람보다 수치심을 더 빨리 느껴요. 많은 사람이 불안해하는 것을 부끄러워하는데, 불안은 전혀 나쁜 게 아니에요. 우리 모두 삶의 상황과 처지에 따라 불안을 더 느낄 때도 있고 덜 느낄 때도 있어요. 전혀 문제 될 것 없어요. 인간은 누구나 불안하답니다.

그러나 내 의견과 욕구를 숨기고, 공격적 성향을 보이고, 다른 이들과 부딪히고, 인간관계에서 도망치고, 타인을 깎아내림으로써 자신의 열등감을 보상받으려 한다면 그건 문제예요.

개인의 자유와 원만한 인간관계를 위한 전제 조건은 스스로를 이해하는 것입니다. 그러려면 우리가 매우 취약한 존재임을 받아들여야 해요. 우리는 실수하고 약점이 있으며 비판받을 수 있음을 받아들여야 합니다. 완벽하고 어떤 공격도 막아낼 수 있어야 잘 사는 거라고 믿는다면 많은 기회와 인간관계를 놓치고 말 거예요.

당신이 아름답고 완벽하고 권력을 가지고 있느냐 하는 것은 그리 중요하지 않습니다. 중요한 건 스스로를 찾는 거예요. 그림자 아이와 태양 아이가 사랑이 충만하고 안전한 안식처를 더 많이 찾을수록, 내면에서 더 많은 안정을 취할 수 있고 더 넓은 이해심과 자비를 품은 채 다른 사람들에게 마음을 열 수 있습니다. 안식처 또는 마음의 고향이란 있는 그대로의 모습으로 쉴 수 있는 곳이에요. 안식처는 친밀감, 안정감, 안전감 그 자체입니다. 소속감이기도 하고요. 내면에서 집 같은 편안함을 느낀다면 당신은 그곳에 속하게 되고 스스로는 물론이고 타인과의 관계도 맺게 됩니다. 바로 이렇게 되는 게 인생에서 중요해요.

'위대한 철학자' 뽀빠이가 이렇게 말한 적이 있어요. "나는 나이고, 그게 내 전부야!I am what I am and that's all I am!"라고요. 이 문장이 당신의 좌우명이 될지도 몰라요. 그리고 자기 수용은 지속적인 발전을 방해하지 않아요. 오히려 자신의 부족함을 인정해야 개선할 수 있지요. 그러나 보호 전략을 고칠 것이 아니고, 혼자 있을 때뿐 아니라 다른 사람들과 함께할 때 편안해질 수 있도록 하는 데 집중해야 해요. 당신이 다음과 같은 행동을 한다면 스스로를 자랑스러워하고 만족해도 괜찮아요.

* 그림자 아이에게 이해심을 베푼다
* 불안해도 스스로를 위해 나선다
* 불안해도 다른 사람을 위해 나선다
* 사실과 해석을 구별한다
* 투사를 해소한다
* 더 나은 반론이 제시되지 않는다면 자신의 주장을 고수한다
* 다른 사람이 옳으면 그렇다고 인정한다
* 갈등을 열린 마음으로 공정하게 해결한다
* 자신의 신념과 가치를 지킨다
* 자신의 감정과 행동을 책임진다
* 까다로운 사람을 자비로 대한다
* 시기심을 내려놓는다
* 다른 사람 말을 경청한다
* 예전이라면 피했을 도전을 받아들인다
* 인생을 즐긴다
* 마음을 열고 솔직한 태도를 취한다
* 자신의 가치관에 따라 살아간다

* 매일 자신만의 연습을 한다
* 성실하게 노력한다
* 태양 아이 모드로 살아간다

당신은 당신이고,
그게 당신의 전부입니다.
그리고 지금 모습 그대로 충분히 좋은 사람입니다!

참고 문헌

Branden, N. (2008). Die 6 Säulen des selbstwertgefühls. Erfolgreich und
zufrieden durch ein starkes Selbst. München, Piper.

Corssen, J.& Tramitz, C. (2014). Ich und die anderen. Als Selbst-Entwickler
zu gelingenden Beziehungen. München, Knaur.

Dahm, U. (2001). Mit der Kindheit Frieden schließen. Wie alte Wunden
heilen. Darmstadt, Schirner.

Dwoskin, H. (2015). The Sedona Method: Your Key to Lasting Happiness,
Success, Peace and Emotional Well-Being. Sedona Press.

Frankl, V. E. (2015). Das Leiden am sinnlosen Leben: Psychotherapie für
heute. Freiburg, Kreuz.

Gendlin E. T. (2012). Focusing: Selbsthilfe bei der Lösung persönlicher
Probleme. Berlin, Rowohlt.

Heyman G. M. (2010). Addiction: A Disorder of Choice. Harvard University
Press.

Grawe, K. (2004). Neuropsychotherapie. Göttingen, Hogrefe.

Jacob, G.& Arntz, A. (2014). Schematherapie. Fortschritte der
Psychotherapie. Göttingen, Hogrefe.

Klein, S. (2005). Einfach glücklich. Die Glücksformel für jeden Tag.
Reinbek, Rowohlt.

Kelin, S. (2010). Der Sinn des Gebens. Warum Selbstlosigkeit in der
Evolution siegt und wir mit Egoismus nicht weiterkommen. Frankfurt

am Main, Fischer.

Nöllke, M (2009). Schlagfertigkeit. München, Haufe.

Reddemann, L. (2002). Imagination als heilsame Kraft. Zur Behandlung von Traumafolgen mit ressourcenorientierten Verfahren. Stuttgart, Klett-Cotta.

Röhr, H.-P. (2013). Die Kunst, sich wertzuschätzen. Angst und Dpressioin überwinden. Selbstsicherheit gewinnen. Ostfildern, Patmos.

Schnarch, D. (2011). Intimität und Verlangen. Sexuelle Leidenschaft in dauerhaften Beziehungen. Stuttgart, Klett-Cotta.

Stahl, S. (2011). Leben kann auch einfach sein! So stärken Sie Ihr Selbstwertgefühl. Hamburg, Ellert& Richter.

Stahl, S.& Pannen, K. (2015). Ja, nein, vielleicht! Nie mehr Angst vor Nähe. Ein Mutmachbuch, München, Kösel.

Stahl, S. (2014). Jein! Bindungsängste erkennen und bewältigen. Hilfe für Betroffene und deren Partner. Hamburg, Ellert& Richter.

Stahl, S. (2014). Vom Jein zum Ja! Bindungsangst verstehen und lösen. Hilfe für Betroffene und ihre Partner. Hamburg, Ellert& Richter.

Stahl, S.& Alt, M. (2013). So bin ich eben! Erkenne dich selbst und andere. Hamburg, Ellert& Richter.

Süfke, B. (2010). Männerseelen. Ein psychologischer Ratgeber. München, Goldmann.

Sunbeck, D.& Lippmann, E. (2005). Was die 8 möglich macht: Laufend neue Aufgaben lösen. Kirchzarten, VAK.

Tomuschat, J. (2016). Das Sonnenkind-Prinzip. Wie wir Selbstliebe, Leichtigkeit und Lebensfreude wieder entdecken. München, Kailash.

Unger, H.-P.& Kleinschmidt, C. (2014). Das hält keiner bis zur Rente durch! München, Kösel.

옮긴이 홍지희

이화여자대학교에서 독어독문학과 학사와 석사 학위를 받은 뒤 동 대학원 박사 과정을 수료했다. 독일 외무부 산하 해외학교관리처ZfA 한국 사무소에서 일하다 독일 코블렌츠대학교 독어독문학과에서 박사 학위를 받았다. 현재 코블렌츠 응용과학대학 독일어 및 다문화 관련 전임 강사로 근무하고 있으며 독일어 통번역가로도 활동 중이다.

옮긴이 오지원

고려대학교 독어독문학과를 졸업하고 독일 콘스탄츠대학교에서 문학, 미술사 및 영화 이론을 공부한 후 독일어 통번역가로 활동했다. 옮긴 책으로《조금 더 편해지고 싶어서 : 거리를 두는 중입니다》《모든 운동은 책에 기초한다》《우정, 나의 종교》《두 사람 : 마르크스와 다윈의 저녁 식사》《원하는 나를 만드는 오직 66일》《온고잉, 위기의 순간에도 멈추지 않는 마인드셋》《평일에는 자신감이 더 필요해》가 있다.

어느 날 내 안의 아이가 정말 괜찮냐고 물었다

초판 1쇄 인쇄 2024년 10월 11일
초판 1쇄 발행 2024년 10월 23일

지은이 슈테파니 슈탈
옮긴이 홍지희, 오지원
펴낸이 최순영

출판2 본부장 박태근
경제경영 팀장 류혜정
편집 남은경
디자인 박연미
표지 일러스트 한승무

펴낸곳 ㈜위즈덤하우스 **출판등록** 2000년 5월 23일 제13-1071호
주소 서울특별시 마포구 양화로 19 합정오피스빌딩 17층
전화 02) 2179-5600 **홈페이지** www.wisdomhouse.co.kr

ISBN 979-11-7171-293-9 03180

태양 아이

도덕적 용기, 개방성, 관용

아빠
친절했고
나와 잘
놀아주셨어.

엄마
재미있고, 나를 위해 싸워줬고,
맛있는 음식을 만들어주셨어.

재미있다, 영리하다, 유연하다, 정직하다,
관대하다, 용감하다, 신뢰할 수 있다

매력적이다, 충실하다, 용감스럽다,
선량하다, 제계적이다. 열심히 일한다

친구
음악
자연

예쁜 집
충분한 돈
건강

나는 충분해!
나는 거리를 두어도 돼!
나는 저항해도 돼!
나는 괜찮아!
나는 환영받고 있어!

기쁨
강점   안전

나는 삶을 즐겨.
좋은 것만으로도 충분
나는 매일 산책을 가.
나는 스스로와
다른 사람들을 칭찬ㅎ

나는 내 의견을 말해.
나는 내 기분에 신경 써.
나는 자비로워.
나는 남의 말에 귀 기울여.

바다...

당신의 태양 아이를 그려보세요.